# 語言之鑰

南方朔

【自序】

# 不信政客的語言

近年來，西方世界裡討論說謊、欺騙、語言修辭的操弄，以及公共論辯日益式微，民主跟著也扭曲變形的專門著作已愈來愈多。

這是個重大的徵候。它顯示出過去人類經過長期努力始獲致的自由民主，到了現在已失去了它的理想與光芒。新興的政客政黨，在這個媒體發達的時代，已愈來愈嫻熟於語言符號的操弄與詐偽。他們可以輕鬆的使用語言魔法刀、任意的切割人群、製造標籤、煽起對立；他們也可以非常容易的藉著語言修辭的技術，推卸掉責任，以及炮製出替罪的羔羊。這是政治與社會的向下沉淪，再也沒有「衆人之事」的政治，只剩下敵我之間的攻防，以及權力的赤裸裸顯露，而語言則被權力所濫用，於是說謊、欺騙、語言操弄等遂告大盛，價值上的是非對錯當然也變得就愈來愈不重要。

無論東方或西方，儘管古代皆各有其時代的限制，但至少在人本、公義、誠實、良心、同情等方面，仍存在著基本的共識，因而歷史儘管千迴萬轉，它在這些價值的導引下，總還能蝸步般的前行。但到了現在，所有的這些價值卻顯然都讓位給了說謊、貪婪、鬥爭、獨佔等惡德。而這樣的情況又是怎樣造成的呢？

這當然是個複雜的問題，可以用很多理論來解釋。但毫無疑問的，政治權力日益集中並黑箱化，資訊革命的沖刷，使得意義、價值、記憶、良心等皆愈來愈稀薄與短暫，這兩種極端的走向，造成了有權力者更大的舞弄空間，而一般大衆則更少了判斷問題的能力，這是極端的不對等性，而也正因如此，政治上的語言符號操弄、說謊、硬拗，即告出現。如果知識分子、媒體，甚或大眾能夠有判斷的能力，儘管政客在搞這些，人們仍會加以譴責。但在許多社會，尤其是台灣，由於大家都不再有判斷能力，於是政客的操弄及說謊遂受到鼓勵，縱使有人不滿，但除了罵聲、「口水戰」之外，可還有別的話？台灣每次出了問題，就會搞成「口水戰」，這當然是政客的惡行，但人們無法分辨「口水戰」的兩方誰比較對，或許才是真正的悲哀！

也正因為當今的世界已成了政治學被語言學所取代的新時代，語言符號的操弄、欺騙、硬拗、胡扯等則成了新的手段。因而做為一個二十一世紀的自由人，已必須對這些問題格外敏銳，始能免於成為別人操弄下而與之共舞的棋子。西方社會有關這方面的著作大增，不是沒道理的。

也正是基於這樣的理解，在過去兩三年內，我的語言寫作，也隨著時代的改變，而在不知不覺中有了調整。過去很長的時間裡，我比較傾向於從字形字義、語言流變的角度來探討語言問題，這樣的探討很有知識上的樂趣；但在這兩三年裡，看著各式各樣的操弄、騙術、修辭上的詭詐四處橫行，我和許多人一樣，已無法繼續按捺下去，於是遂從過去那種純粹知識上的樂趣，往語意和修辭學批評的方向移動。我深信，在操弄當令的時代，要做為一個自由人，已必須要有愈來愈強的抵抗操弄之能力。西方古典自由主義以「不信」為核心，它不信神權、不信君權、不信英雄、不信神話，就在這樣的不信中，自由、人權與民主始能誕生。而到了二十一世紀，則顯然已必須要找新的不信的對象，而它不是別的，就是不信政客的語言！而這正是本書絕大多數篇章的精神所繫！

人們使用語言來表達思想與感受，但語言裡卻難免處處陷阱。擅於操弄者會在裡面隱藏惡念、放置誘餌，對我們做出呼喚，勾引我們成為他們的俘虜。在這個濁世滔滔、詭辯遍地的時刻，讓我們互勉，一起來抵抗這種操弄者的呼喚吧！

【目錄】

## 第一卷 看見失序恐懼症

柏拉圖把治理國家視爲航行大海，
把統治者比喻爲舵手及船長……
而我們都知道，一種隱喻的提出，
都是某種心態的顯露。

## 第二卷 語言是心靈的鏡子

在這麼混沌的時代，
人們怎能不對語言格外用心，
並去注意語言鏡子後面所照出的黑暗心靈呢？

第三卷

## 文字生命的秩序

為什麼法國的「法蘭西學院」，
要那麼在意法語的純正性，
定期的整理新字，排除文字上的異端。
它的目的只有一個，
那就是要讓法語的生命誌，更有秩序！

第四卷

## 語言不再是語言

媒體時代我們所看到的惡劣情況，
包括責任政治的凋蔽、政治語言的墮落，
以及一切壞事在遺忘中反而成長……
要拯救這些壞的現象，
人們必須恢復價值與道德上的固有堅持。

# 第一卷：看見失序恐懼症

**柏拉圖把治理國家視爲航行大海，**

**把統治者比喻爲舵手及船長……**

**而我們都知道，一種隱喻的提出，**

**都是某種心態的顯露。**

## 風險：人類注定同棲同宿

不久前，美國歷史學家麥克奈爾（John McNeill）寫了一本重要的著作——《太陽底下有新事：二十世紀環境史》，這本著作得到了「世界史學會」的著作獎。

在這本著作裡，與SARS有連帶關係的，乃是它所提到的有關新興疫病再熾的課題。書中指出，由於人類活動對自然界造成了「生物入侵」（Bioinvasion），它當然也勾引出了自然界對人類的入侵，這乃是人類與微生物界微妙而脆弱的低度不均衡狀態的被打破，從而進入高度不穩定、新興疫病遂告大興的階段。舉例而言，細菌由於變種的機率較大，近年來各種「多重藥物抵抗性」（MDR）的舊疫病細菌出現，舊病已以新面目再興。例如，一九七七年變種肺結核於南非出現，在進入美國後，使得它於十九世紀中期開始即一直降低的肺結核，在一九八五年突然開始跳升。一九九〇年美國監獄和無住屋者收容所裡的人，罹染肺結核者的死亡率高達七成；一九九〇年代全球每年因肺結核致死者達二百五十萬人。再如「世衛組織」於一九五五年起即努力要使瘧疾絕跡，此項目標已於九二年放棄，原因即在於抗藥問題，它使得一九七七年印度瘧疾比一九六〇年增加了六十倍，一九八〇年代並在泰柬邊界大大盛行。再例如，變種肺炎於一九八〇年代再起，變種霍亂則於一九九二年在孟加拉出現等。

至於病毒方面，它乃是地球上最古老的準生命體，距今已有二十億年歷史。近年來由於世界的快速流動與擾動，病毒疫病因而一再發生，如愛滋病者一九八〇年代首現於中非，最早可能出自黑猩猩，出血性登革熱則是一九四〇年代首見於東南亞，馬堡病者則是一九六七年開始於中非，伊波拉則是一九七六年始自非洲的薩伊。而一九八九年美國的伊波拉危機，則是來自菲律賓的猴子——據推斷，乃是菲律賓富商爲誇耀財富，自非洲引進猴子充實其私人動物園之後遺症。

由「生物入侵」的觀念以及新興疫病的出現，或許也正是當今專家們研究SARS的方向之一。由連日來世衛官員的調查，發現最早的病例皆出現在廣東的野味店及野味店廚師。稍早也有專家認爲SARS可能來自東南亞的野味鳥獸。這些說法都仍有待更多科學證據來補充，但無論如何，它至少已顯示出「人類——微生物」的關係，目前已到了一個新的不穩定階段。這種狀態即是當代所謂的「風險」（Risk）——這個字已成了二十世紀末以迄二十一世紀的關鍵字。澳洲查爾斯．斯圖亞大學教授露卜頓（Deborah Lupton）曾對澳洲媒體從一九九二到九七年的專題做過搜尋，發現在九二年時新聞裡出現「風險」這個字計二三五六字，標題出現八十九次，到了一九九七年，新聞已增至三四八八次，標題一一八次。「風險」這個字的重要性漸增，由此即可證明。近年已有學者指出，進入二十一世紀後，人類已注定「和風險同棲」、「風險將成爲人們持續的低度張力」、「也將成爲人類存在本質的背景音樂」，這種生動的譬喻，也同樣道出了「風險」這個字的重要性。

但我們可能並不清楚地知道，儘管今天的人仍在使用「風險」這個古老的字，但其實由於時代的變化，我們所謂的「風險」和古代的「風險」在內容和範疇上已有了極大的差異。「風險」是西方的「古今異義字」。

「風險」（Riscum）乃是中古拉丁字，十六世紀中葉進入德國，十七世紀後期才有了英文，許多學者都認爲它主要是指海上的冒險生意。學者艾瓦德（F.Ewald）如此說道：

「在那個時候，風險所指的乃是一種客觀的危險、一種上帝的行事、一個主要的力量，或海上的暴風雨和其他不能歸咎於人爲錯誤的災難。」

因此，中古以及前現代（十八世紀之前）的「風險」，可以說乃是當時日常生活的寫照。學者穆肯布里（R. Muchembled）曾對當時法國人的日常生活做過詳盡的探討。那時的歐洲天災人禍頻繁、饑饉疫病和戰亂不斷，壽命能到四十，就已算享到了天年，在鄉間的農民，常遭野狼攻擊，野狗野豬也會攻擊或啃噬幼兒，商旅則經常在山間小徑或官道上被土匪劫掠，宗族間的械鬥及相互謀殺也經常上演。在那種野蠻原始的時代，砍頭及吊死人都公然爲之，死者也公開暴屍在大家注視下漸漸腐爛。祇要入夜，無論城鄉，皆關緊房門，不敢外出。由於生命太過不確定，那也是迷信極爲普遍的時代，就以一六六五年的倫敦鼠疫爲例，就邪說盛行，狄福在《瘟疫年紀事》裡就敘述說有許多人揚言看到天上有天使用劍指著倫敦城，也有人揚言看到鬼怪出入教堂墓園等。

因此，「前現代」的「風險」，所指的乃是一種生命和事務的不確定性，而那時到處氾濫的迷信與巫術，則是「前現代階段處理不確定性的策略」，例如某些癥兆會被認爲是惡兆，可以藉著某種黑魔術的儀式而驅邪即屬之，這也就是說，有了迷信，人們始能夠在心理層次上更有接受和忍耐「風險」的力量。人們用相信某些東西來抵擋生命本質上的不確定和不可相信。

因此，前現代的「風險」所指的是低層次的生命不確定性，也是當時社會欠缺秩序的寫照，但從十八世紀到二十世紀，由於社會的「現代化」，所謂的「風險」也出現了轉折。

過去二百多年裡，乃是國家與社會陸續搭建起各層次構造的時代，所謂的「理性」或「現代性」，即是這些構造的基礎，使得人間事務增強了它的可預測性。儘管世上仍有一些事務不是那麼「直線因果」，但隨著概率數學的興起，這些事務仍可被歸納到「概率因果」上，這也就是說，「風險」雖然字沒有變，但實質內涵卻已完全不同。「風險」是一種概率關係，就如同輪盤賭，它不能「推斷」，但至少可以「估算」，「風險」（Risk）變得更像是「生意冒險」（Venture），人們會說「風險管理」、「風險投資」，但在其脈絡上，這些「風險」都並非不可測的事務，而是概率上可推估、可部署的事務。這也意味著「風險」已變成了「可能性」，也代表了人們已可以將不確定的事務圍堵到了一個可以被控制的範圍內。

然後由二十世紀末期開始，由於社會的繼續發展，就內部關係而言，社會多元化所造成的變遷及流動，使得社會力的運作和互動趨於複雜，線性邏輯已漸漸被打破，「牽一髮而動全身」的事情增加。而更重要的，乃是科技所造成的世界改變，已讓許多問題都到了一個新的臨界點，例如地球溫室效應累積而成的環境鉅變；人類與其他生物、微生物或非生物世界的互動已到了由量變轉爲質變的階段，於是，再一次，眞正的不確定性又告出現。例如愛滋病毒、伊波拉病毒、SARS病毒，或者如澳洲引進野兔造成氾濫，東南亞引進河鼠，使得湄公河生態大亂皆屬之，這些都是新的「風險」。這種後現代的「風險」，其意義已和前兩個階段的「風險」大大不同：

其一，這種「風險」已更加有了「凶險」的內涵，它不是可好可壞的概率或可能性，而是一種新的「不欲結果」，因而它一定是人們認爲壞的東西。

其二，這種「風險」的形成，乃是範疇更大的事務，有些「牽一髮而動全身」的事，它遠遠超過可預測的範圍；像細菌和病毒變種的事，由於涉及的乃是「人類——微生物世界」的宏觀互動，它的機制遠遠大於人們技術性知識所能預測的範圍，因而使得人們爲之束手無策。人們怎麼可能會想像到一隻薩伊的猴子，在菲律賓轉了一圈後，它的病毒又跑到了美國？這正如同不知道東南亞什麼樣的稀有鳥獸，到了廣東人野味店轉了一圈，跑出了SARS病毒。

因此，今日所謂的「風險」，乃是古代「無序」變爲現代「秩序」後的新「脫序」與「失控」，由於是「脫序」和「失控」，它已無法再預測。最新的學者根據新「風險」的類型，遂將其分爲「環境風險」、「生活風格的風險」、「醫療風險」、「人際風險」、「經濟風險」、「犯罪風險」等六大類。而毫無疑問的，「環境風險」乃是最迫切、最嚴重的一項。

「風險」這個字在兜了一圈後，已有不同的「凶險」意義。因此，在這個「二十一世紀也是病毒世紀」的此刻，或許我們已需要對「風險」做出更多思考、警惕和努力了！

## ○○○ NGO：非政府組織

自從一九九〇年當代主要政治思想家羅森洛（H. Rosenau）在《世界政治的波動》裡，提出「多中心的世界政治」的觀念後，所謂的「非政府組織」（NGO），就儼然成了當今國際社會的主角之一。

因爲，羅森洛指出，在這個通訊科技愈來愈進步的時代，人類已經和以前不再一樣，他們不再祇是默然接受具有強制性的「世界體系」，而是能夠以公民的身分建造新的「非政府組織」的網絡，影響全球化的進程。這種對國際「非政府組織」的樂觀態度，成了九〇年代全球新主流。例如當代歐洲最主要的思想家哈伯瑪斯（Jürgen Habermas），即在長篇論文〈康德永遠和平的觀念：論兩百年的歷史變動〉裡如此說道：

「最先引起世界公共領域和極端化的全球民意矚目的，或許是越戰與波灣戰爭。但近年來聯合國快速召開一系列的全球議題集會，如里約熱內盧高峰會討論生態問題、開羅高峰會討論人口成長問題、哥本哈根高峰會談貧窮問題、柏林高峰會談暖化問題。這些全球高峰會的召開，可以解釋成把攸關人類生存的主要課題向全球公眾提出訴求，俾對各國政府造成壓力。我們必須知道，目前這種以特定議題來吸引全球公眾注意的方法，仍然是透過各國公共空間既有的結構而進行的。因而我們仍需要強化新的支撐架構，俾讓距離遙遠的參與者能就相關議題進行持久和永遠的溝通，因而現在還不能說有眞正的公共領域，也還沒有迫切需要的歐洲公共領域。但儘管如此，一種新型態組織，即『非政府組織』，如『綠色和平』、『國際特赦組織』等，它們所扮演的核心角色，不祇在這些會議上，甚至在創造及動員跨國公共領域上均極重要，顯示出國際公民社會的網絡在對抗政府上，已對媒體有日增的影響力。」

除了哈伯瑪斯對「非政府組織」充滿了樂觀的期待外，另外的歐洲主要思想家如貝克（Ulrich Beck）也認爲藉著這種「非政府組織」的運作和動員，在有些問題上，例如生態環境議題，一個「全球的知識分子社群」業已形成，會對未來的文明進程發揮極大的影響力。

上述這些當代重要的思想家，都對「非政府組織」異常推崇，並極爲樂觀。而他們的樂觀也確實都具有事實的基礎。西方社會從一九七〇年代起，「參與式的民主」觀念興起，新的「社區主義」當道，在這種新的公民自覺下，各式各樣的「非政府組織」大盛，單單以美國爲例，這種組織有大有小，估計就有二百萬個之多。而以德國爲例，每個人一生參加創立或積極活動的團體數即多達二十五個。「非政府組織」的最高峰，乃是一個小女人裘蒂・威廉絲（Jody Williams），居然能藉著電子網路而發展出一個龐大的反對地雷全球網絡，不但對廢止地雷造成極大影響，她自己甚至還因此得到了諾貝爾和平獎。

一九九〇年代是「非政府組織」的黃金時代，除了各國內部以內政問題爲目標的「非政府組織」外，還出現大量的國際型「非政府組織」，在歐盟總部所在地的布魯塞爾，加入「國際協會聯盟」的這種組織即達一萬七千個。它們的絕大多數，都是按照自由結社精神而形成的「自組織」（self-organization），財源則是「公共募款贊助」（Public Funding），而在價值上，則繼承了歐洲古典迄今的人文及人道精神，因而在過去十年裡，舉凡生態環境、人道、貧窮、人口問題等，無論在議題的設定，以及解決問題的走向上，這些國際型的「非政府組織」，可以說都具有執其牛耳的地位。尤其是幾個超級的、源遠流長的組織如「牛津濟貧會」（Oxfam）、「國際特赦組織」、「綠色和平」、「大地之友」等，更是其中的翹楚。它們的影響力絕不在任何政府之下。每次全球非政府組織，除了官方的那個會場外，由它們推動的那個「非政府組織」的論壇，其活潑和引人注意，較諸官方的會場猶勝一籌。當代思想家認爲「非政府組織」是個「全球公民社會」裡的公共場域，確實有著他們的道理。西方自從十八世紀開始出現自由結社並形成傳統，這種「非政府組織」到了一九九〇年代確實已到達了頂點。最近這幾年重大的國際議題裡，「牛津濟貧會」在免除窮國債務以及貧窮問題上居功厥偉；「綠色和平」及「大地之友」等則主控了生態環境的日程表，而這些大型的國際「非政府組織」在「全球化」這個問題上也都和主要國家如美英等完全不同調，因而也滋生出許許多多摩擦與衝突。它以稍早前義大利熱那亞召開如G8高峰會最爲嚴重。熱那亞G8高峰會期間，正值歐洲學校假期，大學生和博碩士生有非常多人都藉著網路的串聯，而到了熱那亞，使得示威群眾超過三十萬人，乃是近代繼一九六八年巴黎學潮之後，最大一次學生群眾的集結事件。根據當時美英主流媒體的報導，美國方面認爲諸如羅馬教廷以及「牛津濟貧會」，都暗中對示威的「非政府組織」給予旅費的補助，這乃是在國際社會上醜化「非政府組織」的開始。

「牛津濟貧會」（Oxford Committee for Famine Relief 簡稱 Oxfam），它乃是與「國際紅十字會」、「國際特赦組織」、「綠色和平」、「無國界醫師組織」、「反地雷網絡」等同享盛名並受尊敬的「非政府組織」代表。它成立於一九四二年，以英國牛津地區爲中心而擴散，透過募款，以及出售二手貨及第三世界國家的產品等方式而籌集資金，用於貧窮國家災荒的賑濟。由於對貧窮問題瞭解得深，一九九〇年代以來，它除了賑濟外，更努力於要讓貧窮原因消滅的工作。由於許多貧窮國家致貧的原因乃是國際結構和功能，因而當它往這個方向努力時，勢不可免的必將衝撞到當今的國際主流秩序。「牛津濟貧會」定期發布全球貧窮報告，都對西方的主流秩序提出抨擊。稍早前，波昂G8高峰會在大約六至八萬歐洲群眾示威下，勉強通過免除窮國債務的計畫，這項議題的提出及動員，最主要的功臣即是「牛津濟貧會」，再加上羅馬教廷的暗助，以及U2主唱歌手波諾（Bono）的公開幫忙，終成氣候，並一直把這個議題延續到這次「永續發展地球高峰會」上。前面所列舉的這些傑出的「非政府組織」，它們都不反對全球化，而是反對目前這種失去了公平正義而漸趨野蠻的全球化，它們已成了制衡這種全球化的國際公民社會的代言人。

而我們憑常識也會知道，當一種組織、一種議題被有能力、有見識的人發展出來後，它們就難免要被迫加入到一個「醜化——收編——取代」的動態遊戲中。前面所說的這些國際型「非政府組織」，當它們以極大的人道心和胸懷開創出許多議題和方案，由於這些議題和方案並不符合主流的利益，甚至還經常與主流爲敵，因而從熱那亞Ｇ８高峰會「非政府組織」的動員能力達到頂點之後，反撲遂告開始。在過去的半年多裡，美國媒體上已陸續刊出許多抨擊「牛津濟貧會」的文章，即可以被視爲重要的起步。「牛津濟貧會」已被抹黑成是個「反美」的機構。

除了這種抹黑醜化之外，根據最近《紐約時報》以及其他媒體的報導，我們還發現了另外一些值得注意的趨勢：

其一，乃是許多國家的主流勢力，已開始對「非政府組織」進行補貼，俾藉著補貼而加以收編。據估計，迄至目前已有大約四分之三的「非政府組織」都已接受了政府的補助。就以這次「永續發展地球高峰會」爲例，由於中國大陸第一次有「非政府組織」人員與會，因而頗受國際注意。然而大陸的「地球村」、「自然之友」、「綠色大地志工」等十二個「非政府組織」所派出的二十人，他們的旅費卻都是由英國大使館、美國福特基金會，以及加拿大官方的「公民社會計畫」等所贊助。中國大陸的「非政府組織」接受外國政府組織的補助，這或許可以理解，但由此一來，所謂的「非政府組織」，它究竟代表了什麼樣的意義？《紐約時報》在最近的系列長篇報導中指出，西方開始對後進國「非政府組織」大舉補助，乃是主要國家意圖延伸其支配作用的一種作法。《紐約時報》所提出的現象實在值得注意。

其二，乃是隨著主要國家的補貼與操控，一種新的「政府化」了的「非政府組織」已告出現，它們變成了政府的「協力廠商」。眞正的「非政府組織」之所以可愛，乃是它和主流的政商權力無關，因而能夠產生不同的問題意識，符合「官——民」這種民主互動的進步原則。一旦「非政府組織」變成主流政商勢力的「協力廠商」，他們就變成了另外一種不在政府內的公務員，所反芻的也將是主流勢力的那種惡形惡狀，甚至還猶勝一籌。以援救難民爲例，眞正的「非政府組織」都一定具有至高的道德感與憐憫心，才會去從事這種工作，有些志工還可能因此而失去性命，但「協力廠商」式的「非政府組織」卻不然，他們沒有這種胸懷，因而雖然以救濟難民的名義前往工作，所做的卻反而是去歧視和剝削難民的工作。最近，「聯合國高級難民公署」和「拯救兒童基金會」聯名發表監督報告，即指出在獅子山國、賴比瑞亞、幾內亞等國，有四十多個「非政府組織」的人員，即以糧食和金錢對難民展開性剝削，當「非政府組織」興起並陸續做出傑出的貢獻，冒牌貨、想藉機圖利的、想加以利用的，種種不當勢力就會藉機滲入。最新的資料並顯示，像極右法西斯的「統一教」也在這個問題上插了花，它成立了一個非常好聽的「世界非政府組織協會」，它用這個混淆視聽的名字，顯然是要去爭奪「非政府組織」這個領域的領導權，進而掌控「非政府組織」這個領域的發展方向。難怪一個非政府組織「世界資源研究所」的負責人阿德萊·亞默（Adlai Amor）要說對「非政府組織」的管控監督已愈來愈重要了。

其三，乃是另一波以假亂眞的現象已告出現，那就是跨國公司開始以「非政府組織」的面貌出現。由於面對正牌「非政府組織」的挑戰而沒有能力回應，於是跨國企業遂被徵召動員出來。這些企業一方面出錢去弄一些替它們代言的「非政府組織」，另一方面本身也以「非政府組織」的名目展開活動。就以「艾克遜石油」（Exxon）爲例，它幾乎是全球生態環保界之公敵，因而該公司遂出資支持多個自己的「非政府組織」，「永續發展地球高峰會」前夕，有三十一個美國機構聯名要求布希不要出席，該公司所支持的組織即在其中。除此之外，該公司還夥同其他多個公司，以「非政府組織」之名進入那個主要的會場，十年前的里約熱內盧高峰會，公司進入會場的祇有一個，今年已達四十多個，包括 BHP Billiton、Rio Tinto、Phelps Dodge、ABB、Exxon、Royal Dutch/Shell Group……等。這四十多個大公司都以「非政府組織」名目隨著官方代表進入高峰會的主場，小的「非政府組織」則在被稱爲「論壇」的那個外場。因而一位主要人士瑙米·克萊（Naomi Klein）遂說：「這次高峰會已被大公司所接管了。」大公司以及它們所養的御用「非政府組織」，它們費了很大氣力如此布局，當然有其目的，它們的目的可以歸納成下面這種說辭：它們不是不支持生態和貧窮問題，但窮國都貪污，因此不能援助；生態環境各有國情，不能普世同一標準，因而公司會與個別國家合作對付這類問題。它們以這種似是而非的說辭，要逃避掉對世界的責任。因而高峰會上遂出現一種嘲諷式的口號：這簡直是「叫狼去看守羊」！

因此，自從經過一九九〇年代「非政府組織」的黃金時代後，從二〇〇二年開始，對「非政府組織」的大反挫已告出現，在這一輪大反挫裡，從「非政府組織」的定義起，就被這樣那樣的動作與操控所模糊化，因此，有眞正正牌的「非政府組織」，有領補助被收編的「非政府組織」，有政府和企業刻意豢養的工具型「非政府組織」，有企業冒充的「非政府組織」，還有許多政府高官退職下來而成立但實質上卻是「隱形政府」一環的「非政府組織」。當「非政府組織」的定義和類型如此混亂，正牌的「非政府組織」就可以被稀釋，甚至將它們過去所發揮的領導性搶過來。目前有關這個問題的故事，其實也就是爭奪領導權的故事。

許多字、詞、觀念、標籤、名，當它們形成並具有了功能後，圍繞著這些字、詞、觀念、標籤和名，就會持續的出現意義和權力的爭奪，這種問題在語言社會學裡有著太多例證。過去十年，我們所認知到的「非政府組織」（NGO）是它們藉著努力後，將成果注入到這個名稱裡而形成的。但現在這一切已被攪亂了，說不定再過幾年，「非政府組織」這個標籤與名稱，就會反過來變成另外的新污名，這可能是笑話，但誰知道呢？NGO的命運，在經過這一輪混淆和搶奪後，是否還能留存下來？

## ○○治理：看見失序恐懼症

近年來，被討論得最多的，乃是「治理」（Governance）這個字，例如，討論全球化時，無論學界或官界，都必然要以「全球治理」（Global governance）爲主題；討論環境生態問題時，最後一定要以「環境治理」（Environmental governance）爲最後的重點。此外，還有市場治理（Market governance）以及由於公司假帳醜聞而引發的「公司治理」（Corporate governance）……等。

「治理」這個字，根據喬治華盛頓大學教授普拉卡希（Aseem Prakash）和印第安那大學教授哈特（Jeffrey A. Hart）在《全球化和治理》一書裡所述，它的意思乃是「將集體行動加以組織化」，它的具體內容則主要是在建造出一種機制（包括建造體制），以確定集體行爲的合宜或不合宜，以及其遊戲規則和解決爭端的方式。

因此，所謂「治理」，本質上乃是「失控」或「無政府」的對立面。當一個舊的場域由於「失控」而失序；或一個新的場域出現，由「無序」而經由強制、協商、立法等程序而使其歸爲「有序」，這種由「失序」（或「無序」）而「有序」的「再組織化」，即是「治理」。以「全球化」

問題而論，「全球化」乃是一組論述，它主要之目的，乃是美國希望藉著這一組論述來稀釋別國的主權，因而圍繞著「全球化」這個場域，無論資本、技術、商品、人力、稅務，遂都出現嚴重的攻防與摩擦，「全球化治理」這個問題因而出現。再例如，美國自雷根時代開始，即持續進行「公司鬆綁」，包括反托拉斯的取消，政府監督角色的逐漸淡出，公司會計監督的廢弛等，這種「鬆綁」不但在雷根及布希任內加速展開，縱使民主黨主政，共和黨也透過它在國會的多數而持續進行，「公司鬆綁」造成了「公司權力」的無限擴大，「傳染性的貪婪」因而形成，最後鼓勵出恩隆案及世界通訊案等假帳醜聞，這顯示出公司權力極大化之後已出現了一種「上層無政府主義」，於是，「公司治理」開始受到注意。

「治理」這個字在近年已成了新的關鍵字。近代研究字詞、觀念及文化的著名學者雷蒙・威廉斯（Raymond Williams）早已指出過，在每一個時代都會有一些關鍵字或關鍵詞，在這些字詞裡沉澱著某些時代的訊息，因而分析這些字詞的脈絡及內涵，對掌握那個時代的意義將會有極大的助益。而從二十世紀最後四分之一世紀開始，與「治理」有關的概念即告出現。

從一九六〇年代後期到一九七〇年代，乃是西方進步主義的另一個黃金時代，由於許多以前的被壓迫者開始覺醒，由「非公民」產生新的公民認知，因而過去那種被少數人壟斷的民主政治，演變爲「參與式的民主」；另外，則是由於人們對「公平社會」有了更高的期待，「福利國家」的概念更被強化，但就在那個時代，卻也是冷戰對峙極爲嚴重，軍費支出龐大，各國財政狀況日益緊張的時刻。於是，所謂的「新右派」遂告崛起，它不去針對軍費問題的應當刪減來作文章，反而在福利問題以及「參與式的民主」等方面發揮。社會福利以前被認爲是用來化解資本主義自我崩潰的一種解藥，「新右派」卻認爲社會福利本身即是一個危機。在「新右派」所提出的「危機理論」裡，「參與式的民主」以及社會福利，被認爲是「民主超載」。一九七九年，當代德國主要社會思想家奧菲（Claus Offe）即率先將其歸納爲「不可治理性」（ungovernability）的概念。這似乎是「治理」首次以它的反面意義開始出現。

「新右派」的「不可治理性」，乃是一組論述及策略，它企圖藉著諸如「民主超載」和「參與爆炸」等負面修辭，來削弱多元參與的要求；而在社會福利問題上，它則企圖藉著財政負擔超載的概念，將原由政府調控的福利事務予以解除調控，然後將福利納入「商品化」的範圍。

因此，由「不可治理性」而到「治理」，在過去二十多年裡，全球基本上都是在「新右派」的主導下，藉著非法化國家的調控職能，而將原本屬於政治的事務，如反托拉斯、基本工資、社會福利等，將其「去政治化」，而使之變成資本主義「商品化」的環節。「新右派」所謂的「治理」，其實是要創造出一種單一主宰的價值與體系，除了資本主義的利潤邏輯外，這個世界即再無其他邏輯，甚至連最基本的政治活動——選舉，也都徹底的在被金錢化之下，而成爲可被資本主義體制收編的場域。在過去二十多年裡，「新右派」主導下的「治理」，尤其在美國，乃是今天這種一切皆壟斷，而「傳染性的貪婪」日甚，公司權力極大化之後各種弊端醜聞叢生的原因。

它過去所謂的「治理」，終於走到自己必須「被治理」的程度。

由過去的「治理」走到今日它本身必須重新「被治理」，這是一種弔詭式的、辨證式的發展過程，它就讓人想到「治理」這個英文字的字源上一個有趣的課題。

今日英語中所謂的「統治」（Govern）、「治理」（Governance）、「政府」（Government），它們都有共同的拉丁語起源，那就是「掌舵」（gubernō）、「掌舵的」（gubernātiō）、「舵手」（guberāto）、「舵」（guberāculum）等。而進一步再查考，即可發現，這個拉丁字源其實乃出自希臘，例如希臘古語的「舵手」即是kubernetes，它即是今日我們所謂的「政府」這個字的最早前身。

因此，今天我們會譏笑專制國家歌頌領袖時，使用「偉大的舵手」，「大海航行靠舵手」等肉麻的「專制語詞」，但這種「專制語詞」其實並沒有什麼好訝異的，因爲最早以「船」、「舵手」等隱喻來說「政府」及「領袖」的，並不是別國人，而是最早的希臘人，而這個隱喻，乃是「治理」和「政府」等觀念的起源。這也就是說，在「治理」的觀念裡，其實已潛在有著某種專制性在焉。

以「大家都在同一條船上」及「舵手」、「船長」這些隱喻來談政府的角色，最著名的仍非柏拉圖莫屬。他在《共和國》（The Republic）第四八八和第四八九段裡，就把船和船隊比喻爲國家，而船長及舵手即代表了領袖。在該兩段裡說道：

「那麼，讓我們假設一艘船或一個船隊，有一個船長，他比任何水手都高而強壯，但他有點聾，而且視力也不太好，航海技術也沒有多高明。這時候，水手們必會爲掌舵之事而爭吵，每個人都會宣稱自己有掌舵的權利，儘管他們從未學過航海術，也講不出誰教過他，或他在何時學過航海，他們甚至還可能會說航海根本沒有技術，並對任何不同意他的將之砍爲碎片。他們會包圍船長，讓他交出掌舵權，他們會爲此相爭相殺，丟棄之於甲板上。……而眞正的舵手必須對年歲季節、天空星辰，以及風向變化等航海術的問題保持注意，這乃是他要成爲夠格的掌舵人之必需。當他會了航海術，他就必須也應該成爲掌舵人，不管其他人是否喜歡。……掌舵人不會謙卑的向水手們哀求，希望他們接受他的命令，這不是自然的法則。……一個有能力的統治者，不應該哀求別人接受他的統治。然而今日世界上的統治者卻並非如此。他們都祇不過是藉著叛變而取得權力的水手，他們反過來說眞正的掌舵人學的都是無用之事，祇不過是看星人而已！」

柏拉圖把治理國家視爲航行大海，把統治者比喻爲舵手及船長。由他的這一段敘述，也可以說非常準確地反映出了希臘人在造字造詞時的思維方式。統治一個國家即形同駕駛一條船，因爲「大家都在同一條船上」（All-in-the-same boat），自然必須凡事都聽從掌舵人的命令，俾成爲一個「行動團隊」。由造詞的這種隱喻，我們已可看出在「治理」這個字及它的概念裡，已潛藏著某種專制的因子在焉。因而澳洲新堡大學的政治哲學教授史派克斯（A. W. Sparkes）在《談論政治》一書裡遂如此說道：

「柏拉圖的比喻，有著一個嚴重的限制，那就是船上的夥伴們都必須向著一個目標，走向同一個目的地。但這樣的比喻，卻顯然不是一個好的理由來說明一件事，那就是在正常情況下為什麼一個社會的每個成員都必須朝向單一的目標？」

今日所謂的「政府」和「治理」，都起源於希臘語裡的「船」及「舵手」隱喻。而我們都知道，一種隱喻的提出，都是某種心態的顯露。近代已有多位古希臘思想史家證明了一件重要的事情，那就是希臘人極端重視秩序，恐懼差異。正是因爲有著這樣的心態，他們才會把國家看成是一條船，而政府及統治者則是「掌舵人」，要求大家走向同一的目標，並將這樣的內涵鑲嵌進了「政府」及「治理」等造詞中。由前面所引的柏拉圖在《共和國》裡的那一段敘述，柏拉圖被認爲是最古老的專制一元主義者，可謂已不言自明。由古希臘的這種隱喻，另外得到證明的，乃是當時的人普遍有著一種「失序恐懼症」，正是因爲有著這種恐懼症，他們才會特別強調「治理」的概念。

前述的史派克斯教授指出：「在現在這個時代，我們不能因爲有人用了治理這樣的字與概念，即認爲他是專制主義者。」他的話是不錯，然而，當一個社會的人特別喜歡強調「治理」，並把「不可治理性」蓄意誇大，而後按照己意，以單一邏輯談論「治理」，卻仍然値得警惕。由過去二十多年，西方「新右派」從「不可治理性」談到「治理」，最終演變爲「公司治理」的大問題，它所透露的，不就是和柏拉圖時代的「失序恐懼症」一樣嗎？

## ○○ 責任：人神的相互呼應

最近這幾年，語言已日益成爲西方媒體上的重要課題之一。而之所以如此，當然是當今的政治早已有一大半不再是政治，而淪落成了語言。於是，有識者遂被迫不得不關心語言起來，俾免被那些視政治爲高明騙術的人物所操控。在這個「聽到即相信」（Hearing is believing）的時代，如何去聽，已成了平民百姓掌握自己判斷的不二法門。

日前，《華盛頓郵報》上即刊出馬里蘭州一位有良心的律師作家霍威特（Dasty Horwitt）的專論，他談的是「責任」的語言，即非常值得人們來共同注意。所謂的「責任」（Responsibility）這個字，它最早起源於宗教，指的是人神間的相互呼應，因而它同時兼具了內在的「良知」和外在的「擔當」這兩重意義，乃是一種「言——行並存」（Speech-Act）的字，當人們以前說「我願意爲這事負責」，它的意思再清楚不過了：第一，他已承認該事是因爲他的犯錯所致；第二，他願意離開他犯錯的這個權力位置。

可是到今天，「負責」和「責任」這個字的意思卻已發生了巨大的變化。我們可以設想一個這樣的情況，設若你是個小學老師，某天小朋友們排隊開朝會，有個頑劣的小朋友忽然推擠別人，讓別人摔了一跤，這時候你會要該頑劣小朋友在下述三種選擇裡做什麼樣的表示呢？一：要他公開道歉；二：要他承認犯錯並承諾以後不再這樣；三：要他爲自己的行爲負起責任來。我們有理由相信，如果該頑劣小朋友有高人指點，或者常常看電視看出了經驗，他一定會高興地表示第三種態度：「我願意爲自己的行爲負起完全的責任！」

爲什麼會出現這樣的奇怪的結果呢？答案並不讓人意外，「我願意負起責任來」這句話早已成了當代的一種口頭禪。「願意負責」這句話原來的強度極大，超過了「承認錯誤」、「保證不再犯」，但到了今天，它的強度已比這兩種態度還弱，而祇是一種不痛不癢的空話，你要我負責，我就負責，so what?

因此，「我願意負責」已成了當今各類出了紕漏的公眾人物最愛使用的語言，你不必逼他講，他就會很高興地自己搶來講。

例如，最近華府哥倫比亞特區教會鬧醜聞，牧師傑克遜（Rev. Alvin O'Neil Jackson），即搶著在別的牧師的證道會上表示：「我願意爲自己所行負起完全責任。」他該不該負責無人知道，一般相信他至少有部分關係，而今他卻表示「願負完全責任」，等於是把別人應有的沉重責任，一下子就變成他自己身上輕飄飄的「完全責任」！

例如，「恩隆案」主角之一的恩隆公司前財務長小吉利森（Ben Glisan Jr.），最近因爲該案開庭而作證，他表示：「我認爲祇有一句簡單的話要說，我願意爲自己的所行負起完全責任。」

由於他的這句話是在法庭上所講的，而法庭講話會被設定到客觀的法律架構內，因而他的「完全責任」，可以說乃是最近期間一大堆人都在說「我願意負起完全責任」裡，最不脫離實質意義的一個。

但別的人在非法律場合說這樣的話，其意義卻完全不同了。

例如，布希在〈國情咨文〉裡曾表示海珊自非洲買鈾，這乃是他出兵侵略伊拉克的最大且唯一的理由，但演變到了今天，美英不但找不到任何實質證據，由美英陸續鬧出的說謊僞造事件，更顯示出這祇不過是「爲侵略假造理由」而已。於是，在一次白宮記者會上，布希遂和顯然是指定好的記者套招，當記者問他是否「要負責」時，他說：「當然，我願意爲自己所說的每件事情負責，而且是絕對的負責。」問題是話講得好聽，但布希會因爲這種超級謊言醜聞而羞恥得自動下台嗎？會願意放手讓國會展開調查並進而彈劾下台嗎？當然不會，因而霍威特遂說：

「他的話聽起來強烈而直截了當。但它，它的意思究竟是什麼呢？它不代表道歉，不代表承認犯了錯，不代表他相信當時必須做另外的選擇。它沒有任何意義，似乎祇有一個意義，那就是：我的話都已講到這樣了，這個問題就到此爲止！」

因此，「我願意負責」、「我願負起完全責任」、「我願負起完全責任，絕對地」，已成了當今最漂亮的政治空話，這句話以前的那種「言——行並存」的意義早已分離，但它那種古代的意義痕跡卻仍殘存在人們的印象裡，讓人產生某種偉大的印象，它因而是仍有印象的好聽空話，由於它已成了空話，其強度當然比不上「道歉」和「不再犯」，這麼好的漂亮空話，除非傻子，誰又不會搶來用啊？因而過去這段期間，乃是「我願意負起完全責任」這句話滿街走的時刻，它甚至還變成了一種用來沽名釣譽的招數，例如印第安紅人隊的管理人柯爾斯（Laveranues Coles）爲該隊表現不佳，如此說道：「我對發生的一切事情要負起完全責任，我的隊員們犯了一些錯誤，如果我能讓我們有一個比較好的開始，事情就會變得不一樣。」而可以想像的是他會如此說，乃是被「芝加哥白襪隊」經理曼紐爾（Jerry Manuel）逼出來的，他早已搶先說過這樣的話：「當我們表現不佳，我願負起完全責任。」他們負了什麼樣的「完全責任」？祇不過因爲講了這樣的話，他們好像就變成了很有「責任感」的人！

而語意上最滑稽有趣的，大概就是滾石樂團歌手麥克賈格（Mick Juagger）了，他兩度結婚都失敗，並到處亂搞，他在接受瑞士媒體訪問時如此表示：「我對自己不忠於妻子所造成的後果負起完全責任。」他負什麼責任？他現在到處有美眉陪伴，「後果」好極了！因而他的話不但空洞無意義，甚至還等於倒吃了「完全責任」這句話的一次豆腐。

因此，「我願負責」、「我願負起完全責任」、「我願負起完全責任，絕對地」之類的話語，它在這個時代已變成了某種語言上的「眞空」。所有的語言之能夠成爲語言，原本都至少會有一些「實在」的成分，以「責任」和「負責」爲例，它的「實在性」即是某種宗教意象延伸而成的道德情懷和倫理紀律，但到了近代，這種嚴肅並具有「實在性」的語言，經過不斷地濫用誤用，早已因爲過度使用而折舊，並在折舊中逐漸失去了它的「實在性」，這時候，它就開始由原本崇高的位階上掉下到爛泥中。舉例而言，設若某人犯了一個小錯，原本祇要道個歉，讓他沒面子就好，但有人卻硬是小題大做，往「責任」和「負責」上扯，最後是「責任」與「負責」沒有扯成，這個字反倒被扯得失去了意義，當這種事情扯多了，這個字也就更加不值半文錢。等到出現像布希假造證據，欺騙美國國民，讓國民默許或公然支持侵略他國這種邪惡之事發生，若在以前，這已是邪惡的超級大罪，比起水門事件不知嚴重了多少倍，理應罷免或彈劾下台，但現在則是「負責」和「責任」的語言及觀念已告蕩然的時候，沒有實在的語言，人的腦袋裡就不會想到去做相關的事。以前，講到「負起完全責任」，針對的乃是大錯，它的意思和「我會下台」幾乎完全對應，但到了今天，這種「言——行並存」的對應關係早已不存，既然不存在這種對應性，話當然就變成了沒有意義的漂亮空話，縱使說上千萬遍又有何妨？

而「負責」和「責任」這種原本「實在」而重要的話語被抽離內容，最後成爲空話，當然有著許許多多原因。媒體時代，一切問題都會被奸狡的政客胡扯蠻纏，讓一切原本清楚的都被扯成爛泥，他們遂可以混水摸魚，這是主因之一，另外，媒體工作者或因程度不夠，或因黨派意識型態作梗，不講是非道理，也助長了這種「語言的爛泥化」；最近，美國專欄作家瓦塞曼（Edward Wasserman）在《邁阿密前鋒報》上談到語言和政治爛泥化的現象時說到，現在的媒體對新現象早已失去反應的基本能力，「祇要遇到特殊的新情況，即眼睛昏瞶，喉頭乾澀得發不出聲音。」

就以白宮記者會那一幕爲例，記者問布希是否要負責時，布希答說：「會負完全責任，絕對地。」他爲什麼不再問這句話是什麼意思？是會辭職嗎？或者是願交給國會調查？當然，若他問了這樣的問題，當天晚上可能就會發現飯碗已被敲碎，而且保證不會有任何媒體肯收留！

不久前，美國前副總統高爾曾到過紐約大學演講，他雖然批評了時政，但的確講到了許多重點。他說：「我們千百萬人，已有一種共同的感覺，那就是許多美好的基本原則已在我們國家走到錯誤方向；許多美國的重要價值，則已處於風雨飄搖中。」他的分析是，「現在的政府乃是一個對光特別敏感的政府」，由於不能見光，一切都是黑箱作業，在黑箱裡政商勾結，在黑箱裡收受獻金，在黑箱裡布椿拔椿，在黑箱裡做盡一切政治惡事；由於眞相不容見光，因而他們遂特別嫻熟於「虛假印象的操弄藝術」（The art of the false impression），說謊、硬拗，將問題扭曲栽給替罪羔羊，把語言搞成爛泥，從而讓是非對錯也跟著變成一片壓壓烏。高爾在當今美國政客裡以老實敏銳，但言辭笨拙而聞名，他完全不懂「做秀政治」那一套，這乃是大選敗給奸狡、善於挑撥和勾引美國人本能劣根性的布希之原因。這次他會說出「虛假印象的操弄藝術」這麼有學問的話，或許眞是他痛定思痛後的智慧凝鍊之語吧！

語言從來就不祇是「說話」而已，它是說，是行，是價值，同時也是文明寄棲的地方，因此，關切語言，也才是關切政治與社會的根本。如果人們眞的老實愚蠢到「聽到即相信」，那就難免會像歐洲童話故事裡所說的，一個有魔法的吹笛人，可以吹出蠱惑的調子，讓人在昏昏沉沉中跟著他走去，最後淹死在河流裡。當代政客裡已有愈來愈多這種「語言魔法師」，他們正在吹響各種宰心控腦的魔法調，做爲現代公民，又怎能不格外去關心語言問題呢？在聽到像布希說出好聽的「我願負起完全責任，絕對地」這種話時，又怎能不多所警惕呢？

# 聖：無需遷就奇蹟

二〇〇三年十月份普受注意的，乃是教宗若望保祿二世就職滿二十五週年，以及他用「快軌」的方式，在十月十九日冊封德蕾莎修女爲「眞福品」（Beatus）。這兩者都是宗教界的頭等大事，尤其是冊封之事更受到全球一致的重視。

德蕾莎修女，原名艾格妮絲・岡查・波賈修（Agnes Gonxha Bojashiu, 1910-1997），她出生於鄂圖曼帝國時代的馬其頓，母親則是阿爾巴尼亞人。她十八歲加入「羅莉多修女會」（Sisters of Loretto），這是個以奉獻於印度爲宗旨的修女會，她取名「德蕾莎」，是在奉「聖德莉莎」（St. Therese of Lisienx）之名。她最先至印度加爾各答的一所小校教書，那是所上流社會的學校，但圍牆外卻都是赤貧的窮人，使她深感困惑不安。一九四六年她在一次赴大吉嶺休假養病的搭車途中，接受到了天主的召喚，於是開始了她照顧窮人的志業，她一九五〇年成立「仁愛傳教修女會」，它後來發展成在全球一百二十三國有六百五十個中心、修女四、五千人的慈善照顧團體，專門照顧痲瘋、路倒、瀕臨死亡的窮人，乃是二十世紀窮人最大的守護神，並獲一九七九年諾貝爾和平獎。但她不幸於一九九七年九月五日逝於印度加爾各答，享年八十七歲。

德蕾莎修女逝後，教宗若望保祿二世即以充滿敬佩之心主動努力於她的冊封之事。根據教廷「冊封聖人部」的慣例，冊封之事多半都要死後五年或更久始能被提出，而且必須要有三個奇蹟爲條件，至於奇蹟的查核認可，又要花上很久的時間；至於冊封則分爲兩種或兩階段，一是「眞福品」（Beatus），另一才是「聖品」（Sanctus）。德蕾莎修女逝後，曾有兩個男女病人到靈前祈禱，而且奇蹟式地痊癒。儘管這兩件奇蹟都嫌勉強，尤其是胃癌女病人莫妮卡．貝絲拉（Monica Besra）的故事，甚至招致北孟加拉大學醫學院兩位教授的抨擊，但這些聲浪並不能影響到教宗要給德蕾莎修女封聖的堅決態度。於是，就在她逝世滿第六年的時候，被冊封爲「眞福品」之事終告完成。教宗親自在聖彼得大教堂前的廣場，主持了「賜眞福」（Beatrification）儀式，三十萬人參加，這眞是宗教界罕見的大事。

羅馬教廷對德蕾莎修女的封聖，就讓人想到了西方這個無論在發音和意義上，都和東方相當接近的「聖」（Saint）的概念。「聖」在古代中國，從遠古的「尙書時代」一直到春秋戰國時代，即已發展相當完整，它指的是堪爲永遠表率的超級傑出人物，而從漢代開始，東西方的交往增加，諸如中國的茶與絲等都在西方中古時代或之前就已進入西方，並在西方的語言上留下了痕跡。至於西方「聖」的概念之形成，則最早差不多要到第四和第五世紀，已是中國東晉以後的事了。也正因此，西方的「聖」（Sanctus、Sanctorum），是否也是東方「聖」的觀念留在西方語言裡的痕跡呢?這或許倒是個值得古代宗教的研究者注意的課題。

根據直到現在的理解，我們已知道四世紀初康士坦丁大帝皈依的時候，當時的基督教仍極樸素，並無「聖人」的概念，當然也沒有聖人偶像之類的崇拜。最早提到「聖」的概念的乃是四世紀末期維克崔修斯（Victricius of Rouen），他在《讚美聖人》（De laude sanctorum）裡表示：「聖人永存在他們永恆的遺物裡。」「在這些遺物裡，有著他們的善良與美德。」至於奇蹟問題，最早談到《聖經》外的奇蹟者，則當屬五世紀前期的「神學之父」奧古斯丁（Augustine of Hippo），他在《天主之城》第二十二書第八章裡，根據他從朝聖者那邊聽到的有關殉教士史蒂芬（Martyr Stephen）的奇蹟，以及他聽聞到的米蘭殉教士普羅塔修斯（Protasius）和格瓦修斯（Gervasius）的奇蹟，還有其他如迦太基等地的奇蹟，寫得頗爲冗長的那一章，幾乎已是早期奇蹟的總匯集。

由四世紀末期到五世紀上半期，西方始出現「聖」和「奇蹟」，以及伴隨而來的「聖物」（Reliquiae、Relic）觀念，這實在是個值得注意的現象。根據當代學者的研究，則知道所有的這些現象都並非當時基督教本身的元素，而是東羅馬帝國漸趨沒落，蠻族和異教影響力漸增後所注入的新元素。而這種新的元素也就因此而逐漸地改變了基督教的景觀。

舉例而言，早期的基督教裡，耶穌的父親約瑟和母親瑪利亞其實都是完全沒有地位的，但由英國學者瑪瑞娜・華勒（Marina Warner）所著《童貞瑪利亞的迷思與崇拜》，可知由於中古時代的動盪，異教元素的注入，以及人們心靈新的需要，「聖母崇拜」開始被逐漸建構，並在後來所謂「無玷聖母」（Dogma of Immaculate Conception）得到最完全的發展。美國西北大學史學教授威爾士（Garry Wills）最近在《教皇之罪》裡也指出，中古聖母崇拜的形成及達到高峰，其實乃是聖人崇拜的啓始，聖母崇拜帶動出了聖人崇拜，而這也是宗教在與時俱變過程中世俗化的結果。

而除了上述論證，可以看出「聖」的概念乃是異教和異文化元素的刺激所致外，討論得更詳細者，厥爲紐約州立大學教授芭芭拉・阿布耶哈潔（Barbara Abon-el-Haj）所著《中古聖人崇拜——它的形成及演變》一書裡的討論了。該書指出，從中古時代開始，由於東羅馬帝國瓦解後的紛亂，基督教向西北歐擴張，聖人和遺物崇拜的興起，加上時代混亂所造成的朝聖活動及朝聖貿易出現，遂將聖人及聖物崇拜推到了頂峰，其盛況和中國唐代與天竺間的朝聖及貿易，以及當今伊斯蘭教動輒數十百萬人奔向一個朝聖地點，幾乎毫無兩樣。舉例而言，十一世紀初，法國聖馬太教堂重建，在奇蹟的號召下，「群眾如河水般湧進教堂，最後造成人踩人，超過五十人被踩死的紀錄。」

因此，美國威廉斯學院教授馬克・泰勒（Mark C. Taylor）在所編的《宗教研究的關鍵詞語》裡遂特別將基督教、伊斯蘭教，以及佛教裡有關聖人與聖物崇拜觀念做了比較分析，即發現它們彼此之間有著極大的相似重疊性。這或許也可以視爲宗教經驗在那個時代相互影響的間接佐證。

聖人及聖物崇拜，在十一和十二世紀達到了高峰，從地中海岸到西北歐之間，朝聖及朝聖的海陸貿易空前發達。各主要朝聖城市的封建諸侯，莫不用盡腦筋去興建美輪美奐的教堂，並尋找聖人聖物爲鎮堂之寶，朝聖者的奉獻亦多得難以計數。城市間和城市內的教堂，大家相互在聖物上展開競爭，也努力地創造和記錄著奇蹟，以廣招徠。有的競爭性教堂，會鬧出同一聖物的雙胞案；有些大教堂爲了拓展勢力而到別的城市建分堂，也和今天台灣一樣，把聖物的分身拿去鎮堂。許多宗教史上重要的公案：如施洗約翰那被砍掉的頭、耶穌受難的衾布，以及其他各類聖物，也都被宣稱說已找到。這種聖人及聖物崇拜，遺留到今天的，乃是聖物的被分類規格。第一級是聖人的身體和遺骨，第二級是聖人身體直接衍生出的如染血的布、親自穿過的衣服、用過的器物等；第三級則是間接的紀念物，如聖人的紀念塚、聖人所做的事功等。

因此，從五世紀到十二世紀被逐漸增強的聖人和聖物崇拜，乃是宗教史上重要的一個階段。基督教在東羅馬帝國瓦解後，被異教元素滲入，而時代的變化也使得人們需要更多神與聖事安慰，它促成了「聖」的觀念日趨發揚光大，一個一神多聖的信仰體系因而在競爭中形成，它實質上具有僞形的多神之意味，這也是當時它被有些人反對的原因，祗是在世俗化的強大壓力下，這種反對不可能得到任何一方面的支持。

在聖人聖物的崇拜影響下，當時的教堂展開聖物和教堂華麗程度的大競賽，這使得羅馬教皇也都有地位動搖之虞，當它的聖物不比別的教堂多，其信眾即會失去信心；當它的教堂不比其他教堂華偉，它就不能吸引朝聖者前來瞻仰，正是因爲這種世俗化的壓力，在第十世紀的末期，羅馬教皇遂開始了封聖的舉動。聖人被認爲是一種「中保」（Patron）的媒介，他們是天主和信眾之間的仲介，人們崇拜他們，乃是可以透過他們而向天主祈禱。這種中介的角色，後來在世俗化之後，使得有些聖人兼具了其他使命，例如聖約瑟成了木匠神、聖路加是油漆匠神、聖克里斯賓是鞋匠神、聖阿諾修斯是學生神、聖佛羅蘭是防火神等。

而除此之外，最具有歷史意義的，乃是在世俗化的聖人聖物崇拜和教堂競賽下，羅馬教皇已被迫不得不建超級華麗的聖彼得大教堂，而爲了妥籌財源，遂到了搞贖罪劵的程度，而正是因爲走到如此極端的程度，才招惹到了馬丁路德，並引發宗教改革。也正因此，當我們在讀西方歷史時讀到宗教改革這一章，不能祇看教科書裡所寫的那些段落，而必須體察到它的出現，其實和聖人聖物崇拜的走到極端有著密切的關係。

不過，儘管聖人聖物崇拜走到極端後，引發宗教改革，但聖人聖物崇拜做爲一種宗教體制，它畢竟沒有消失。現任教宗若望保祿二世就任業已滿二十五年，在這二十五年內，他採取了一種擴張式的封聖作爲，計封四六六人，顯然是希望藉此來擴大宗教的世俗化基礎。就拓展教勢的觀點而言，這當然無所爭議。祇是當今的封聖仍以古代的奇蹟爲基礎，爲了遷就奇蹟，在德蕾莎修女封聖的問題上，遂難免冒犯到了醫學。北孟加拉大學醫學院那兩位反對的教授說：「德蕾莎修女乃是當代聖人，但請不要把她的偉大寄託在不實的奇蹟上。」這眞是最具雄辯性的見解。由此也顯示出封聖的問題，當它仍拘泥在古代的奇蹟上，即難免會出現破綻與難題，封聖顯然已需要有所改變了。

不過，由五世紀開始的聖人聖物崇拜，它卻顯示出西方的「聖」（Saint）與東方的「聖」，如此奇妙的相同，當非偶然，而有待學者們從西方典籍和語言流變裡去尋找那個更重要的源頭。但同樣值得思考的，乃是宗教理應以人類共同的道德感情爲其基礎，而不能祇是將它的基礎建造在聖人聖物的崇拜上，西方由五世紀開始所走過的漫長道路，或許才是更值得東方宗教來反省的吧！

## 鐵弗龍：滿街趴趴走

有一種東西叫做「鐵弗龍」（Teflon），它的本名叫做「聚四氟乙烯」（polytetrafluroethylene）。這種物質被用來當做塗料抹在鐵鍋上，就成了「鐵弗龍不沾鍋」。

而有「鐵弗龍不沾鍋」，遂有了「鐵弗龍政客」（Teflon politician、Teflon-coated politician）。它是把「鐵弗龍不沾鍋」的意象轉用到政治後所造成的用法，指的是出了一堆醜聞和紕漏，別的政客早已因此而聲名狼藉，而他則可以不怎麼受到傷害的那種政客。「鐵弗龍政客」是不必對自己的醜聞、錯誤與無能負責的政客，他們也是所有搞政治的人最憧憬的理想：可以胡作亂爲，但卻沾不上責任。

最近，西方媒體用「鐵弗龍」來稱呼的政客，乃是醜聞纏身、聲望不佳，但無論他怎麼惡搞，卻似乎都可以免擔責任的義大利極右派總理貝魯斯孔尼（Silvio Berlusconi），他的「鐵弗龍地位」是怎麼辦到的？這就必須從「醜聞」（Scandal）這個字先說起了。

具有今天意義的「醜聞」，乃是脫胎於古希臘語的 skandalon，這個字首現於公元前二七〇年由七十個人所編輯的所謂《七十子舊約聖經》（Septuagint），它的意思是指「掉進陷阱」、「妨礙」、「在道德上被絆倒」，亦即等於一個人因爲發生了這些情況，以至於悖離了耶和華的教誨，而後，這個字被猶太教和早期基督教所繼承，用來指人的道德失足及因爲本身的脆弱與貪婪而造成的罪惡。但值得注意的是，由於後來世俗化程度加深，因而拉丁語的「醜聞」（Scandalum）這個字，它的宗教意涵已漸漸降低，人因濫權無能與失德而犯錯的意義則增強。

十六和十七世紀，今天英文的「醜聞」（scandal）這個字正式形成，它有兩種意義：

其一，乃是以宗教意涵爲主，指的是宗教人做了違背教義的事，褻瀆了宗教的價值，因此培根當年遂會說：「異端和分門搞派，乃是兩種最大的醜聞。」

其二，乃是世俗化層次的意義，指的是人們做出下流無品和不名譽之事，人們做出有損信譽之事，人們的行爲違背了正人君子的原則。

因此，不論早期的「醜聞」這個字所指的是宗教內涵或非宗教內涵，它都和最原始的「落入陷阱」及「道德上被絆倒」能夠完全契合。從十六世紀一直到二十世紀，儘管人們也都未能免於錯誤，但「醜聞」這個字卻仍然讓人生畏。這也就是說，祇要一個社會的道德及權力規範尚能清晰地維繫，什麼是「醜聞」也就很容易被定義和被公眾所知悉，「醜聞」也就可以成爲約束人們行爲的概念。

不過，就在不久之前，英國劍橋大學教授湯普遜（John B. Thompson）在《政治醜聞：媒體時代的權力和能見度》一書裡，卻也指出，當一個社會的價值標準清晰、理性度較高，政治人物犯了醜聞及錯誤，的確有助於該社會走向更好的境界，例如可以藉著立法而約束權力濫用的孔隙；可以藉著醜聞的道德制裁，而讓政客有更高的自我警覺和自我約束，不過他同時指出了兩種可能：

其一，有人認爲醜聞乃是媒體炒作的話題，朝生暮死，眞假難分，有這種懷疑態度的人，遂認爲醜聞的出現並不會造成正面的結果，祇是多了一些閒言閒語的話題。這種觀點被稱爲「醜聞不會有後果論」（No-consequence theory）。

其二，有人認爲醜聞乃是雞零狗碎的事，會愈扯愈雞零狗碎，因而無助於政治被醜聞所清洗，因而愈變愈好的可能，這種態度可以稱之爲「醜聞的瑣碎論」（Trivialization theory）。

湯普遜教授所講的這兩種可能，其實有著更深刻的意義在它的背後。那就是當一個社會媒體愈來愈發達，而媒體本身又缺乏基本的道德堅持及判斷是非的擔當，它就等於提供出了一個可以讓人東拉西扯的論壇，這時候一旦有政客犯了醜聞，他就可以藉著東拉西扯而使得醜聞不再是醜聞，反而更像是鬧劇。這也就是說，每個社會都有一些由於共識而定義出來的東西，因此何謂「落入陷阱」，何謂「在道德上被絆倒」，大家都可以不證自明。但到了媒體時代，奸猾的政客卻有了藉著東拉西扯而讓這些不證自明的原則蕩然無存的機會。

此外，湯普遜教授的著作所談的主要是英美政客的醜聞，並未觸及其他國家對醜聞的態度。例如，許多半民主和非民主國家，乃是透過讓醜聞不被看見而讓醜聞發生不了破壞的作用，而有的則是靠著更厲害的操作而讓自己變成「鐵弗龍」。

而義大利總理貝魯斯孔尼之所以被西方說是「鐵弗龍」，恰恰好正是因爲他就是這種最厲害的人物。

貝魯斯孔尼乃是義大利民族主義極右派，手下有著全義大利最大的媒體集團 Mediaset。他自從政治發跡開始，即醜聞不斷，主要的有：

（一）他的一名親信涉嫌在他進行媒體購併時送賄，並被起訴定罪。

（二）他的電視公司在購買美國電視節目時，涉嫌以少報多，做這種假帳之目的在於逃漏稅捐。

（三）他的媒體集團涉嫌廣泛的各種造謠，對政敵惡意攻訐，以及選舉時做爲買票的仲介等。

不過，貝魯斯孔尼的確是個「鐵弗龍」高人，面對所有的指控、調查，他卻有許多「法寶」。

例如，他爲了煽起人民對他的支持，動輒東拉西扯地轉移焦點。義大利司法機關派遣特別調查檢察官對他的送賄舞弊等展開調查，他即指控該檢察官爲左派及共產黨，目前歐盟輪值主席由義大利擔任，由於他是義大利總理，遂自然承接了這項職位，但歐洲議會對這樣的人物擔任輪值主席實在覺得丟臉，因而當他在七月赴歐洲議會就職時，遭到許多議員的質疑，於是他就罵別人是「納粹警衛」。共產黨和納粹乃是不得人望的過去標籤，也是他最喜歡貼到別人身上的標籤。蓋由此一來，他就儼然成了被迫害的英雄；此外，他甚至動輒抨擊歐盟，製造出虛擬的對立性，藉以贏得本國人的支持。這種製造衝突的民粹主義搞法，使得他把自己的醜聞愈搞愈模糊。

例如，就在二○○三年七月，他甚至乾脆發動一切政商媒體力量要制訂一項有關總理豁免權的法律，使他在總理任內免於一切被法律追究的責任，他總理任內所做的一切，將來也都必須免於法律追訴。此外，他的舞弊送賄案，已被司法機關追查了將近十年，他也於最近透過施壓而將該案撤廢。

而除此之外，這個極右派還有更極端的作法，最近這段期間他不斷地表達一種主張，那就是要向全世界獨裁者表示，「給你一年時間或半年，否則就要武力入侵，這是唯一的方法，我們不是在講笑話。」他儼然成了全世界最兇猛的自由鬥士，有哪個法律可以辦這樣的自由鬥士呢？

不過，這麼厲害的「鐵弗龍政客」，終究還是惹毛了義大利眞正的鬥士佩卓（Antonio do Pietro）。佩卓是一九九○年代初改變義大利政治生態最大的功臣，他當時是檢察官，揪出了義大利官商勾結的整個結構，上起總理、國會議員，下到地方的黨工，涉案被調查起訴者多達數百人，有十人左右畏罪或羞愧自殺，整個義大利的政治版圖因而重繪。而今佩卓已成了國會議員，他看不慣一個總理可以胡作非爲居然還能成爲「鐵弗龍」，因而發起公民連署，要對總理責任豁免權的法案做公民複決。他從二○○三年六月起發起連署，設若到九月底前能有五十萬連署，公民複決就會在翌年六月舉行。而非常可憐的，由於貝魯斯孔尼掌控了媒體，這起事件在義大利主流報紙電視上都不被報導。而義大利的在野黨畏懼貝魯斯孔尼的實力，又擔心在媒體不報導下，公民連署很難通過，因而對佩卓的發起都不支持，使得佩卓成了面對「鐵弗龍政客」的孤鳥。

因此，義大利總理貝魯斯孔尼能成爲全球最大號的「鐵弗龍政客」，並被其他政客羨慕，他的確不是浪得虛名。在像義大利這樣的民主社會，醜聞已不可能不被看見，但縱使被看見，卻又要讓自己能豁免責任，那就要自己藉著東拉西扯來轉移焦點，讓自己不斷地對外挑釁來迫使人們支持，最後則是乾脆來個豁免權的法律保障，讓自己不再有後顧之憂。貝魯斯孔尼的「鐵弗龍政治學」可謂已到了前無古人的程度。

但若究其實，這種「鐵弗龍政治學」其實也不足以讓人覺得多麼地意外。美國南加州大學教授布勞迪（Leo Braudy）在他那本非常經典性的鉅著《出名的狂熱——名氣暨歷史》一書裡就已指出過，到了後現代的此刻，價值與政治的本質業已改變，一種愈來愈極端化的「表演政治學」（politics of performance）已成了新的主流，搞極端立場，做極端主義政治秀，會使政客的表現與政策被忘記，但名氣卻一直不衰，貝魯斯孔尼赤裸裸地搞豁免權立法之外，他東拉西扯，不斷製造假想敵，又把自己塑造成最勇敢的自由鬥士，他的這些伎倆使得他的貪污腐化被忘記和轉移，這或許才是高招，而從語言和價值的角度而言，他的這些「表演政治學」，不就等於已讓人們原本清楚知道的「醜聞」觀念，忽然變得混沌起來嗎？當「醜聞」已因這些操弄而變得不再是「醜聞」，所謂的「醜聞」這個字及其概念，以及它所承載的道德意義，不也就等於消失了嗎？

因此，由義大利總理貝魯斯孔尼成爲「鐵弗龍政客」，已顯示出古典政治裡所相信的「責任政治」及「政治倫理」等觀念都是可疑的，厲害的政客在民主的媒體時代，很容易讓這些原本清晰的概念變得模糊。一個政客也可以犯了一堆醜聞和無能錯誤，但卻可以不必負起任何責任。「鐵弗龍政客」的出現，是語言被敗壞、因而是非對錯的標準也被敗壞後的產物。難怪全世界現在已到了各種大號及小號「鐵弗龍政客」滿街走的新時代！

# mob：演變值得注意

十七世紀，英國的拉丁語學者在談到暴民現象時，用的是拉丁文 mobile vulgus 這個詞。mobile 指的是「善變」、「不定」，vulgus 則是指「俗民」。而後，這個詞在變爲英語時，被簡化爲祇剩 mobile，接著再簡化爲 mob。

因此，mob這個字與其他相類似的字如 mass、crowd、vulgar 等皆不同，它指的是一種善變、不定、易於被動員的群眾，可以簡稱爲「暴民」。像法國大革命時的那些群眾，就是 mob，它是群眾集中之後所顯露的最不良的品質。

因此，二〇〇三年六月首先出現於紐約，而後在歐美各地盛傳，並於最近擴散到了亞洲的所謂「快閃暴走族」（Flash Mobs）現象，這些人自稱 mob，也就成了頗爲值得觀察分析的新現象。

自從手機與個人電腦的功能合一，藉著手機的短訊留言、電子郵件及電子布告欄等而使人際關係也可以展開「超連結」之後，一種新型態的群眾動員方式即告出現。例如，在稍早前，人們即透過手機和網際網路而展開動員，發動了人數逾十萬的反全球化示威運動，熱那亞G8高峰會期間，也如法炮製出了人數多達三十萬的示威，稍早前的全球反對入侵伊拉克示威運動，以及菲律賓推翻前總統艾斯特拉達運動，也都是靠著手機的這些功能而完成。

而除了這些大型有意義的活動外，手機的這種功能也被用來做許多其他特定的事情，稍早前SARS流行期間，大陸及香港就有人藉著手機告訴人們，什麼地方有居家隔離的疑似病人，應當避過；英國的少女喜歡追蹤威廉王子的行蹤，祇要有人在哪裡發現威廉王子，就會發出簡訊，使得英國無形中已出現了一個威廉王子的追蹤網。祇要他一出現在公開場所，就立即會被非特定的追蹤者跟隨，使得他疲憊不堪。

但最無聊當有趣的，乃是被《紐約時報》評之爲「今夏吃飽飯沒事幹的愚蠢」（Summer silliness）的「快閃暴走族」了。二〇〇三年六月，有一百多人剎那間全都到了紐約梅西百貨連鎖店的地氈部，聲稱要買一種「愛情地氈」，用來鋪設他們在城郊的社區，而就在店員被搞得一頭霧水之際，這些人卻又立刻呼嘯而散，留下一堆店員在那裡問：「到底發生了什麼事？」

這就是「快閃暴走族」，一群相互間不認識的陌生人，當然主要都是青少年，透過手機和網路，在特定時間到達特定地點，而後做出某種自以爲「快樂的無聊動作」（cheerful inanity），隨即一哄而散。

在過去兩個多月裡，「快閃暴走族」已像新流行一般橫掃全世界，各類無聊當有趣的動作多得罄竹難書，一群人到鬧區，拿出手機，大聲說「是、是」，而後一陣鼓掌，一哄而散；一群人到百貨公司洗衣機陳列區，然後拿出香蕉猛吃，隨即閃人；一群人頭戴怪帽，手搖旗子到美國大使館前，而後倒香檳乾杯，說是「敬娜塔夏！」接著又一哄而散；如此頻繁的無厘頭小動作一再出現，難怪有人要說：「除了這種無聊當有趣的動作外，他們難道不能做更有意義的事情嗎？」「快閃暴走族」，乃是當代中產階級無聊文化的延長。近年來，富裕國家的中產階級，已愈來愈面臨一種「意義的失落」的困境，在物質生活上，他們已能遠遠地超過「小康」的局面，但在做爲一個人的價值和意義上，他們的匱乏程度卻日益地加深。

例如，現在的公共事務，早已出現了一種所謂的「新封建」的現象，它由極少數人全權掌控，無論議會或媒體，再多的批評也不可能改變什麼。如果在貧窮社會，貧窮會召喚出人群的動員潛能，但對富裕社會，這種動員潛能及它的持久性已大大減少，從而使得人們的參與管道被自然地愈抽愈緊，冷漠和無力感也就隨之而日益擴大。

其次，在目前這個時代，由於資訊大舉爆炸，眞與假、是與非的邊界也變得日益模糊，當時代與社會在價值上趨於混沌，每個個人就不可能變得清晰。理論上，每個人都可以認爲自己仍有「主體」，但「主體」究竟是什麼，大概也沒有幾個人說得清楚，而細心反思，卻可發現到每個人從政治選擇到消費選擇，幾乎全都是一種被制約下的「一切已可預知的假選擇」。

再次，則是由於科技和商品的發達，尤其是手機和個人電腦的普及，人際關係也變得愈來愈極端化，在這一端，乃是靠著手機，人們的交往已愈來愈「死黨化」，但在另一端，則是透過網路，人與別的陌生人也展開大量的互動，而與陌生人的互動，本質上乃是一種「匿名式」的互動，它是透過層層偽裝和保護膜而進行的。這兩端的人際交往模式，乃是兩種極端，它阻斷了人與世界、以及人與別人那種正常分布的、連續的交往，也使人變得更趨狹窄與不完整。這也意味著人對自己那種瑣碎、疏離、冷漠、不信的生存狀態愈來愈無法滿意。

在這樣的背景下，一種具有虛無主義特性的抵抗遂告出現。如果我們回頭去看過去那段期間，青少年的許多動作，例如買條主流的牛仔褲，故意把它磨破磨舊和弄髒，靠著這種其實是很無聊的動作，來肯定「自我」；喜歡藉著髮型搞怪，戴耳環來凸顯自己等，它都可以被解讀成是消極的捍衛自我的符號性手段。除此以外，由此而延伸出來的虛無主義式出名與搞怪，也開始增加。

因此，我們遂可以說，當今的社會已逐漸把人變成一種「群眾」，一種可以使之「善變」、「不定」而可以任意揉捏的俗民；而稍有一點想法，還對自我有所感覺的人，為了保衛及凸顯那殘存的自我，遂被迫要採取各種微小的手段來表現自己。當代青少年次文化愈來愈注重「動作」，尤其是自以為是的「動作」，也愈來愈強調即興式的反應，原因即在於當世界及社會本身都已愈來愈難找到邏輯，古代那種有邏輯的抵抗已不再可能，而祇剩下看情境變化而決定「動作」方式的小型表演。

在這樣的脈絡下，「快閃暴走族」的出現，可以說就是這種虛無主義的微小抵抗。它是微小的，因為他們連個稍微大一點的題目都無法找到，而祇是即興式地玩著一種小型的無厘頭小騷擾，並以這種小動作爲樂，美國學者杜夫曼（Ariel Dorfman）曾經指出過，大眾文化的「幼稚化」，乃是當今社會的必然歸趨，而在「快閃暴走族」的表演型態上，人們即看到了這種「幼稚化」的結果。

因此，英語稱這些人爲「一閃即逝的暴民」（Flash Mobs），顯然比日式轉譯的「快閃暴走族」更能表達這些青少年無厘頭、虛無主義式的行爲模式。他們的動作乃是一種「無意義的意義」（Nonsense's sense），意思是說，動作本身沒有意義，動作就是意義。從深一層的角度看，這也等於他們是在藉著這些無意義的動作來表達最低限度的「我存在」的心聲。問題祇是在於當他們做了這些無意義的動作後，幾分鐘之後，生命就會因此而變得有意義嗎？

「快閃暴走族」是一種以自我有趣爲主旨的無聊行爲，怕的是在做了這種無聊動作後，反而會變得更無聊。也正因此，最近萊恩戈爾德（Howard Rheingald）遂寫了《聰明的暴民：下一波社會革命》一書。他認爲當今這些無聊當有趣的暴民，乃是整個時代更大趨勢的一個側影，這個更大的趨勢乃是人們意圖重建一個新而有意義的社會。他說：「今天，這些人祇是想做一些蠢事，反正沒有誰受到傷害，因此沒什麼大不了的。但若它一旦變成實體政治行動主義的主要通道，則人們也不必太過訝異。」他的意思是說，當今這種「快閃暴走族」的無聊動作祇不過是一種演練操兵，當它操練及動員成熟，更大的政治運動即有可能在它的基礎上正式展開。無聊當有趣的中產家庭青少年，眞的有一天會在無聊中找到動員的新意義嗎？這祇有看以後的發展了。

但無論如何，由「快閃暴走族」的出現，並變成一種無聊的流行，它至少已提醒了人們重新認識所謂「暴民」（mob）這個問題的時候了。古代所謂的「暴徒」，乃是下層社會的絕望者，他們沒有信念，不相信任何價值，祇有一顆悲憤要報復的心，因而劫掠打殺乃是他們的特性，但沒有這種人，許多革命將不可能。而到了今天，由於社會的發展已經「再封建化」，因而中產群眾，尤其是青少年輩也跟著「再暴民化」，他們活在無價值、人類除了金錢外即再無願景的時代，因而遂將他們無力感的悲憤，化爲微小的無聊抵抗，藉以肯定自我的存在，「暴民」的這種演變，或許才是值得注意的課題吧！

# ○○○○ 鬆綁、改革：全球災難字

二十世紀最後四分之一世紀，全世界最大的災難字是「鬆綁」（Deregulation）和「改革」（Reformation），它所造成的，乃是二十一世紀初全世界所有國家的人民，都被迫必須走上街頭，以最傳統的群眾運動方式來爭取他們最卑微的生存權利。

這兩個字爲什麼會變成最大的災難字呢？從一九八〇年代到一九九〇年代，這兩個字不是被全世界當做口頭禪和新聖經一樣，天天都掛在嘴上，否則怎會「反鬆綁」和「反改革」這兩頂大帽子一扣，再怎麼厲害的人物也必定粉身碎骨？那麼，這兩個字究竟發生了什麼問題？

我們都知道，語言不祇是迎風而逝的空洞話，相反地，語言文字乃是思想的載具，人們的企圖、野心、慾望、手段等，都被濃縮在語言文字中，因而我們遂說「沒有語言就沒有思想」，「沒有語言也就不會有目的性之行動」。而探討語言及其周遭的架構和氛圍，也就有助於釐清許多問題。這也就是說，語言乃是人們實踐行動「工具坊」（Tool shop）裡的工具，人們會選什麼工具來用，都有其盤算和企圖。而分析語言，即是要理解它背後的這些盤算和企圖等因素。如果祇是停留在質問這些工具（語言）選得對不對、好不好，弄出一堆口水，祇會把問題愈攪愈糊塗，甚至還可能把問題扯到離題太遠的地方。

而要回答「鬆綁」和「改革」這兩個災難字的問題，其實並不困難。因爲就在不久之前，當代頂級新銳政治社會經濟學家，現任英國劍橋大學國際商業中心副主任諾瑞娜．赫茲（Noreena Hertz）在她所著的《當企業購併國家：全球資本主義與民主之死》（The Silent Takeover: Global Capitalism & the Death of Democracy），即已把答案給了我們。她的這本著作，已被認爲是總結過去二十年全球政經社會問題，並替未來開創新問題意識的領航式著作。

如果我們對第二次世界大戰之後以迄一九七〇年代後期的政經問題有所理解，即可發現到這個由大蕭條和大戰爭而過渡來的階段，基本上主控著一切的乃是「福利國家」的意識型態。這種意識型態的前提是：

（一）人們相信國家（即政府）在各種階級、族群、職業、地域等衝突的範疇裡具有「相對自主性」，這也就是說，國家是個有能力、有責任，來調解這些領域所形成的矛盾之實體，國家是具有「相對自主性」的有效工具。

（二）它根據十九世紀末一直到二十世紀初的歷史教訓，雖然並不一定排斥資本主義體制，但對其「終極爲善」的可能性則有所保留，並相信國家在涉及資源重分配的問題上，如就業、教育、社會福利等方面有其不可迴避之義務。

（三）「福利國家」相信民主及多元化的價值，認爲透過民主機制和「第四權」的媒體，一種有反應的、均衡性的發展狀態將可出現。

不過，值得注意的，乃是就在「福利國家」主導的時代裡，由於戰後資本主義的逐漸擴張，加上社會繁榮，一種新的經濟保守主義運動也告出現，它相信市場這隻看不見的手的終極價值，非法化國家的經濟和社會角色，這段「新保守主義」或後來被稱爲「新右派」的運動，它萌芽於一九五〇年代，到了一九七九年英國柴契爾夫人出任首相，翌年雷根當選美國總統，美英保守主義同時取得政權，於是「鬆綁」和「改革」這兩個新的關鍵詞就在兩國主導下，不但席捲了美國和英國，也同時支配了全世界的頭腦。

「鬆綁」和「改革」，對保守派而言，乃是極佳的口號選擇策略，它將問題採取二分法來對待，以政府作爲非法化的打擊目標，然而「鬆綁」和「改革」後，多出來的空間由誰接手呢？那當然是由公司，尤其是跨國公司接手。也正因此，諾瑞娜·赫茲教授遂指出，所謂「鬆綁」和「改革」，乃是藉著妖魔化國家的職能，迫使它將權力交給大公司的一種奪權策略。一九七〇年代後期，美國保守的大公司有鑑於媒體幾乎一致地反對越戰，因而在越戰後遂透過股權掌控、交互投資、企業聯姻等方式收編了媒體，這也是一九八〇年代新右派勢力毫無阻擋地快速竄升的原因。

因此，「鬆綁」和「改革」乃是一種奪權論述的關鍵詞，凡政府做事必差，「私有」必佳，他們所謂的「私」其實就是大公司，但爲了修辭策略，他們不會說「公司」，而祇說不確定而空洞的「私人」這個詞，藉以隱藏眞正奪權者「公司」的身分。而凡他們所做的就是「改革」，不同意的就是「反改革」。而就是依靠這組修辭，從一九八〇年雷根上台到一九九二年老布希下台，美英舉凡能源、電信、港埠等重要部門全部在「鬆綁」下由公司接管，許多管理權如食品安全、金融管理等也都愈變愈鬆，相對地則是健保、公立教育、公共事業等預算持續降低，終於在肥了公司、窮了百姓、人民生活素質降低的不滿聲中，造成了老布希祇幹了一任就在「笨蛋，問題是經濟」的口號下無法蟬聯。

從柴契爾夫人、雷根到老布希，十二年的「鬆綁」與「改革」，使得美國公司在兼併許多政府角色及政府放棄許多管理權力後加速擴張和內部的壟斷，老布希的無法連任，所標誌的乃是「鬆綁」及「改革」已面臨了它的極限。然後一九九二年柯林頓上台對此是否加以扭轉呢？答案爲否。因爲自一九八〇年代出現「保守主義革命」後，美英傳統自由主義在抵擋無力之餘，美國出現「新自由派經濟學」，英國則出現「新工黨經濟學」，它們在經濟上和保守主義並無本質的不同，差別的地方是它們在全球化的部分走得比保守派更遠，而在政府職能上則有較多的保留。因而在柯林頓八年任內，「鬆綁」和「改革」遂沒有停止下來，而其對象則擴大到全球，美英要求其他國家也「鬆綁」和「改革」之聲成了主流，在美英媒體造勢下，這兩個詞也開始全球化。各國政府放棄管理權力給跨國公司的即是「鬆綁」和「改革」，否則即是「反改革」，這也就是說，這兩個口號在八〇年代造成了跨國公司規模的擴大，到了九〇年代則在這樣的基礎下進行全球擴張。在過去十年裡，全球許多重大發展，都可以用這種擴張來解釋：

在英美內部，由於「鬆綁」和「改革」，跨國公司的權力已日趨擴大，最後到了公司成爲新的君王的程度，權力的濫用遂在權力無限擴張後自然出現。恩隆假造帳目案、安達信會計公司協同做弊案、世界通信弊案等相繼出現，即是例證。公司奪取國家權力後的權力濫用，差不多三分之一的美國公司都有這方面的問題。

而在政治上，根據古典民主理論，人們都相信政府與人民間有著一種隱性契約的存在，而今政府權力被公司接管，政府對人民的契約形同消失，政府已愈來愈把減少福利、教育、文化等方面的投資視爲理所當然。爲何政府要辦保險？應該將它讓給商業保險去做；政府爲何要支持公立學校？把教育讓給市場去運作即可。

以美國爲例，目前即有五千萬人沒有健保，另外則是聯邦對各州的教育投資減少，各州被迫要自籌經費和刪減教育員額。美國五十州有四十五州出現財政危機，加州甚至因而破產；而公立學校則加速惡化，這都是「鬆綁」和「改革」之後，政府放棄傳統的義務，將權力交給市場所致。對公司而言，無利可圖的窮人健保、平民教育、文化投資等，自然都讓它凋萎。

而在全球方面，經過「鬆綁」和「改革」，全球一百大經濟體，已有五十一個是跨國公司，祇有四十九個是傳統的國家。當公司大過國家，它就更傾向於指揮國家去做爲它圖利之事。美國油商集團唆使布希政府發動入侵伊拉克戰爭，俾掌控其石油。美國華爾街金融公司聯合起來對亞洲發動金融狙擊，一方面牟利，也藉此敲開東亞金融大門，以便長驅直入，這都是「鬆綁」、「改革」、「擴張」之後進一步的必然走向，因而我們已不再說美國是「國家」，而說它是「公司國家」或「公司美國」。

然而，全球化之後的「鬆綁」與「改革」，終究祇是一種策略性的修辭。它以此爲理由要求別國政府放出權力讓它接管，但它自己卻又不願放出權力供別人分享。舉例而言，當美國發現如果市場「鬆綁」，它的許多傳統產業和農業就會死亡，於是就在它要別人「鬆綁」、「改革」時，它反而擴大鋼鐵進口稅，逐年增加農業補貼，平均每年高達一千億美元，每年出口補貼約八百億美元，由此亦可看出，所謂「鬆綁」與「改革」，其實都是「理由」、是修辭學，對自己有利就用之，對自己無利則不但不「鬆綁」，反而是上緊發條。

因此，從一九八〇年到目前的二十多年裡，乃是「鬆綁」與「改革」這兩個詞語被塑造成魔咒的時刻，沒有人敢不附和地天天說「鬆綁」和「改革」，但很少人注意到，它其實是公司藉機奪取國家權力的語言策略，但它要的祇是有利可圖的權力，卻不欲分擔無利可圖的義務。於是，就在「鬆綁」及「改革」後，國家對人民的義務那一部分遂告大幅失去，要就業、要保險、要教育，請各憑本事。美英貧富差距日益擴大，二十年裡所增加的財富有九成以上都落進了富人口袋，到了今天，則是失業日增、中下階層人民沒有健保，也無法受到好的公立教育。由於它們的「鬆綁」和「改革」都是針對別人而說的，演變至今，吃虧的國家日多，大家也愈來愈看破其手腳。

諾瑞娜・赫茲教授在《當企業購併國家：全球資本主義與民主之死》一書裡，最具透視力的部分，乃是她注意到當政府放棄權力給了公司，而國家對人民的義務已告消失，這時候，企業已形同取代了政府，傳統的民主政治就形同破產。以前人民有話要說，可以透過集會結社和媒體報導而表達。而今媒體已被公司壟斷，已不會再刊登人民的心聲；而選舉則被金錢所左右，愈向公司妥協的，就會得到愈多獻金，而在金錢權力下當選；加以當今政府已愈來愈形同消失，公司則成了君王，人民甚至有時候有了不滿，連找誰抗議都搞不清楚。加上媒體操弄民意已愈來愈容易，這時候，百姓就變得愈來愈悲憤而無力。當傳統的民主政治主角之一的政府已變成公司，而它又不受民主規範的約束，於是，人民表達不滿的方式也就同樣地愈來愈脫離民主常軌。近年來全球大型會議，如WTO高峰會、世銀及國際貨幣基金年會、世界經濟論壇會議、G8高峰會，都受到數以萬、十萬、二十萬計的群眾示威抗議，已可看出「鬆綁」和「改革」的後遺症。人們發現到，綁其實一點都沒有鬆，祇不過是把麻繩換成了鐵鍊而已，人們被綁得已愈來愈緊了。

而這種情況在台灣亦然。我們當然記得去年時農漁會信用部「鬆綁」、「改革」叫得多響啊，其實所謂「鬆綁」、「改革」，祇不過是國家用自己的髒手替更大的公司財團及外商服務而已，於是引發農漁民十二萬人上街，搞體制外的抗爭，而人多眞的有用，他們不敢再改別人的革了，反而要原價買回，並加發農漁民年金。這也證明了，在「鬆綁」、「改革」爲名，而實質是政府把權力讓渡給公司的時代，祇有人多的非體制抗爭才是唯一的出路，基於同理，我們政府放棄教育義務的教改高學費，也祇有人多的抗爭才可能加以扭轉！

# 因為我值得：國際金句

「因爲我値得。」（Because I'm worth it.）這句話，儼然已成了當代最風行的廣告金句。當這個句子出現後，「因爲你値得」、「因爲我値得」這樣的句型，也開始在台灣氾濫。

根據最近英國《經濟學人》週刊的報導，人們才知道，「因爲我値得」這句話，乃是當代歷史最悠久的「美麗產業」跨國公司 L'Oréal 的廣告詞，這個廣告詞得到極大成功，也替它創造了不少利潤。L'Oréal 乃是一九〇七年法國化學師舒勒（Eugene Schueller）所創設。他最先在巴黎祇有一間臥室的自宅製造染髮藥，取名 Auréole。在賺了一點錢後，他正式申設「法蘭西無害染髮劑公司」，以 Paraphenylenediamine 爲主要配方，擴大生產。一九一一年將公司改名爲L'Oréal，直到如今。目前它已發展爲全球化公司，在世界各地計有員工四萬三千人。在過去十三年裡，其利潤平均以十四%的速度成長，爲全球最大染髮劑製造商。

L'Oréal 公司能找到「因爲我値得」這樣的廣告詞，無論就當代消費文化或化妝品產業，都極具意義。因爲這種型態的句子，其實乃是「後女性主義廣告」的標準句型。在經過一九六〇至七〇年女性主義的洗禮後，再企圖使用刻板印象的廣告方式來促銷美麗商品，如可以增加性感、可以討男人喜歡之類，已不可能得到女性，尤其是年輕女性的認同。於是，廣告的語言訴求模式遂開始往女性「主體」方面轉移。它必須讓女性購買者覺得自己是在做著主動的、精打細算的選擇。就以「因爲我值得」這句話而言，它其實並沒有任何實質性的內容，但卻具有一種以「我」爲中心的氛圍，藉著「我值得」，而把「我」極大化，於是就會很開心地慷慨解囊。在這樣的廣告句裡，商品本身的指涉已不再是重點。這也就是說，在「因爲我值得」的廣告述句裡，它所扣緊的，乃是女性們隨著教育和就業提升後，以爲自己業已成爲具有「實力」（Meritocracy）的人的這種心情。

在「後女性主義廣告」裡，這句「因爲我值得」由於言簡意賅、意義空洞但卻有魅力，遂告走紅。但與其相似卻略遜一籌的廣告句仍多。在「美麗產業」方面，尚有：

如「擁有妳值得的身體」（Get the body you deserve.）。

如「媚麗的體型不會無勞而至」（A Gorgeous figure doesn't come without effort.）。

如「善用妳的天賦資產」（Make the most of your natural assets.）。

如「妳能徹底重塑妳的身體」（You can totally reshape your body）。

如「現在妳的臉孔線條在妳自己控制下」（Your facial lines are now within your control）。

如「最後妳也能得知守護多年美麗女人的祕密」（At last you too can know the secret beautiful women have kept for years.）。

上述這些美麗產業的廣告詞，它所訴求的都是婦女的「實力」感覺，其中的「妳」、「控制」、「自己」都是關鍵字眼，讓婦女以爲自己彷彿眞的能決定自己的身體和命運，而「善用妳的天賦資產」之句，更讓婦女彷彿能像身體企業家一樣去料理自己的身體資產，這樣的隱喻使用方式，對當代西方婦女，格外具有意義。

自從二十世紀初，開始有了「美麗產業」這種強勢的消費品產業後，它的廣告詞就成了攸關這個行業的關鍵。這個行業的廣告支出占了商品價格的二十%至二五%，最高的甚至可以到五十%。當廣告決定了業績，廣告詞當然較諸其他行業尤爲重要。在早期男女性別差距極大，而冷性思維又主宰了一切的時代，所謂的「美麗」自然成了「性象徵」的同義詞，廣告當然也多半往這個方向去構思。就以把頭髮染成金色而言，由於「金髮美女」（Blonde）早已透過文化習慣被形塑成性象徵，染髮劑的廣告當然順著這樣的邏輯而發揮，曾經有名過的廣告句如下：

如「最快打動男人心房的方法」（Quickest way to a man's heart.）。

如「紳士寧願喜歡金髮美女」（Gentlemen prefer blonde.）。

如「如果我有一次生命，讓我活得像個金髮女子」（If I've one life, let me live it as a blonde!）。

如「眞耶？假耶？髮色如此自然，祇有她的美髮師知道」（Does she or doesn't she? Hair

colour so nature, only her hair dresser know for sure.）。

如「迷人、魅力、善變、性訴求」（charm、seducting、fluid、sex-appeal.）。

如「白金黃髮美女皆如是」（Platinum blonde have it.）。

上述這些廣告詞，無論其句子如何，基本上都是以既有的「刻板印象」性象徵爲基礎，繼續做著「意義上的再生產」。不論消費者做任何選擇，目的就是一個，那就是讓自己變得對男人而言更迷人、更性感。「美麗」的定義就是如此。

然而，隨著女性主義在一九六〇及七〇年代漸趨抬頭，婦女也因爲在教育和職場上有了變化，傳統式的廣告詞已不再有效，甚至還招致反感，於是在美麗產業的廣告語言上，遂出現各式各樣的蠕動和變化。

例如，在女性主義興起之初，對性象徵式的「美麗」定義至爲不滿，一九六五年代甚至持續抗議選美活動。這樣的行動當然招致既有勢力的反撲，其反撲策略裡最重要的，就是把女性主義說成是醜女人所搞的運動，她們抗議，乃是因爲她們嫉妒。例如有人說：「美國小姐祇有一點錯了。那就是她太漂亮。」開明如《紐約時報》，也刻意引用一個婦女名人的話，說這些女性主義者「沒幾個有氣質」。當時，電視曾做了一個知名男作家諾曼・梅勒（Norman Mailer）挑戰女性主義理論家格莉兒（Germaine Greer）的辯論，梅勒的第一句話就是「妳比我以爲的好看多了」。

在這樣的背景下，那個時代遂出現許多帶有攻擊性的，將女人分爲美與醜的廣告語法，藉以在廣告上將女人「分而治之」；

例如，「別因爲我漂亮而恨我」（Don't hate me because I'm beautiful.）。

例如，「妳一定恨死她，她什麼都有」（You'd hate her, she has everything.）。

例如，「難道妳不恨能這樣吃東西的女人嗎？」（Don't you hate women who can eat like that?）。

例如，「高䠷、金髮——難道妳不想把她殺掉嗎？」（Tall blonde——couldn't you just kill her!）。

除了上述區分美醜，以挑撥的方式排除女性主義的抗議，把她們暗指爲嫉妒的醜女人，以爭取不願成爲醜女人的廣大消費者外，在過去二、三十年裡，「美麗產業」的廣告語言，在它們的反撲上，其實有著許多不同的方式。例如，有些直接而強制性地以保守的「美麗標準」爲訴求，俾強化「傳統」：

如，「從一九五六年之後，乾皮膚已不再有藉口」（Since 1956, there's been no excuse for dry skin.）。

如，「停止傷害妳的皮膚」（Stop damaging your skin.）。

如，「要不要有更好的胸部由妳決定」（A better bust is up to you.）。

有些以「西方聖油崇拜」爲文化基礎，將女人塑造爲易受傷害、極需保護的族類。這方面的廣告詞有：

如，「隔絕環境刺激物，中和不利元素，保護面霜」（Slielded from environmental irritant. Buffer against the elements. Defense Cream.）。

如，「在妳和環境刺激物間看不見的屏障，一個看不見的盾牌」（An invisible barrier between you and environmental irritants. An invisible shield.）。

如，「保護、添加保護精，一種有效的保養成分」（Protective, added defense Protectoral, an effevtive compley of protective ingredients.）。

如，「受到年齡和紫外線攻擊，一種反制環境裡化學及生理攻擊的保護屏障，妳身體的自然防護，快來，發現妳的最佳防衛」（Assaulted by age and ultra-violet exposure……A protective barrier against the chemical and physical assaults of the environment your body's natural defenses. Just in time, discover your best defense.）。

上述廣告的敘述型態，基本上乃是企圖藉著恐慌性的重塑「婦女脆弱易受傷害性」，而扭轉並回到從前的價值標準，進而促銷它的保護性美麗商品。美麗產業的這種廣告語言學後面，所隱藏的乃是對女性獨立自主精神的「反挫」。

而除了強化外在威脅的保護外，美麗產業在女性的內在威脅上也著力甚深。例如，「消除緊張，皮膚張力」（Alleviate stress, surface tension）。

例如，「關注緊張的皮膚，面對困境而勝利」（Stressed-skin concentrate, triumphs in the face of adversity）。

例如，「是否成功使得妳的臉孔受損，妳的生活方式讓妳暴露在消耗及緊張中而傷及皮膚」（Is success taking its tall on your face? Your lifestyle exposes you to a hectic pace and lots of stress real assault on skin.）。

例如，「忙碌煩人的現代女性生活，意謂著她們很不幸地已不再照顧腿部」（The busy, bastling life of modern women means that unfortunately they do not take care of their legs.）。

除了上述代表了對婦女「內在張力」的關切詞句外，美麗產業也頻繁地使用「再活化」（Revitalige）、「再生」（Reborn）、婦女「祕密花園」（Secret Garden）的失去等做爲主題。毫無疑問地，隨著婦女角色的變化，進入職場的競爭當然有張力關係，但它與過去關在家裡所造成的內在張力並無軒輊，但對美麗產業而言，有張力即可以做出訴求，這乃是「後女性主義廣告」最大的特色之一。

而除了上述廣告語言學外，當今美麗產業的廣告，最新興的仍是「擬科學化」，它以大量擬生物醫學的名詞注入廣告語言中。例如有家護膚名牌以「保護精」（Protectoral）爲訴求，另一家以「再活化精」（Revitenal）爲廣告詞，這是什麼東西啊？但有了這種虛擬的有機化學物名稱，它彷彿就可以在科學外衣下增加了可信度。諸如此類的「擬科學名詞」充斥，信手俯拾，即有

phytolyastil、phytophyline、plurisome、SEI complex、complex #3、Reticulin and mucopolysaccharide、Niosomes and Microsomes……等。上述這些「擬科學名詞」多半眞假參半，但美麗產業從較科學性的製藥產業借用了一些名詞或自行發明一些名詞後，它就儼然成了一種科學，對受過較高教育的職場婦女，也就似乎更有了說服力。

上述所有的這些，所顯示的乃是當今美麗產業的廣告語言學，它在女性主義興起後，隨著情勢的發展而一路轉進，並展開細膩的反擊。演變至今，它不但已重占上風，而且透過大眾文化的交叉影響，這個產業對更年輕的女性消費者，已再度開始使用性象徵的「辣」（spicy）作爲重點，因而當今最新的廣告語言，已和一九五〇年代的廣告語言更加貼近。這也就是說時間兜了五十年，一切又似乎回到了原點。當代女性主義理論家伍爾芙（Naomi Wolf）認爲這是重大的「反挫」，這倒似乎是事實。

近代的廣告語言，在美麗產業上似乎最爲發達，它在推銷與美麗有關的商品時，必須細膩地掌控文化符碼、消費者的環境改變與人心向背，並在語言的縫隙中掌握機竅。因而這個領域的廣告語言學，最可以當做標本來研究。但不論喜歡或不喜歡，「因爲我值得」終究不能否認，它的確是個極爲傑出的金句！

## ○○○○疾病隱喻：充滿敵意、偏見、歧視

「喻」（Tropes）是一種語言的「形容設計」（Figurative devices）。人們藉著「喻」的各種方法，如同義辭、明喻、轉喻、隱喻等，來形容我們所經驗到的世界，「標訂」（Mapping）出它的因果圖像，以及我們在這些經驗裡的位置。我們相信經過這樣所呈現出來的敘述，即代表了我們「正確無誤的知覺」（Immaculate Perception）。

然而，誠如亞里斯多德在《詩學》裡所說的：「隱喻是給一個事物另一個事物的名字。」而尼采也說過：「隱喻形成的動力，乃是人們的基本動力，因爲人不可能在任何一個瞬間抽離掉思想，抽離了思想即抽離了人自己。」因此，人們遂總是對世界不斷的做著「隱喻」（Metaphor）。我們對不知道的事情，必然而且也必須用已知的事情去說它，祇有靠著這樣的說，我們始能透過藉著已知去說未知，而讓自己覺得安心。

也正因此，我們遂可以說「沒有隱喻即不會有思想」，而因爲人總是藉著使用已知的語言來形容未知的事，十七世紀義大利思想家維柯（Giambattista Vico）遂說過這樣的名言：「人在不瞭解中做成了他們的世界。」也正因爲當代語言哲學已察覺並理解到隱喻是思想的基礎，而人們

則藉著隱喻的使用而將自己放到了「已知——未知」、「過去——未來」的蒙昧混沌地帶，研究隱喻問題——包括隱喻的形成、模型、它的文化與認知條件，遂日益成爲新興而重要的課題。而當然，透過對隱喻的研究，人們也可發現到人類是怎麼一步步走過來的，而那些足跡裡又潛藏多少由於恐懼而造成的無知、偏見、仇恨與野蠻。

而在隱喻的使用中，疾病的隱喻乃是疾病的科學醫學史之外的另一個有趣而重要的課題。當一種新的流行病出現了，人們承擔著身體的恐慌和精神的恐懼。於是，一種「無邪者的受害意識」遂告油然而生。疾病的恐懼和受苦會把人的自我無限壓縮，壓縮到祇剩「我群」，甚至到了最後是祇剩「我一個人」。他們在自我壓縮裡製造著最低限的防衛式認同，而「別群」或「別人」則成了彷彿惡魔侵入者一樣，成了被排拒的對象。當代疾病史學家，也是法國後結構大師傅柯（Michel Foucault）得意弟子的狄拉波特（Francois Delaporte）曾說過一句名言：「疾病並不存在，存在的並非疾病，而是人們爲疾病所做的事。」他的意思當然不是說沒有病原體和疾病這種事情，而是說當疾病出現了，人們怎麼去說它、去做它，或許才具有更重要的意義。疾病的到來彷彿像是對原本已有的膿瘡劃上新的創口，由它流出的膿血裡，反而會映照出人類不堪的種種。

近代有關流行病（瘟疫）的記載和醫學史討論已多矣。寫《魯賓遜漂流記》的狄福（Daniel Defoe）寫過《瘟疫之年紀事》、卡謬寫過《瘟疫》、近代法國重要作家吉歐諾（Jean Giono）寫過《屋頂上的騎兵》……等。在這些著作裡，《屋頂上的騎兵》寫的是一八三二年的法國霍亂大流行，它和前述的狄拉波特所著的思想名著《疾病和文明：一八三二年的巴黎霍亂》題材相同，因而最能相互參證。

《屋頂上的騎兵》乃是一本既探討霍亂流行，同時也藉此探討集體恐慌、集體自私的政治極端主義比霍亂還恐怖的反戰小說。書中敘述當霍亂出現後，集體的恐慌、自私、猜忌、排外等也告大盛，這些情緒都被變成不同的隱喻，如「有人爲的陰謀要消滅我們」等。因而書中遂指出：「霍亂像瘟疫一樣，這麼容易就傳開，是因爲它帶著死亡的陰影，使我們與生俱來的自私加劇。其實人們根本是死於自私。」「霍亂是個很有本錢的疾病，不是靠傳染，而是靠宣傳。」

而狄拉波特在書裡所討論的就更深刻了。一八三二年橫掃巴黎的霍亂，其實最早是一八二六年始於印度，一八二九年進入波斯，一八三〇年進入俄羅斯，而後於一八三一年擴及波蘭、匈牙利、普魯士、德國、奧地利、英格蘭；一八三二年春天進入巴黎，當時巴黎人口七十八萬五千人，死亡者一萬八千人。

狄拉波特在《疾病和文明：一八三二年的巴黎霍亂》，有幾個有關隱喻和論述上的問題最值得人們去深入的反思：

其一，乃是那個時代的巴黎早已是全歐的「光明之城」，是新興資產階級的理想天堂。由於疾病的隱喻都和諸如下流、貧窮、骯髒等具有階級性的道德意象相連，而資產貴族階級有著高貴健康的血統，這種具有階級差異的身體隱喻，使得巴黎上流社會，甚或普通巴黎人在這種隱喻所形成的論述下，相信霍亂不會到巴黎這個城市。因此，當一八三二年霍亂橫掃全歐時，巴黎人或許仍耽溺在自我完美的喜悅中，但到了一八三二年，這種自我完美的隱喻和論述終告解體。疾病是公平的，它不理會貧窮賢愚，都一視同仁。

其二，那個時代的疾病隱喻和階級差異有關。富人相信窮人敗德墮落，因而他們的相互接觸，加上他們下流的血統，自然會得病；相對地則是富人自認高尚，不做下流的接觸，自然不會得病。這也就是說，有關身體的階級隱喻，使得富人們自然地接受「接觸傳染」（Contagion），而不會接受空氣和水的「媒介傳染」（Infection）。也正因此，一八三二年的霍亂，其實等於瓦解了以往那種由於階級差異而造成的身體隱喻和這種隱喻的歧視性。

其三，一八三二年的巴黎霍亂，再一次的印證了一個鐵律。那就是在疾病的恐慌焦慮中，原有的巴黎社會矛盾被滲透進了疾病的隱喻和論述中，於是窮人深信疾病是富人的陰謀，用來消滅和減少窮人的人口；而富人則相信這乃是窮人對富人的報復。恐慌焦慮的情緒會使得人們選擇特定的隱喻去形容疾病，藉著這種自以爲客觀無誤的形容，來合理化他們的排他性自我認同。一八三二年巴黎在霍亂流行中階級暴亂頻仍，這和十四及十五世紀歐洲每當出現流行病，必然同步出現排猶暴亂如出一轍。隱喻的選擇，以及由隱喻而形成論述，其實是一條幽暗的心靈甬道，偏見和邪惡都順著這個甬道義正辭嚴的汩汩流瀉而出。

由《屋頂上的騎兵》和《疾病和文明：一八三二年的巴黎霍亂》這兩本詳盡的個案式著作，

就自然而然地必須提到當代美國主要的思想家蘇珊・桑塔格（Susan Sontag）的《疾病的隱喻》這本具有經典意義的著作了。在這部著作裡，蘇珊・桑塔格指出，如果我們遍查疾病史，即會發現它其實是被各式各樣的隱喻所一直糾纏著的。透過這些隱喻，疾病的罹染者除了必須承擔身體的痛苦外，同時也還必須成爲一隻隻的替罪羔羊，承擔著被污名化的傷害。當疾病流行的時刻，不會有「愛在瘟疫蔓延時」這種美好的事，反而是更多人們不欲的隱喻及符號被派送了出去。人們都有一種傾向，要替不幸找原因來證明自己的無辜。有人受指責、被污名化、受到傷害，原因不是別的，而是人們需要這些替罪羔羊的存在。這也證明了狄拉波特的那句名言：「疾病並不存在，存在的並非疾病，而是人們爲疾病所做的事。」

由隱喻的形成，我們已知道它具有那種「人在不瞭解中做成了他們的世界」的道理，而由疾病的隱喻，更顯示出隱喻做爲一種表達論述的媒介，它的形成過程中，被暗嵌進去的，其實是更多由於「不瞭解」而被喚起的敵意、偏見、歧視，甚至過去歷史中的某些幻影。集體的恐慌有著一種「喚醒」的功能，人類一切長期奮鬥所得到的品質如「互助」、「善意」、「容忍」等，都將在疾病流行時被喚醒的黑暗所淹沒。

由於根據隱喻而形成的自以爲是的「正確無誤的知覺」，在知識理論就有著「當它開始建構時即已預留了解構的空間」之特性，因而對於隱喻及其所形成的論述，遂格外的必須縝密的注意、解析，尋找出它的模式和文化符碼。而這也正是蘇珊・桑塔格在《反詮釋》一書裡所提到的論點。「人在不瞭解中做成了他們的世界」，我們要找出那個「不瞭解」是什麼。

也正因此，在SARS流行的這個時刻，各式各樣的驚惶已告出現。它以異類入侵的隱喻看待疾病，如果有人不小心在電梯裡咳嗽，小則其他人急忙掩鼻或露出奇怪的嫌惡眼神，大則可能招致謾罵；中鼎員工的子女居然會被歧視，台灣人赴泰國也被要求戴口罩和量體溫；當然更別說有人在兩岸問題上作文章說「草菅人命」，以及俄國生物戰專家阿歷貝克（Ken Alibek）說是大陸生物武器外洩所致了。這些反應都顯示出當疾病出現，所有舊的矛盾及壞的品行即告復現的本質。疾病固然可怕，但疾病的隱喻及人們在疾病蔓延時所做的事和所說的話，或許才更可怕吧！

# 耶誕：複雜的傳統歷史

耶誕節到了、又過了，但耶誕的歡樂氣氛卻仍將持續下去，一直到一月六日的「主顯節」（Epiphany）——那是耶穌復活顯靈的節日。

在西方，大約從四世紀開始，即把從耶誕節到主顯節的這十二天訂爲歡樂的「十二日」，而主顯節的前一晚，即一月五日的夜晚，乃是所謂的「十二夜」，這是個饗宴玩樂的晚上。莎士比亞所寫的最後一齣喜劇，講的是女扮男裝、愛情成功，同時也兄妹重逢的快樂故事。這齣戲由於是爲這天晚上而演，因而名爲「十二夜」。

當今的世界，由於西方化程度日甚，西方的耶誕節已儼然成了全球化的節日。每逢耶誕，大家也都跟著去說諸如童女懷孕、馬槽降生等故事。但就在人云亦云的習慣裡，卻疏忽了「耶誕」其實並非耶穌降生之日的事實。耶誕節由起源、命名，一直到習俗的建立，有著極爲複雜的過去。

首先就「基督」（Christ）而論，它始於古希臘文的 Christos，意思是「塗膏油者」。在古代，塗膏油是一種高等的習俗，有「封聖」、「稱王」等含意。「基督」最早的記載，見於《新約》

裡〈使徒行傳〉第十一章第二十五和二十六節：「他（馬拿巴）又往大數（Tarsus）去找掃羅，找著了，就帶他到安提阿（Antioch）去，他們足有一年的工夫，和教會一同聚集，教訓了許多人，門徒稱爲基督徒，從安提阿起首。」

有了「基督」、「基督徒」，後來遂有了「耶誕節」（Christmas）。據《QPB字詞片語源起百科全書》的濃縮記載：

「耶誕節，乃『基督彌撒』（Christs mass）之意，乃是慶祝基督降生的假期。但這沒有值得確信的眞正日子。八月二十八日、五月二十日、四月十九日或二十日、十一月十七日，以及三月二十八日，這些日期都被學者們提出過。認爲是耶穌降生之日，這些日期比十二月二十五日更爲有理。在北歐，耶誕乃起源於異教徒的節日，用來慶賀冬至。古代的人在這天點起大篝火，替冬天的太陽加油。早期教會的教父們，聰明的選擇了接近冬至的一天來慶祝耶穌降生，將光明的季節即將到來與救世主替世界帶來希望連結到了一起。」

上面這段敘述，大體可算正確，但也有疏失。我們都知道，《新約》的福音書裡並沒有耶穌降生時間的記載，而且也知道早期教會並沒有紀念或慶祝耶穌降生的節日。但我們卻知道，古羅馬在每年十二月十七日至二十三日有農神節（Saturnalia），乃是歲末的豐收狂歡節期。另外，在極早的時候，歐洲尤其是北歐與中歐，即有慶祝冬至的節日。而這種冬至節，似乎起源於古印度和波斯的「光明之神」（Mithras）的崇拜，它約始於紀元前二千年。在紀元前六十七年傳入羅馬，成了羅馬帝國時期流傳極廣的俗民宗教，而後還擴及多瑙河沿岸各國及不列顛，被稱為「密特拉教」。在「密特拉教」裡，光明之神的生日即是十二月二十五日。這種宗教在歐洲特盛，當然與它的季節變化有關：歐洲季節變化明顯，冬至過完即白天變長，夜晚縮短，崇拜太陽光明之神當然反映了人們心中對季節變化的盼望。

因此，早期基督教會由於沒有耶穌誕生的日子，因而沒有耶誕之類的節慶名目，埃及的教會一度將一月六日訂為耶穌誕生日，但未被廣泛接受。到了第三和第四世紀之交，教會始將十二月二十五日訂為耶誕，當時所採行的曆法是「凱撒曆」，在這個曆法裡，十二月二十五日即是「冬至」。

因此，後來的耶誕節，可以說乃是冬至節和密特拉教光明之神生日的脫胎換骨。這也意味著這是基督教把異教的節日改變名稱後據為己有。這是一種「意義的篡奪」。早期的基督教「神學之父」聖奧古斯丁就指出過耶誕節起源於異教，因而他遂告誡教徒，在慶祝這個節日時，心態上不能像異教徒祭拜光明之神那樣，而應把光明之神視為被造之物那樣看待，基督才是光明的創造者。

基督教把異教的冬至節和光明之神降生節，改成耶誕之名而據為己有。對此，早期的敘利亞有如下之紀錄：

「教父們所以把一月六日的紀念改為十二月二十五日，原因是這樣的：異教徒有一個風俗，就是在十二月二十五日紀念太陽的誕生。在這天，他們點上燈做爲節日的標誌。基督徒們也參加這些儀式和節日活動。因此，基督教會的學者們見到基督教徒也想過這個節，他們就開了一個會，決定眞正的基督誕生節應該在這一天舉行，而主顯節則在一月六日。」

因此，耶誕節的設定，乃是一種「意義的篡奪」，基督教把異教的農神、太陽神或冬至節等換個名稱而據爲己有。而這種「意義的篡奪」固不僅祇有耶誕節而已，其他節日尚多；例如三月的復活節，與古代代表了春分這個季節又重新復甦的阿蒂斯節相疊；六月施洗約翰節是傳統水節的脫胎換骨；八月的紀念聖母升天則和古代的戴安娜節相同。這也就是說，隨著基督教勢力的成長和異教的衰退，在歷史上曾出現過大規模的節日名稱的意義篡奪。對於這個過程，信仰人類學家弗雷澤（J. G. Frazer）在經典名著《金枝》裡倒是有一段精采的論斷：

「整個看來，基督教的節日與異教的節日相吻合，太相近了，爲數太多了，不能說是偶然的。這種吻合表明基督教會在勝利的時刻，不得不對已被自己打敗了但仍是很危險的敵手做出一些妥協。早期傳教士的僵硬新宗教及其對異教的猛烈進攻，後來由機靈的傳教士改變爲懷柔政策，採取了輕易的容忍和廣泛的仁慈。」

基於上述的理解，由耶誕節的起源，我們已看到了在「名」這個問題上很重要的一種現象。「名」是一個指涉的領域，在這個領域內，意義和實質的競爭、滲透與篡奪皆持續地在發生，有些「名」會被取代消失，有些「名」所指涉的「實」，則會被抽離。在「耶誕節」這個「名」

裡，我們所看到的，即是這樣的意義篡奪遊戲。

由於耶誕節是意義篡奪下所形成的，因而在各種耶誕習俗裡，人們也就可以看到許多異教殘存下來的痕跡。

例如，在許多國家，仍有一種「耶誕柴」的習俗，人們相信用橡木之類的木柴在耶誕時放在灶中燒一下而拿出，這個耶誕柴即有辟邪之功能，每逢暴風雨的日子將它取出再燒，即有擋風雷閃電之功效，而它的火星有多少，即代表了牲畜家禽可以繁殖得像火星一樣多。這種非基督教的風俗元素，即是異教風俗的殘留痕跡。

例如，在有些國家會在耶誕節做出豬形大麵包，最好的是用當年收成的最後一捆麥穗所打出的麵粉來做。人們相信這捆麥穗有著麥種的神祕力量，是生命動力所棲息的地方，人吃了這種麵包，可保健康，家畜吃了可保繁衍不斷，將它弄碎撒在田裡，則來年必可豐收。這種豬形麵包的習俗裡，所留存的是農神節的殘餘痕跡。

由對「耶誕節」這樣一種習俗的生成演變，我們可以看到人類社會裡意義與制度改變的一些深刻問題。但除此之外，由它在近代的另外一些演變，我們還可以發現到其他有趣的課題。其中最主要的，即是所謂的「傳統」問題。

近代由於變化加速，遂有了「傳統」與「現代」的兩橛劃分。由於這種二分法所造成的對立擠壓，人們遂傾向於將有些事情本質化，因而認為所謂的「傳統」乃是鐵板一塊，不容動彈。

「傳統」被本質化之後，它即不允許被改變，甚至不容許被懷疑。「傳統」在人們的慣性思維裡，似乎成了盤古開天闢地就已存在的事務。

但誠如英國當代主要歷史學家霍布士邦（E. J. Hobsbawm）在名著《傳統的發明》一書裡所指出的，並沒有「傳統」這樣的東西，所有的「傳統」其實都祇不過是過去的某種「發明」。他以近代許多習慣與制度的發明爲例，瓦解了「傳統」、「發明」的二分。

而將這樣的觀念用來看耶誕習俗，我們即會發現，除了古代所出現的「意義的篡奪」外，它也涉及到「發明」問題。

例如，耶誕卡乃是我們認爲極「傳統」的習慣。但若深究，即會發現它至今不過才一百六十年而已。它於一八四三年被英國郵票創始人柯爾爵士（Sir Henry Cole）倡議，由霍斯雷（John Horsley）繪圖，一個三代之家舉杯慶賀爲圖的卡片開始出現，當年祇售出一千張，此後即隨著大英國協的威力而擴散，到了今天每年耶誕卡已可售出數十億張。

例如，我們今天習以爲常的耶誕樹，至今也祇不過才一百六十多年。它是德意志古代崇拜樅樹，視之爲「聖夜樹」的轉化。德國移民將此風俗帶進美國，而後盎格魯撒克遜人將其占用和轉化，一八三八年起始有耶誕樹。

至於耶誕老人也同樣起源於美國，四世紀時，在小亞細亞出過一個傳奇的善心人物聖尼古拉斯主教，他後來在荷蘭等地成了兒童守護神。十二月六日是他送禮的日子，荷語發言爲 Sint

Klas。後來荷蘭移民把此習俗帶進美國，原來的十二月六日不要了，併入耶誕節，發音也美國化，成了 Santa Claus。

因此，今天我們習以爲常的耶誕習俗裡的上述項目，都不到二百年，但感覺上，這些習俗似乎已極古老，極「傳統」。由此也可證明，所謂的「傳統」，其實並不眞的那麼「傳統」！

## ○○裁判：立即決定的公斷者

雖然許多人都認爲二〇〇二年世界盃足球賽可能會打紅南韓隊，但由情況的發展，卻也未必，眞正被打紅的，反而是「裁判」（Referee）這個字。而「裁判」這個字愈紅，南韓的風光也就被削弱得更多。

在當今習用的各種有關「裁判」的字裡，大約有 Judge、Arbiter、Umpire、Referee 這四個字，每一個都有其特定之意義與範圍。

最權威的「裁判」，當然仍非 Judge 莫屬。它由古拉丁語的「法官」（Judex）脫胎而成，而這個字則由「法」（Jus）加上「宣布」（Dicere）組合而來。

古代希伯來出現諸王統治之前，最早即由「法官」所治理，書上稱之爲「士師」，《舊約》並有〈士師記〉以記之，耶和華則是大寫的，也是最高的「法官」。

由於時間古老，它除了占有「依法治理」這個古老法治與神治的「裁判」位階外，舉凡一切相對的人間事務上，當要判定其高下優劣之際，也都用這個字爲其中介。因此，音樂競賽的「裁判」，遂被稱「音樂裁判」（Judge of music），「書的裁判」則稱 Judge of books，「選美會之裁判」

則稱 Judge of a beauty contest。這種意義的「裁判」，在我們的用語習慣裡，毋寧稱之爲「評審」更爲允當。

因此，「裁判」以 Judge 來充用，有著從神治、人治到法治，進而向社會價值規範這個世俗化領域不斷擴張的軌跡。Judge 這個字的被過度俗化，遂有了另外一個以人間事務爲主的「裁判」新字 Arbiter。十九世紀英國維多利亞女王以社會美德治國，即特別設置了「格調裁判」（elegantiae arbiter, arbiter elegantiae）這樣的銜稱，可以說即是 Arbiter 這個代表了「裁判」的新字最貼切的用法。

因此，Arbiter 與 Judge 是有區隔的，它的神義性格更淡了。它由拉丁語 ad加上 bitere、betere 合組而成，意義相當於是「來爲某件事情做決定」。它由美德事務的「裁判」開始而俗化，由和它同源的另一個字「武斷」（Arbitrary），可以看出這個字裡所涵蘊的人義而非神義的特性。到了今天，當我們在使用這個字時，它雖然仍有「裁判」之意，但毋寧更應稱之爲「仲裁」，所謂的「商務仲裁」等，都用這個字。

Judge 以神義性爲主，Arbiter 以人義性爲核心，眞正符合現代意義的「裁判」，遂祇剩下另外兩個字了，一個是 Umpire，另一個則是 Referee，在體育活動上，它們依習慣而有不同範圍。

Umpire 出自古拉丁語的 Noumpere，它由「非」（Noum）及「相等」（pre）合組而成，指的是「要在不相當的事務中經由第三者而定出高下」。在古拉丁語轉化爲現代歐洲語言過程中，許多以N爲首的字，都因N被誤認爲是不定冠詞的一部分，因而在後來被取消，例如「圍裙」（Apron）源自 Napron、「蝮蛇」（Adder）源自 Nadder。這乃是「裁判」（Umpire）源自 Noumpire 的同樣理由。

這個字裡特別強調「公正並被雙方接受的公正第三者」之含意，因而稱之爲「公斷」，或許更爲準確。

Umpire 開始於十五世紀，在民事仲裁及公斷上使用較多。十八世紀後，陸續被各新興體育競賽活動所借用，諸如棒球、網球、英國的板球等之裁判，都用 Umpire 稱之，這可不能亂了套。

但足球、拳擊、籃球等競技，卻使用另外一個字稱「裁判」，那就是在這次世足大賽中出盡鋒頭的 Referee，南韓和義大利之戰，那個被人稱之爲「拿著紅牌揮舞的劊子手」的厄瓜多爾籍助理裁判莫里諾（Byron Moreno），他的裁判制服的口袋上，即繡著偌大的「助理裁判」（Assistant Referee）字樣，讓人想要不認識這個字也難。

Referee 由古拉丁字 re 加上 ferre 合組的 referee 爲起源，意思是指「對明白指出的事做出承擔」。由於其含意，因而同源的 refer 與另一個 allude 遂有著微妙的差異，refer 專指那些被明白、主動、公開所指的事；而 allude 則說那些被間接、被動、暗示方法所指的事。

由於這個字指的是針對被提出之事做出決定，因而它的問題意識似乎較強。在十六世紀，議會針對要求特許或專利壟斷之事進行審查，這種審查性的「裁判」，即稱爲 Referee；法庭對某些疑難之事，要找專家做研究，提出證言和建議，這種被委託的專家也稱 Referee。十九世紀的歐洲強調學術，學術論文及出版的審查裁判，也稱爲 Referee。由它的這些用法中所透露出的內涵，可以確定它的資格性與專門性。到了近代，體育競技中的拳擊、足球、籃球等項目，皆以 Referee 稱呼裁判。它們爲何不以 Umpire 這個字稱裁判，原因不明。難道這些競技項目的裁判技術難度更高？

在足球運動上，歐洲的「足球流氓」（Football hooliganism）一向是足球暴力的重要環節。蘇格蘭艾伯丁大學教授裘利安諾蒂（Richard Giulianotti）及其同僚合編之《足球・暴力及社會認同》中，即將「裁判失誤」（Refereeing error）視爲足球暴力的動因之一。也正因足球有著極大的造成暴力的可能性，因而在各種體育競技的裁判上，足球裁判可以說是最難的一種。這也相對的使足球裁判在各種裁判裡，有著最大的權威性。他們的判定毫無抗議和理論的空間。

或許正因如此，遂使得二〇〇二年的世足大賽，出現了從未之有的「修理裁判」（Referee-bashing）之狂潮。由情勢以觀，經過二〇〇二年世界盃大賽，足球裁判制度似乎已到了不得不改的時候了。

二〇〇二年的世足大賽，從第一輪比賽開始，裁判失誤即不絕如縷。有些誤判不影響大局，倒無所謂。但像南韓對義大利、南韓對西班牙等關鍵之役，裁判的偏袒即難免眞的影響戰況與結果。韓義之戰的線審助理裁判，厄瓜多爾籍的莫里諾、韓西之戰的埃及裁判格罕多（Gamal Ghandowr）、南韓對葡萄牙之戰的阿根廷裁判桑傑士（Angel Sanichez）等人最受爭議。由於這都和地主國南韓有關，因而遂出現比賽才一半，裁判不公以及各式各樣的陰謀理論即已四散的情形。這在歷次世足大賽裡，倒眞是絕無僅有之特例。

與南韓有關的賽場，都出現裁判公正性的問題，這種疑竇，自然陰謀論的八卦四起。尤其是韓義之戰，裁判不公近乎粗暴，難怪義大利球迷的抗議電子郵件超過四十萬件，塞爆了足總網站，義大利國營廣播電視台RAI並揚言要以「詐欺罪」控告足總。緊接於義大利之後，韓西之役的疑竇更大，也使得抗議活動被再度加溫，儼然成了「修理裁判」的狂飆。義西兩國的反應，很難用「輸了不服氣」的理由來辯護。南韓在大賽中欣喜若狂，但在國際社會上，則難免有勝之不武之譏。

將世足大賽的裁判問題歸因於陰謀，認爲這是南韓籍的國際足總副會長鄭夢準操縱會長布萊特（Sepp Blatter）的結果。即鄭夢準可藉此而成爲南韓的足球民族英雄，累積政治資本，俾進而邁向南韓大統領之路。除了這種權力陰謀論外，還有藥物陰謀論，即認爲南韓隊爲何如此有體力，乃是吃藥所致。

對這些八卦傳言，《紐約時報》球評員魏克賽（George Vecsey）倒是有可能比較公允的評價。他指出，國際足總乃是一個由布萊特及其親信所把持的組織，但足總內部派系對立，反布萊特的勢力也同樣強大並蠢蠢欲動，因此，任何一方縱使想搞陰謀，但也必會被對手的一方所揭露。由足總內部的制衡，認爲裁判偏袒南韓有陰謀，大概很難站得住腳。當然吃藥之說更不值得採信。

問題是，偏袒畢竟還是發生了。眞正的原因究竟是什麼呢？合理的解釋，乃是布萊特任內，國際足總的確在嘗試擴大基礎，將亞非裁判大量納入。這對降低足球的「歐洲中心主義」當然是好事，但經驗不足的「裁判」即難免出現。甚至還可能無法避免有些「裁判」有某種程度的反歐情緒。這次大賽到了最後，不讓四個曾做出瑕疵判定的裁判在決賽時出場，經驗不足所造成的「裁判」不公，確實已到了足總雖然在表面上仍不得不曲意迴護，但實質上則仍然心知肚明，而不得不速謀補救的程度。足總會長布萊特在接受義大利米蘭《體育報》訪問時也稱有些判定讓他「覺得非常痛苦」。他說：「很明顯的，足總過去四年的幾十場，仍未能讓裁判水準提高，主審裁判都很好，但助理裁判的線審卻是一種災難，在判越位時尤其是如此。」甚至足總的「裁判委員會」主席厄齊克（Senes Erzik）也承認：「人們所關心的那一、兩件主要錯誤，確實有問題。」

另外，則是「裁判委員會」成員之一，墨西哥籍的柯德薩（Edgardo Codesal）也承認：「對義大利的裁判，有些評論及指控是眞的。」

因此，這次世足大賽，「裁判」這個字顯然已被自我污名化。「裁判失誤」（Referee's Error）則成了媒體上討論得最多的話題。足總會長布萊特被迫承認助理裁判是「災難」，南韓教練希丁克（Guus Hiddink）一方面爲南韓辯護，但另一方面卻也說出，球賽的結果「由裁判的錯誤、球員的錯誤及教練的錯誤所造成」這樣的話，這顯示出他其實也心知肚明有裁判的因素在其中。當「主場優勢」（Home Advantage）有如此大的利益，大到裁判都手軟腳軟起來，裁判制度豈能不改弦易轍。

「裁判」（Referee），乃是要針對被提及的事，尋找其參考架構及周邊因素而做出立即的決定，這乃是這個字被定義爲「裁判」之意旨所在。但許多體育競技項目都已察覺到裁判能力有限，因而電視紀錄爲輔助遂變得日益重要。最近談論足球裁判制度改革之聲日盛，或許，這次「修理裁判」之風潮，眞的會促成改革也說不定！

# Mafia和Casa：賭場和黑手黨

不久前，才登基滿五十年的英女王伊莉莎白二世，有個親切的家族小名Lilibet，這是Elizabeth的暱稱之一，我們熟知的Betsy也是這個名字的小名之一。

「小名」即「小辭」（Diminutive），它是字義變化的一種型態，例如Catherine變成Kate、Elizabeth變成Betsy即屬之，藉著這種變化以顯示親切善意。而這種變化不僅祇限於名字而已，人們稱小鵝為Gosling、稱小溪為Streamlet、稱小羊為Llambkin，也都是「小辭」的一種。

日前，澎湖藉地方選舉之便而對賭場問題做公投。今日所謂的「賭場」（Casino），並非台灣的本土事物，它純屬西方的外來種。「賭場」這個字，即是一種「小辭」，它起源於中古義大利的「小屋」（Casa），亦即Casino乃是Casa的「小辭」。

中古時代有兩個重要的，指「小屋」的字。一個是拉丁語的Casa，它指的是一切小屋的通名，如小農屋為Casae Aratorum，小住屋為Habitare Casas等。另一個指小屋的字，則是起源於古阿拉伯語的Mafia，它主要是指山林裡避難的小屋。西元九世紀，阿拉伯人曾統治西西里島，實施土地平等政策，家家戶戶都成了有田可墾的小農，農閒時則上山打獵，並住在山上小屋

Mafia 裡。然而，十一世紀諾曼人征服了西西里島，貴族地主強迫集中土地，讓原有小農變成他們的農奴，於是，許多小農遂逃至山中以 Mafia 爲家；十五世紀西班牙又占領西西里島，以宗教裁判所懲辦當地居民，於是更多人逃至山中，成了梁山泊的好漢，接著拿破崙王朝也一度征服西西里島。數百年被征服及避難山中、打家劫舍的歷史，使得西西里成了一種非常獨特的社會，他們以家族爲核心，內聚力極強，人們必須爲家族做一切合法與非法的事情，Mafia 這個原指避難小屋的字，到了後來遂成了專指他們社會型態的字。在十九世紀之前，這個字是個好字，它指人們以家族爲重，鼓勵團結犧牲的精神。但到了十九世紀後，西西里島人陸續移民美國，他們把 Mafia 的精神也帶了過去。一小撮西西里島人在美國這個移民社會，以他們獨特的內聚力和強悍性格，從事各種高風險、高利潤的行業，他們不怕其他人口較多的別國移民，他們人少但強悍不畏死，作風驃悍，紀律嚴格，於是，原本正面的 Mafia這個字，遂漸漸成爲負面的字「黑手黨」。由 Mafia這個字的字義由正面變成反面，其實也等於證明了一個道理：那就是字辭的意義在歷史中發生，也在歷史中改變。同指「小屋」的 Mafia 這個字，由於西西里島的獨特歷史際遇，它的意義遂有了由正而反的獨特過程。比起 Mafia 來，Casa 的運氣就好得太多了。

由近代有關私人生活史的研究，我們知道人類的賭博行爲至少已有五、六千年之久。在中古歐洲，賭博至爲普遍，舉凡城鎮的私宅、農舍、市場、街角、巷弄，甚至河岸邊，人們聚眾賭博都極爲稀鬆平常。這種非法的聚眾賭博，經過文藝復興到啓蒙時代，始終未曾稍戢。十六世紀英女王伊莉莎白一世的主要廷臣拉雷爵士（Sir Walter Ralegh, 1552-1618）即寫過當時聚眾賭博的「盛況」：

在新年第六天之前的這段期間
這個國家總是會有離譜之事出現。
四個撲克王在這個島國相聚
總會帶來好長一陣亂局。
許多人將會因此結束厄運
而另外許多人則繼續失敗的壞命。
很多人現在歡樂愉快
到時候就痛苦悲哀。
教徒們的心都將因恐懼而顫動
當他們聽到喧鬧的乒乒乓乓。
甚至死者也在地下輾轉不安
在每個城鎮和每一個鄉間。

從中古到十八世紀，賭博都是非法行爲。十八世紀英國風俗畫家霍加斯（William Hogarth, 1697-1764）留下許多有關地下賭場的版畫，很可以做爲賭場眾生相的印證：有人高興得在角落算錢，有人匍匐在地下捶胸頓足；有人扭打成一團，而整個地方則椅倒桌歪，一片狼藉。那個時代的歐洲也盛行抓賭，官員帶著地方保正，半夜提著燈籠去抓，而賭徒們則一哄而散，踢翻了燈籠後摸黑而遁。

不過，從十九世紀中葉開始，這種情況已開始改變，這時工業革命所帶來的繁榮已漸漸落實，都市新興的小資產階級開始出現，「休閒」的問題正式進入人類發展的日程表。一八一六年，我們今日所謂的「旅遊觀光客」這個字（Touriste, Tourist）首次出現，這個字經過文豪斯湯達爾（Marie Henri Beyle, Stendnal, 1783-1842）於一八三六年所著的《旅遊回憶》一書的鼓吹，正式成了代表時代變化的新字。以巴黎爲例，一八五四年夏天已有三萬人離城避暑旅遊。離巴黎最近的度假勝地是西北邊的古代港市迪耶培（Dieppe），到了週末從巴黎到當地度假的「快樂列車」始於一八四八年。巴黎人到尼斯避冬旅遊的，一八六一年才一八五〇戶，一八七四年增至五千戶，一八八七年已增至二萬二千戶。由於十九世紀中葉的旅遊度假漸興，學校的放假觀念也開始調整，在此之前，歐洲的放假主要都在於配合農業的工作曆以及宗教日子而放假，而後爲了配合旅遊，十九世紀中葉的暑假持續增加到每年六週，一八九四年增至八週，一九一二年增至十週。

由於旅遊度假的觀念漸興，十九世紀中葉的暑假到海邊度假，冬季到山裡或海邊的Spa旅遊，它最初都在當地整理過的小屋裡居住，因而遂由「小屋」（Casa）這個字衍生出「小辭」，即「度假小屋」（Casino），供人玩樂跳舞的 Casino，乃是後來旅遊規模擴大後始有之產物。

但值得注意的，乃是中古以來，歐洲的聚眾賭博雖盛，官署也多半會對私宅賭博加以取締，但市場的賭博則多數會加以默許，因而有理由相信，隨著十九世紀中葉旅遊度假的漸興，賭博也被帶到了度假小屋和後來的旅遊遊樂場所中。於是，在十九世紀後期，以賭博爲主，但也附帶有住宿及遊樂設備的新型態場所遂告出現，它很快的即占用了 Casino 這個名辭；有些地方對這種以賭博爲主的場所稱之爲「賭博場」（Gambling Parlour），但這個辭卻顯然未被多數人使用。以蒙地卡羅爲例，它最早的度假玩樂場所稱 Casino，時爲一八六一年，到了一八七九年擴充，在 Casino 裡增設賭博場所，但到了後來，賭場卻完全的占用了Casino，其他住宿、歌舞，以及表演等設施，原本是主體，後來卻反而成了附屬。不過，由Casino 的字義變遷，卻也顯示出它簡單的譯爲「賭場」，其實並不精確，它是以各種賭博廳室爲主體的度假遊樂設施，它的賭博設施可能很重要，但其他如住宿、遊樂、表演、餐飲、交通等服務，也同樣重要。由西方的例子尚顯示出，Casino 的設置，通常都會對原有的社區造成極大的衝擊，因而必須有另外的複雜設計，包括讓社區領袖參與管理及諮詢工作，社區居民應有一定比例的就業保證，必須有長期回饋社區的計畫，由於賭場設置後，連帶的必將使社區地價增值，有些人會因此得利，但有些人則會因此而受害。對受害者應有所補助等。開一個賭場，並不衹是個開了就可以的問題，它所涉及的權利義務關係調整，都必須一一詳細規劃設計。

Mafia和Casa都是指「小屋」，但字有字的歷史和命運。這兩個字掉進了不同的歷史過程中，一個被污名化，一個反而大行其道。命運如此懸殊，Mafia豈能不搖頭慨歎！

# ◎ 懦夫：恃強凌弱的行為

過去一年多以來，美國最受爭議的字是「懦夫」（Coward），以及由此延伸出來的「懦弱」（cowardice），「懦弱的」（cowardly）。究竟誰才是「懦夫」？什麼樣的行爲叫做「懦弱」？

最早挑起這個字的爭端的人，乃是美國著名的女思想家蘇珊·桑塔格。「九一一」發生後，美國政客與媒體一片撻伐，宣稱那是「懦夫行爲」。她實在看不下去了，遂在二〇〇一年九月二十四日的《紐約客》雜誌上發表了一篇短文。短文中指出，「九一一」之後，美國將此事說成是「對文明或自由世界，以及自由或人性攻擊的懦夫行爲」，這乃是一種「幼稚化大眾」的說法。她指出：

「有多少公民注意到美國持續地對伊拉克所做的轟炸？如果眞的要用『懦弱』這個字，它更適合用來指那些遠遠的在別人反制範圍之外，在高高的天上擲炸彈殺人的人，而不應指那些願意爲了殺死別人而願意付出自己生命的人。從中性的『勇氣』這種道德標準而言，不管我們用什麼字來形容，『九一一』的行兇者並非『懦夫』。」

緊隨著蘇珊·桑塔格之後，當時著名的電視談話秀節目「政治不正確」主持人比爾·馬赫

（Bill Maher）在節目中大力抨擊美國的軍事擴張，他說道：「我們在兩千哩之外以巡弋飛彈攻擊別人，實在是懦夫行爲。」

蘇珊・桑塔格和比爾・馬赫的觀點，當然都有著他們的道理。「懦夫」這個字和「勇氣」有關，因此恃強凌弱的行爲，長期以來都很自然地被認爲是「懦夫」。美國《英卡塔世界英語辭典》總編輯蘇克哈諾芙（Anne Soukhanov）遂指出：任何不對等的，不給別人防禦機會的，都可稱懦夫，「以家庭暴力而言，打老婆、父母或孩子的丈夫，自然都被認爲是懦夫。當人沒有給別人相同的能力、強度、大小而恃強凌弱，即是懦夫。」蘇珊・桑塔格並不是贊成「九一一」的攻擊，而是認爲稱之爲「懦夫」行爲有著把問題弄模糊的用意。「九一一」的那些自殺攻擊者是有勇氣的，他們不是「懦夫」，儘管他們所做的事我們不能接受。美國恃強凌弱才更符合「懦夫」的定義。

蘇珊・桑塔格及比爾・馬赫引發了第一輪有關「懦夫」的字義之爭。在美國愛國法西斯當道下，他們都被罵得體無完膚，被認爲「不愛國」，「政治不正確」這個節目甚至被勒令停播。

但第一輪有關「懦夫」定義之爭結束未久，第二輪爭議卻又再起，這次是那個自稱「我是上帝」的狙擊殺人狂所引發的。此案發生後，前紐約刑事警察克拉克（Bill Clark）接受CNN訪問時說道：「這是我所碰到過的殺人案裡，最懦夫的殺人兇手。」緊接著，布希總統也在一名學生被殺後發表電視談話，稱兇手爲「懦夫」；馬里蘭州的州長葛侖登（Parris Glendening）也同樣稱兇手爲「懦夫」。一連串的「懦夫」，這個字又熱門了起來。

但不論那個自稱「我是上帝」的狙擊殺手，在行爲上多麼冷血，但他和「九一一」的自殺劫機者相同，似乎稱之爲「懦夫」都有欠妥當。「九一一」的劫機者像是很有勇氣的戰士，當然算不上「懦夫」；至於狙擊殺手，他可以被形容爲「狠毒」或「冷血」，但敢於向全美軍警挑戰，其實也是很有「勇氣」的，怎麼算得上「懦夫」？

根據字源，所謂「懦夫」這個字，乃始於十三世紀起，它由法國北部方言的「尾巴」（coe、coue）做爲字首而形成，這個字又可追溯到古拉丁文的「尾巴」（cauda），通常都是指「夾在兩腿間的尾巴」，至於字尾的~ard 則通常被用來指「一種使事情變成過分的性質」，因此，「懶惰」（Slug）加上gard，即成「懶惰鬼」（Sluggard）；「醉酒」（Drunk）加上~ard，即成「酒鬼」（Drunkard）。基於這樣的組合邏輯，「腿間夾著的尾巴」加上~ard，即成了「膽怯」與「懦弱」，它由 coard 變爲 couard 再變爲 coward。這個字被認爲是十三世紀的獵人用來形容野兔和鹿膽怯，夾著尾巴逃走的景象。

在英語裡，「懦夫」這個字的主要意義都是指「容易害怕」，通常都被用於戰爭、衝突或涉及冒險的場合。

例如，在美國南北內戰時，凡臨陣脫逃者即會被處決，而處決前即會貼上寫有「懦夫」字樣的標籤，遊行示眾，藉以羞辱，當時有個北軍士兵蘇特（Hardin Schutt）即在家書裡寫道：

「一個屬於隔壁聯隊的人，頭髮被剃光，一個樂隊領頭，帶著他到各營房示眾，他的背上則掛著寫有『懦夫』字樣的紙板，……我的勇氣並不見得更多，但我寧願死於陣前，也不要像他那樣。」

再例如，十九世紀美國開發西部，有條所謂的「俄勒岡小徑」（Oregon Trail），極爲危險，因而當時的諺語遂說：「懦夫永遠不敢出發，弱者則死於路上。」因此，直到現在之前，所謂的「懦夫」都是「勇敢」的反義字。《英卡塔世界英語辭典》的定義即是：「懦夫：太容易害怕或太害怕的人。」如果「懦夫」指的是這樣的意義，那麼「九一一」的自殺劫機者和「我是上帝」的狙擊殺手當然都非「懦夫」，反而是那些受到驚嚇的美國人更應該稱爲「懦夫」才對。

不過，現在這個時代早已變得語義空前混亂。人們在使用字詞時，已不再著重於它的意義，而是傾向於用標籤式的，或道德性的方式，把所有的憎恨都拋向某個或某些字詞。曾著有《勇氣的神祕》一書的密西根大學法律教授米勒（William Ian Miller）即指出，有些字已被標籤化，用來表達強烈的情緒。而「懦夫」在當前的語意氛圍裡就成了這樣的標籤，它是對男人的最大攻擊，比說別人是「殺人兇手」、「做惡事的人」都嚴重千萬倍。米勒教授說：「懦夫這個字，乃是男人世界裡說別人時，能夠想到的最壞的字。」

因此，在當今的世界上，語義的混亂已成了一種常態，而非異態。由於整個世界都在倒退之中，有的恃強凌弱，把大規模的殺戮合理化成了道德上的正當行爲，弱者的反撲也就跟著無所不用其極。這是野蠻對野蠻的戰爭，沒有任何一方更能無愧地面對上帝，剩下的當然也就祇有字義上的糾纏。人們會在過去那種二元對立的字語結構裡費力地尋找對自己有利，而污蔑別人的字，將它像標籤一樣地去運用。而「懦夫」這個字的意義愈變愈多，儼然已變成了最壞的標籤，就是在這樣的脈絡下造成的。由於字詞祇被當成標籤，祇用來形容情緒，而不是用來呈現意義，這樣的字詞當然也就同樣可以用到自身，例如當美國媒體在說別人是「懦夫」時，別人將這個字扭轉一下，馬上就可以說美國自己才是「懦夫」。

美國出現「懦夫」定義的爭論，前述的《英卡塔世界英語辭典》總編輯蘇克哈諾芙因而如此表示：「在『九一一』和狙擊殺手的熱潮中，許多人都在爲『懦夫』這個字的意義而爭，但因現在所謂的『懦夫』不符傳統的定義，因而我們正在尋找一個字，用以表達人們對莫名其妙的受害之憤怒。」

蘇克哈諾芙是否能找到一個字來形容當今的人們心情，答案仍在未定之天，但這至少已顯示出目前這種隨便使用「懦夫」這個字的傾向是有問題的。字詞的使用，目的在於表達「意義」，而不能祇是將它變成一種道德工具，或祇使它具有情緒色彩而已。蓋若如此，所有的意義都將因此而模糊，正與反也將無法分辨。

而這種正反錯亂顛倒，其實也不是什麼深奧的學問。它早已有過例證，過去的波蘭曾相繼出現過民粹的、愛國的，左右兩種極端主義，扣帽子成了常態，語言跟著開始混亂，是非遂告難分。因而著名的波蘭詩人羅佐維茨（Tadeusz Rozewicz, 1921-）遂寫了如下的詩句：

觀念不過是文字遊戲；
美德和罪行
眞理與謊言
美麗和醜陋
勇敢與懦弱。

美德與罪行變得相同
我看到了；
一個人兩者兼俱
既有美德但也罪惡滔天。

我到處找尋老師和智者
希望恢復聽和說的能力
或許他可以讓混亂的語言歸於定位
或許他可以區隔出黑暗與光明。

因此，羅佐維茨的詩句實在值得世人深思。他清楚地指出，當政治上的極端主義當道，語言字詞在被標籤化和帽子化之後，一切原來的判別標準即會淪喪，所有的反義詞也將翻轉成同義詞，愛等於恨，勇敢等於懦弱，眞理也將變成謊言。這是意義的失去，最後祇剩下權力。有權力的人愛怎麼說就怎麼說，他可以「既有美德但也罪惡滔天」。美國的「懦夫」之爭，不過是語言字詞混亂過程中的插曲而已。

最近這一年來，美國愛國法西斯主義當道，各類語言字詞的標籤化日甚。如果我們注意一下來自各方的批判反思，將可發現到這些批判聲浪的一大半，都涉及語言字詞和觀念的澄清。舉例而言，美國校園知識分子最重要的批判行動，乃是杜克大學所發行的著名學報《南大西洋季刊》九月間所出的專號，當代美國著名人文主義學者差不多都在這個專號上寫了文章，許多文章都在談美國所使用的語言字詞的意義和夾纏效果。再例如，二〇〇二年五月間德國一〇三名知識分子領袖聯名譴責美國，一五三名沙烏地阿拉伯知識分子也同樣發表公開信指責美國的中東政策，這些重要的文件，大半的內容也同樣地是在談美國的語言及觀念蓄意扭曲。

強權要依靠武力打出一個他以爲的大同世界，第一步乃是要藉著語言文字的暴力和扭曲，先說出這個世界和這個世界的敵人，然後眞實的武力即可隨之而上。因此，當今的人們那麼注意語言字詞的分析、定義和糾正，這並不是好辯，而是要讓那個硬拗的大同世界說不出來，當它說不出來，或許始能阻止它的武力征服吧！

## ◎◎ 震懾：見證人類的野蠻升級

物有本末，事有終始。因此，沒有一個詞沒有來由；也沒有一個字沒有它的歷史源頭。而這種情況在「戰爭語言」裡尤其明顯。近代戰爭由於武器拜科技之賜而日新月異，殺人的方法也愈來愈省力，加以媒體發達，信息流竄，每次大型的戰爭，總會出現許多「關鍵詞」，它是戰爭特色的濃縮，也見證著人類野蠻的升級。而毫無疑問的，乃是這次美英入侵伊拉克，「震懾」（shock and awe）已注定會成爲被留存下來的詞語，不但將固定在戰爭行爲裡，甚至還會反映到人類的其他行爲中，因爲「震懾」是個很好用的詞，它是威脅的最極端形式——藉著超級力量，直接迫使對方在死亡和投降間做出立刻的選擇。「震懾」是人類復歸絕對野蠻的癥候與代碼。

「震懾」一詞，它所指涉的戰爭行爲方式，其實早就出現了。烏爾曼（Harlan Ullman）乃是美國海軍官校畢業生，參與過越戰，退役後到美國戰爭學院任教，即倡導類似於「震懾」一詞的戰爭方法。今天的美國國務卿，第一次波灣戰爭時的參謀首長聯席會議主席鮑爾，即曾做過他的學生，對他的觀念非常服膺，因而將這種觀念在第一次波灣戰爭時付諸實現，這就是所謂的「鮑爾主張（或信條）」，它的意思是——美國不打仗則已，若要戰爭，就必須以傾巢之力將對方徹底壓服。第一次波灣戰爭，美軍以逾五十萬兵力，各種超級武器，徹底壓服伊拉克，即把人海與彈海攻勢發揮到極致。

波灣戰爭之後，烏爾曼及前任美國國防次長韋德（James Wade）獲得美國國防大學資助，邀集波灣戰爭的高層指揮官們，將戰爭經驗濃縮成抽象的指導原則，他們的成果在一九九六年正式以《震懾》的書名出版。該書開宗明義即替「震懾」做了如此的定義：

「震懾之強度，乃是尋求一種類似於廣島長崎原爆一樣，但並非核子攻擊的戰爭效果。」「這乃是一種選擇性的、殘酷無情的動用武力，快速使對方被威脅而臣服。」

因此，所謂「震懾」，用老百姓話來說，那就是用超級的彈海攻勢，把別人炸到心膽俱碎，不得不爬出來投降的地步。「震懾」是用彈海來證明不屈降就一定死亡，因此，它也是非常「人道」的戰爭手段——因爲，「在死亡前對方即已投降」。這一群美國軍人已替彈海攻勢找到了最強的人道理由。美國對伊拉克展開焦土式的大轟炸，超過五千磅的巨型炸彈，其威力一點也不比小型核子彈差多少，這種大炸彈殺人也不會比化學武器殺人更不痛，但化武是不人道的武器，重型炸彈卻是人道武器，理由全都是他們說的。

而烏爾曼及韋德會找到「震懾」這個詞，並非他們有多天才，而是他們從古代經驗裡找到了「砲彈震嚇癡呆症」（shell shock），而後將它改編而成。因而他們在《震懾》一書裡，對「砲彈震嚇癡呆症」也做了很長的描述與探討。

我們都知道，第一次世界大戰乃是大砲戰爭。第一次大戰在一九一四年八月至十一月間爆發和啓動，當時原以爲這場戰爭會快速移動並於短期內結束，孰料由於雙方勢均力敵，加上大砲發達，很快的它就變成了陣地壕溝戰，兩軍從北海、比利時、法蘭德斯、法國，一直延伸到瑞士；挖出長達四七五哩的壕溝戰線。士兵們躲在壕洞內，吃喝拉撒全在洞內，敵人則在一百到四百碼外另外的壕溝裡窺視，而上空則是不斷的彈如雨下、聲震如雷，運氣稍微不好，就被轟個正著。第一次大戰的死亡人數高達一千三百萬人，爲一七九〇至一九一四年這一百多年歐洲所有戰爭的總和的兩倍以上，可見砲彈如雨所造成的慘烈。

根據留存至今的戰爭和戰場紀錄，我們已知當時壕溝戰的悽厲恐怖。士兵値勤時到第一線壕溝內，不服勤時則匍匐到第二線壕溝和地下碉堡裡。整個戰場壕溝縱橫密布，由於天氣潮濕，壕溝都變成一個個爛泥淖，人在裡面穿梭，野鼠也在其中繁殖，跳蚤、蝨子也到處密布，尤其是冷槍四射，砲聲不絕，那種不知死亡何時會降臨的恐怖感籠罩著戰場，士兵們普遍都沮喪、挫辱，露出「空洞的眼神」（Glassy-eyed）。第一次世界大戰所留下的「戰爭語言」，因而差不多都和「壕溝」有關，如「灘頭堡」（Beachhead）、「橋頭堡」（Bridgehead）、「散兵坑」（Foxhole）；而與壕溝戰有關的意象，如代表了大砲隆隆的「火力」（Firepower），當然也在這種第一次世界大戰的「戰爭語言」中。

而第一次世界大戰留存至今最重要的，仍是「砲彈震嚇癡呆症」（shell shock），以及較此輕微的「戰鬥疲憊症」（Battle fetigue）。第一次大戰爆發之初，歐洲年輕人皆踴躍從軍，他們對戰爭有著浪漫的狂想，視之爲揚名立萬的冒險事業，但上了前線，進入壕溝碉堡，每天過著與爛泥、野鼠、跳蚤、蝨子，以及砲聲等爲伍的生活，浪漫的狂想快速消逝，變得憂鬱、無力和絕望，加上亂砲四射所造成的高死亡率，他們才知道「人命賤如狗」的況味，於是，聞砲聲而色變，遂成了一種標準的反應。那是一種集體沮喪，有時變成集體的歇斯底里，許多人並因此而進了精神病院，這就是「砲彈震嚇癡呆症」的源起——人被砲聲嚇成了癡呆或精神病。

有關「砲彈震嚇癡呆症」，最著名的可能就算英國二十世紀大詩人，同時也是「一戰詩人」的羅伯・格拉維斯（Robert Graves, 1895-1985）了。他的人生就是「砲彈震嚇癡呆症」的最佳例證。

格拉維斯在一戰爆發後從軍，他最初對戰爭有著浪漫狂想，因而早先寫的詩都很正面，並鼓舞愛國熱情。但很快地他知道戰爭並非這麼回事，因而日趨消沉沮喪。戰後甚至還進了精神病院，他被「砲彈震嚇癡呆症」糾纏了十年之久。後來他功成名就出作品全集，爲了拒絕面對那段過去，遂把戰爭詩全部刪除。到了晚年，他得了失憶症，一切事情全都忘記，唯一還記得的就是戰爭。他說：「有如在地獄中。」他的兒子威廉（William Graves）後來特地把他的戰爭詩找了出來，整理後出版。其中有一首以前從未發表過的〈苟存者返鄉〉。這首詩寫他戰後回鄉，住家旁邊有片樹林，但在這樹林、樹林的潮濕和滴滴雨聲，他所聯想到的卻都是以前的戰爭壕溝歲月。該詩有句曰：

曾經在那被砲轟的樹林地
都是尖叫著的激動聲音
我們壯膽的嘲笑死神祂在哪裡
我也嘲笑著，心有所領
林中死亡的滋味和氣息

是否我活著而其他袍澤兄弟
則死了，全都死了？親密的朋友
伴隨著落日而往西
而今對我則是夜的永久
這種黑色將不會止息。

除了格拉維斯之外，同爲「一戰詩人」的薩松（Siegfried Sasson, 1886-1964）也是個典型的例子。他出身富裕世家，對戰爭抱有浪漫想像，戰爭爆發後立即從軍，很快就得到忠勇動章。但接下來的那種在壕洞裡天天等著被砲轟的日子，卻使他變得歇斯底里，有一天情緒崩潰，把勛章甩了，高叫著要戰爭趕快結束。

他後來受傷住院，又進了精神病院，乃是「砲彈震嚇癡呆症」的代表人物，這段沉痛的心靈經歷，也對他後來的一生影響至鉅。他後來的文學風格總是在犬儒嘲諷和尋找心靈安慰間擺動。他留下許多詩，可以做爲理解「砲彈震嚇癡呆症」的主要證據，這首〈壕洞裡的自殺〉即爲一例：

我孰知一名單純的年輕戰士
他對生命傻笑以無邪的樂趣
在孤獨的暗夜他能酣然安睡
大清早則用口哨應和著雲雀

在冬天的戰壕，驚嚇，快然不安
砲彈如雨，跳蚤，無酒爲歡
他把一顆子彈射進自己的腦袋
從此後再也無人將他提起

你們這些眼神興奮自信滿滿的人群

對著小夥子士兵遊行隊伍高聲歡呼
靜悄悄的回家吧！並祈禱永遠不會知道
那年輕戰士及他笑聲所走進的地獄！

「砲彈震嚇癡呆症」乃是第一次世界大戰遺留下來的重要精神異常現象。它證明了密集的砲彈轟炸的確會把人嚇傻嚇瘋。但我們也知道人們對同樣的事情都會有兩種極端不同的反應。就以「砲彈震嚇癡呆症」為例，人道主義會因為自己的這種不幸經驗，而自我反省昇華，進而倡導和平主義，不要有任何人再身受這種驚嚇，但好戰者卻不然，當他們察覺人是會被炸彈嚇傻嚇瘋後，遂將此變成一種戰法，要用超級飛彈和炸彈把別人炸得變傻變瘋，這是一種傷害出口，要用超級武力把別人逼到最後的牆角，如果不能炸傻炸瘋，接下來就全部炸死。就戰爭邏輯而言，「震懾」這個新詞彙，所反映的乃是一種絕對戰爭的心態，它與古代最野蠻的「屠城」幾乎沒什麼兩樣。

在第一次大戰時，西方心靈曾被砲彈嚇傻嚇瘋，兩位英國「一戰詩人」都形容那種狀態有如「地獄」，而今英美從這裡得到啓發，因而決定把這樣的「地獄」送給別人。將來「震懾」這個語詞注定將會成為一個髒字眼，因為它是把一戰的「砲彈震嚇癡呆症」，以及二戰時原子彈炸廣島長崎這兩個「炸」與「嚇」合而為一的新野蠻主義！

## ◎撇步：政治作秀手段

最近幾個月以來，有個新詞 perp walk 在美國媒體上頻頻出現，甚至還被拿出來專門討論。這個新詞讓人聯想到我們社會裡也同樣盛行的「撇步」。

perp walk 乃是一九八〇年代後才出現的新詞，它具有很強的美國特殊性，因而極難轉譯爲其他語言，祇能從該詞的脈絡來揣摩其意義。

perp 者，perpetrator 的簡寫也，脫胎於拉丁字 perpetrare，指的是「犯罪者」、「加害人」、「嫌犯」、「被檢警逮方所逮捕的嫌疑者」。因此，從字面意義而言，這個新詞指的是「嫌犯走路」，引申爲「嫌犯被公開示眾」。

但這個詞的意義其實並不是字面所顯示的意思而已。在美國，一如所有法律和人權較爲進步的國家，別說嫌疑人在審判定讞前必須被假設無罪，單單檢警逮捕而尚未被正式起訴，這離「有罪」的距離就更遠了。基於此，縱使逮捕也應低調爲之，才符合保障人權的道理。但對許多右派的檢察官而言，他們一向把「政治正確」和「民氣可用」放在「人權」之前。因而遇到大案，祇要抓到人，不管抓對抓錯，就故意透露消息給記者，讓記者們在被捕者被帶到警局或拘留所時

「恰好遇到」，他們藉此大作其秀，並可藉著媒體報導所造成的民意審判，替自己在法庭審判時爭取到上風位置。在 perp walk 這個名詞尚未出現前，這種「步術」即已不斷，最烏龍的乃是一九三〇年代美國民族英雄「飛行之父」林白之女被綁架案。那是當時的天大案件，檢察官見獵心喜，抓到人後大作其秀，最後儘管知道抓錯了人，但已回不了頭，成了史上最受非議的案件。

perp walk 正式且大量出現在媒體上，是在一九八〇年代中後期，它被當做具有某種嘲諷性質的寫實述詞而使用。當時紐約有兩個檢察官，一個是右派的朱利安尼（Rudy Giuliani），他是公認的藉作秀而拉抬自己的「perp walk 大王」，當時華爾街有三名銀行經理人涉嫌，他在親自前往拘提前，主動通知媒體。他不是靜悄悄地去別人家中抓人，而是大張旗鼓地被一堆記者追隨，到人潮洶湧的華爾街辦公大樓抓人。於是一個小檢察官，一夕之間成了大司法英雄。這個新詞在他的手上成了流行字。

但除了朱利安尼之外，紐約也出了一個「反 perp walk 英雄」，那就是自由派檢察官海尼斯（Charles Hynes）。當時的《新聞週刊》如此推崇他：「在檢察官們努力取悅電視媒體的此刻，perp walk 已成了新傳統，但他卻拒絕讓被告在攝影機前走路示眾。」

美國專欄作家雷夫斯（Richard Reeves）即如此寫道：「perp walk 的源起，乃是檢警與記者間所玩的一種小小陰謀遊戲，藉以讓早報有新聞圖片，讓晚間電視新聞有畫面。……最近美國司法部大張旗鼓抓違法違規公司負責人，示之於眾，即是布希政府向朱利安尼學習，俾轉移人民對公司誠實程度日益崩壞所造成的不滿。」過去幾個月裡，由於美國公司弊案陸續出現，加以復甦無力，不管眞抓假抓，美國司法部的確藉機大作其秀，在抓人前預先通報記者，然後浩浩蕩蕩前去抓人，嫌疑人縱使七、八十歲，也一樣當眾動用手銬，以顯示司法的決心。玩 perp walk 到如此程度，甚至連朱利安尼可能也要甘拜下風了。

因此，perp walk 不是個容易翻譯的新詞，「嫌犯走路」、「嫌犯被公開示眾」都不能清楚地達意。它是政治人物和司法檢警調方面在玩的一種「政治正確」陰謀小遊戲，用短線的政治操作，把嫌疑人當成道具，俾演出一場作秀，或者滿足檢察官自己的權力慾，而多半則是藉此將司法當成作秀的工具。它是一種「撇步」。

而 perp walk 讓人想起「撇步」，除了讀起來在聲音和意義上有一點接近外，它們所說的，也都是小陰謀式的不正行爲，差別的衹是語言發生的原點不同而已：前者是由嫌疑人走路示眾說起，後者由漢語裡的「道路想像」開始。

漢語從很早開始，對人們的所作所爲即以「道路想像」做爲界定善惡的指標。

例如，「道」即是「路」，但它從「首」，因而又有「向……走去」的含意。由「道路想像」，我們遂將正派的標準視爲「道理」，人應走「大道」、「正道」、「循道」，而不要走「小道」，變成「邪道」、「左道」等。幾乎多半有關「道」的字詞，也可用「路」來代換，如「大路」、「正路」、「邪路」、「直路」、「小路」等。「道」與「路」在規模上較大，因而根據它們所界定的，也都是更基本、更重要的道理和原則。

相對的，古代的「術」，乃是比較小的路，《說文解字》曰：「術，邑中道也，邑大於里，故術大於巷。」由於「術」是比較小的路，因而後來由它延伸出來的也都是比較不那麼基本的原則，如「技術」、「算術」、「道術」、「權術」等。

而有了「道路想像」，走在道路上的行爲，當然也就一併被納入了這種想像中，好的行爲是「景行」、「大行」，不好的是「細行」、「猥行」、「邪行」。「品行」、「德行」皆從「行」，即是「道路想像」的延伸，白居易的詩句：「行路難，不在水，不在山，祇在人心反復間。」將「心」和「行」連結到了一起，可以說即是這種「道路想像」被價值化的最佳注解。

因而漢語中的「道路想像」裡，大的「道」與「路」被用來指大原則，小的「術」則用來指小原則，更小的巷、弄、徑，當然就被歸到不入流的行爲中了，「君子行不由徑」、「不曲行」皆爲此方面的延伸。而「步」當然也在這種道路及行走於道路的想像中。

根據古代的定義，走路時祇跨出一隻腳的步幅稱爲「跬」，兩腳各跨一次才稱爲「步」，這和人們今天所做的定義並不相同，今天所謂的「步」，祇能算以前的「跬」，即「半步」，由於「步」是「行」的最低單位，因而古人遂曰：「故天子，一跬步，皆關民命，不可忽也。」

因此「步」是重要的，它是「行」這個動作的開始，正人君子在舉手投足之間皆應愼重，這並非表示拘謹，而是強調要「愼始」。而在「步」的價值化述詞裡，閩方言的「步術」、「撇步」、「垃圾步」、「臭步」，可能最爲生動有趣。

所謂的「步術」，指的是人們做事的手段。在「步術」裡，手段的方式決定了它的正當與否。

在「撇」的方面，這個字有多重意義，但主要是指一種斜向的動作，例如人們寫字時，總是必須一直一橫一撇一點慢慢地寫，始成其爲字。因而當人連一撇都寫不來，「沒半撇」當然就等於「沒本領」。由於「撇」是一種斜向動作，因而當人們把水面上的浮渣斜向地刮去，即稱「撇去」和「撇除」；當人們在做事時有另一件更重要的待辦事情發生，就會把原來的事暫時放到旁邊，這是「撇開」；當人在走路，突然多出一條捷徑，就會離開原來的路而走小路，這是「撇離」，西南官話會說「由大路撇到小路」。「撇」因而是一種偏離，一種權益的選擇。它不是那麼正派。因而「撇步」就像是捨大路而走小路，它缺乏堂堂正正的格局，而是小鼻子、小眼睛地要小伎倆。它和「垃圾步」倒是近親，但「垃圾步」由於差勁得一眼就被看穿，因而就狡猾程度而言，還是「撇步」大過「垃圾步」。至於「臭步」，那是蠢人的「步術」，形同青少年所謂的「餿主意」，也是「爛招」，不值得注意。

美國當今 perp walk 這個新詞盛行，和我們的「撇步」太多一樣，都顯示出現在的人太過聰明，但卻把聰明用到了「計算」上！

## ◎炮製：一切假的都可以製造出來

語言的設定與使用，經常都起源於想像。在有些情況下，人們會發現到儘管時代有別，文化有異，但人們的想像卻驚人地相同。

今年以來，美國陸續發生許多公司造假帳的醜聞；美國政府爲了合理化它的企圖入侵伊拉克，而拚命捏造事實。「僞造會計帳」（cook the accounts）和「捏造事實」（cook up reports），都是使用「烹飪」（cook）這個意象與動作，這和中國人說造假爲「炮製」，可以說是完全的如出一轍。中西造字造詞的想像力竟然這麼相同，怎不令人驚奇。

首先就漢文化裡的「炮製」而論。所謂的「炮」，它所指的，乃是肉類帶著皮毛而去燒烤的原始烹飪方法。《詩經．小雅》曰：「有兔斯首，炮之燔之。」它的注疏是「合毛而炮之」。而《說文解字》亦曰「炮」爲「毛炙肉」，意思是說帶著毛的肉被燒烤食用。

因此，「炮」是漢文明進入熟食階段後的烹飪方法之一。根據《韓非子．內儲說下》，我們知道當時的飲食主管人員裡，即有一種「炮人」，司掌肉類的燒炙。而《周禮．天官》也記載，當時所謂的「八珍」裡，「炮豚」即占其一，大概相當於我們今天的「烤乳豚」。「炮」與「炙」

相同，都是肉類直接就火而烤。唐代李白有詩〈秋獵孟渚夜歸置酒單父東樓〉，可以讓人想像打獵回來炮炙獵物之情況：

一掃四野空，喧呼鞍馬前；

歸來獻所獲，炮炙宜霜天。

至於我們今日所謂的「炮製」，則有著另外一個複雜的故事。它和魏晉南北朝時業已相當發達的煉丹製藥技術有著密切的關係。

我們都知道古代中國自東漢之後，由於受到陰陽五行和道教方術等的影響，對於金屬礦物、化石、動植物的物理化學特性等的研究日興，並衍生出化學前身的煉丹術和製藥方法。魏晉之後，人們已知道中藥必須加工製造，俾消除它原有的毒性和副作用，以及藉著藥物間的相互作用而擴大療效。所謂的「炮製」（「炮制」），乃是藉著火「炮」，而使各種草木藥物的副作用能被消除（即「制伏」）之意。因而「制」等於是改造藥物原有的性質，形同今日的「加工製造」。

古代第一本中醫製藥專門著作，乃是南北朝時劉宋朝代（西元四二〇至四七七年）外號「雷公」的雷斅所著之《雷公炮炙論》。由其中所述製作有毒植物「烏頭」一節，可以知道中藥「炮」而「制」之的道理：

「凡使烏頭，宜文武火中炮，令皺折劈破用。若用附子，須底平有九角如鐵色，一個重一兩，氣全勿用雜木火，祇以柳木炭中炮，令皺折以刀刮去上孕子，並去底尖，埋土取出暴干用。

若限制者去皮尖、薄切，以東流水並黑豆浸五日夜，酒暴用。」

因此，我們今日所謂的「炮製」，始於古代中藥「炮而制之」的道理，今天把成藥稱為「制劑」，也同樣由此而產生。宋代陸游〈夢有餉地黃者味甘如蜜戲作數語記之〉詩曰：

有客餉珍草，發奩驚絕奇；
正爾取嚼乾，炮製不暇施。

由此詩已可看出，以前中藥製造，至少到了宋代已被稱為「炮製」。《元典章．吏部六》裡亦曰：「其性大熱有毒，依方炮製，可以入藥。」

但值得注意的，乃是古代製藥的「炮製」，到了清代之後，它的意義日益往負面的方向發展，到了今天，「炮製」在用法上已和「編造」、「假造」、「捏造」等畫上等號關係了，例如我們在口語上即可以說：「這整件事情都是他一手炮製出來的。」「這些謊話都是他關在家裡炮製出來的。」等等。

「炮製」的意義往負面方向發展，經常還以訛傳訛，錯久了就變成對的另一寫法乃是「泡製」，這可能和清代白話小說有關。

例如清初小說《兒女英雄傳》第五回，寫主角安公子為了營救父親，身上帶著許多銀兩上路，有兩個驛夫心懷不軌，一個叫白臉兒狼，一個叫傻狗。他們本來準備在路邊找個僻靜之處下手，但因故被拖延了下來，必須先行住宿，明日再下手，因而白臉兒狼遂想道：「索性今晚在廟裡住下，等明日早走，依舊如法泡製。」

在這裡，「如法泡製」是說「照本來的奸計行事」。

再例如，《官場現形記》第三十回，寫個名叫「冒得官」的官場混混，在一個統領下面當跑腿的營官，有高人指點他必須走門路，侍候姨太太，搞內線，才有可能搞到肥缺，於是他遂「牢記在心，後來如法泡製」。在這裡，「如法泡製」指的是「照別人的指使辦事」。

綜上所述，或許我們可以說，「炮」是古代用火直接烤東西的烹飪方式，它和「炰」、「爊」、「缹」等意義相同，但寫法不同。由「炮」而演變出中藥製藥技術的「炮制」和「炮製」，而後其意義逐漸往負面移動，而與「編造」、「假造」等同義。

古代漢語經過很長的發展，由烹飪的「炮」延伸出「編造」和「假造」等方面的含義。而在英文裡則簡單多了。大約在十六世紀，就已由古拉丁字「烹飪」（coquere）延伸出「混合」、「捏造」、「造假」（concoquere）這個字，它即是今日「捏造」（concoct）這個字的前身。由於十六世紀「造假」、「捏造」這個字已和「烹飪」的「加工製造」意象掛鉤，因而從十七世紀初開始，甚至讓「烹飪」（cook）這個字本身，即賦予它「僞造」、「造假」等方面的附帶意義。

因而《牛津英語辭典》指出，「烹飪」（cook）這個字在十七世紀初中葉間，即具有「偷偷摸摸的造假，以達到所欲目的」之意。具有「造假」意義的這個「烹飪」字，也就因此而成了常用字。當人們說 What is cooking? 這並不是在問「你做了什麼菜?」而是「你在搞些什麼?」

（What is happening?）或「你在陰謀計畫些什麼?」（What is being planned?）。

由於「造假」、「捏造」和「烹飪」同義，炒作假數字和假證據如同炒菜一樣，使得「烹飪」這個字非常好用。諾貝爾文學獎得主高汀（W. Golding）即如此寫道：「雖然我不認爲此事有合乎科學的解釋，但或許你可以 cook one up。」

cook 這個字在過去一年裡頻頻出現於英語媒體上，被用來說美國公司的僞造帳冊案，也用以說明美國爲了合理化對伊拉克之攻擊而假造證據。它毫無疑問地已可當選「年度字眼」無疑。而最被常用的是這幾種說法：

cooking the accounts，指「假造會計帳」。

cooking the books，指「僞造帳冊」。

cooked-up，直接指「捏造」。

cooking these facts，指「僞造事實」。

在已到了二十一世紀的此刻，無論「炮製」和 cook 都告大行。有的地方在努力地爲異己「炮製罪名」，帽子亂飛；而有些國家則又拚命在用彷彿烹飪一樣的方法，在烹飪著各種數字和證據，這都是假勝過了眞，它也意味著人類的政治其實正走在倒退的路上。而當一切的假都可以像炒菜一樣的製造出來，或許讓餐館掌廚師傅來搞政治反倒更好一些吧！

# 朝鮮：英譯一錯幾百年

前幾年，好萊塢出了一部由美國著名大眾小說作家邁可・克萊奇頓（Michael Critchton）同名作品改編，由史恩康納萊，以及衛斯里・史耐普聯合主演的 The Rising Sun，台灣將它想當然地譯爲「旭日東昇」。這當然是不對的翻譯。

因爲，近代人在談論別國事務時，經常會根據譬喻之習慣，而以固定之譬喻來談論某些國家。日本在隋代大業三年（紀元六〇七年），曾派遣小野妹子出使，到任國書上有「日出處天子致書日沒處天子」之句。這個句子乃是後來日本國的國名起源，也是西方稱日本爲 The Land of The Rising Sun 的出處，並因而將 The Rising Sun 用來簡喻日本，因此，「旭日東昇」這部描述一九八〇年代日本在泡沫經濟鼓動下，到美國大舉投資，嚴重惡形惡狀之事層出不窮的電影，它用 The Rising Sun 這個名字，乃是一種反諷，更準確一點的翻譯，或許應當是「日本佬」！

由 The Rising Sun 這個簡喻日本的字詞，就讓人想到最近在國際社會上極受重視的北韓問題了。北韓問題和伊拉克問題，乃是當今最重大的兩個問題。南韓自稱「大韓民國」，北韓自稱「朝鮮民主主義人民共和國」，但這卻產生一系列讓人覺得迷惑的英語稱呼：

（一）南韓自稱「大韓民國」，英語則是 Republic of Korea；北韓自稱「朝鮮民主主義人民共和國」，英語則被稱 Democratic People's Republic of Korea，在這裡，Korea 和「韓」、「朝鮮」等到底有何關係？一個國家的名稱在被譯爲英語時，爲何如此地不一致？

（二）近年來，西方媒體在談到北韓時，經常都會稱之爲「隱士王國」（The Hermit Kingdom），這個稱呼又是由何而來？

而要回答上述問題，則可能必須先行回溯漫長而又複雜的朝鮮半島簡要之歷史。根據中國及朝鮮的古籍記載，以及近代考古學的發現，我們已知道在上古時期，從中國東北到朝鮮海峽之間，乃是一個多種族的地帶。除了漢人、扶餘人、沃沮人、濊族、貊族、豆莫婁人之外，朝鮮半島的南半部則以韓族爲多，這些種族的活動可以遠溯到紀元前五千年之前的舊石器時代。但因古代中國的發展相對較早，因而在近代之前有相當長的時間，朝鮮半島的北部都在中國的影響範圍之內。因而到了今天，除了朝鮮半島之外，朝鮮人在中國東北的吉林、黑龍江、遼寧、內蒙自治區、河北，以及北京等地的，還有差不多二百萬人，乃是中國主要少數民族之一。

關於朝鮮半島古代建國問題，流傳著兩種神話，它都見諸古籍之中。一是《三國遺事》、《帝王韻記》、《東國李相國集》等書所謂的「壇君神話」；一是《史記》與《後漢書》裡所謂的「周代封箕子於朝鮮」的神話。根據中國古籍的記載，大約距今三千年前，商代紂王的近親箕子，即在周武王滅紂後，被封於朝鮮。當時朝鮮北部主要爲濊族與貊族，他們是游牧與游獵的部落，箕子教之「以禮儀田蠶，又制八條之教」；而在朝鮮半島的南部則仍爲韓族的部落時代。東邊爲「辰韓」、西邊「馬韓」、南邊爲「弁韓」，合稱「三韓」。我們今日所謂的「朝鮮」及「韓」，均首見於《後漢書》等古籍之記載。而《東國輿地勝覽》則曰：「朝鮮國在東方，先受朝日之光鮮，故名朝鮮。」

根據「武王封箕子於朝鮮」之說延伸，箕子後代在古朝鮮四十餘代之後，由於中國適值秦漢交替、天下大亂之際，燕人衛滿率眾千餘人東渡浿水（即今鴨綠江），根據《三國志》所記，衛滿到了古朝鮮後，即劫奪了當時的淮王政權，定都王險（即今平壤），淮王則往南逃，投奔今日南韓西邊的「馬韓」部落，時在紀元前一九五年。由「古朝鮮」到「衛滿朝鮮」，它指的都是朝鮮半島的北方政權。

不過，衛滿這個外來政權到了他的孫子右渠時暴虐無道，原住民濊族首領門閭遂率眾二十八萬逃亡到中國的遼東，這在當時乃是罕見的民族大遷徙，於是漢武帝遂派兵滅了「衛滿朝鮮」，分置樂浪、臨屯、玄菟、眞番四郡，朝鮮半島的西北到平壤一帶，成了中國的領土。不過，漢代統治朝鮮北部並不順利，到了漢昭帝始元五年（紀元前八十二年）。遂「罷臨屯、眞番，以併樂浪、玄菟。玄菟復徙居句麗」。

朝鮮半島的北方雖在中國的影響範圍之內，但中部以南的朝鮮半島原住民，即所謂的「三韓」，卻在紀元前三世紀逐漸統一成了一個「古代辰國」，但辰國在中國東漢時分裂，馬韓地區

（即今日漢江下游）成爲百濟國；辰韓地區（即今南韓東部慶州和洛東江下游）成爲新羅國，原來的辰國遷到今日全羅北道益山地區，但被百濟國所兼併。於是，朝鮮地區中南部由東而中而西，成了新羅、高句麗、百濟「三國鼎立」的局面。但百濟國於紀元六六〇年被新羅國所滅，高句麗則於六六八年被新羅所併。但到了九世紀後半，新羅國又告分裂，成爲百濟、泰封、新羅的「後三國時代」，但紀元九一八年泰封國的武將王建竄起，政變成功，改名「高麗」，紀元九三六年將「後三國時代」再告統一，即所謂「王建高麗時期」，它維繫了大約五百年。到了十四世紀又告內亂，一三九二年李成桂又告崛起，進入「李氏朝鮮時代」，這個李氏王朝一直延續到一九一〇年被日本併吞爲止。它最後一個君王高宗李熙少年登基（在位時間爲一八六三年至一九一〇年），由於內憂外患，一度由其父大院君攝政，力行君主專制，實行閉關鎖國政策，曾先後於一八六六年和一八七一年擊退法艦和美艦的入侵，但因大院君造成人民負擔過重，在指責下於一八七三年停止攝政。李熙本人於一八九七年改國名「朝鮮」爲「大韓」，但不旋踵即被日本併吞，「大韓」滅亡。到了一九四八年，始又出現「大韓民國」及「朝鮮民主主義人民共和國」。

綜合朝鮮半島國家名號演變的簡史，我們可以歸納出下列幾個要點：

其一，乃是今日的南北韓，雙邊其實是有極大差異的，北韓方面的種族及文化複雜度大於南韓。北韓所謂的「高句麗」，乃是一個多重混合的「民族」，而非「種族」，它與後來一度出現的國名「高麗」並不相同。由於北韓乃是古朝鮮國的起源，而朝鮮半島中南部則以韓族爲主，這種差別乃是一九四八年它們分別以「韓」與「朝鮮」定爲國名的原因。

其二，朝鮮半島居於中國東北和日本之間。北韓受中國影響至深，而南韓極南的伽倻地區，由於隔著對馬海峽而與日本相望，因而這個地區一度曾極受日本影響，但這種影響已因後來的日本殖民統治及反日情緒而告瓦解。

接下來，我們可能已需根據上述的理解，而來省視西方世界對朝鮮半島的理解及稱號的起源了。

西方世界對朝鮮半島之相遇，最早始於一六五三年，一艘荷蘭船「鷂鷹號」（sperwer，英語則稱爲 sparrowhawk）在赴日本的途中發生海難，它的船員在朝鮮半島被捕，其中一名船員哈梅爾（Hendrick Hamel）在被囚十三年之後獲釋，然後再到日本。他後來在著作中敘述遭遇時說道：「那個國家，我們稱之爲 Korea，他們自稱 Chosn Kuk。」

哈梅爾的紀錄，顯然是有差錯的。十七世紀的朝鮮半島，乃是「李氏朝鮮王朝」的時代，因而他所謂「他們自稱 Chosn Kuk」，乃是事實，Chosn Kuk 乃是「朝鮮國」之譯名，但對外在世界如日本等，或許由於受制於「王建高麗時代」長達五百年的記憶和習慣，卻仍稱之爲「高麗」，因而他所謂的 Korea，其實乃是「高麗」之音譯。而這種情況其實也不是例外，就以中國東北人而言，縱使到了今天，在說到大陸的朝鮮族以及南北韓人的時候，不仍然稱之爲「高麗棒子」嗎?也正因爲這樣的錯誤，到了今天，儘管南韓已自稱「大韓民國」，但它國名的「韓」，卻不出現在英語或任何西方語言中；北韓自稱「朝鮮民主主義人民共和國」，但「朝鮮」也同樣被「高麗」（Korea）所替代。國家名號在翻譯時如此不相稱，朝鮮半島的經驗可謂舉世再也沒有第二個的特例。而大概很少人知道，這一切都起源於那個荷蘭水手哈梅爾的第一次錯誤，因而也就一錯幾百年！

對此，美國《中央情報局世界國情簡介》（The CIA World Fact Book）裡倒是敘述得很明白：

「北韓一般用『朝鮮』（Choson）來說他們的國家，而南韓則用『韓國』（Han'guk）來說他們的國家。」

有關朝鮮半島的各種歷史名詞，由於上述錯誤，其他方面被統一的程度其實也相當地低，關於「朝鮮」，即有 Choson、Chosen、Chosn 等譯法，而北韓官方的譯法則是 Chosun；除此之外，有些譯名我們也不能不知道，如「高句麗」被譯爲 Koguryo，「高麗」被譯爲 Koryo、Koryeo；「新羅國」被譯爲 Silla、Sila；「百濟」被譯爲 Paekche 等。

除了韓國被譯爲 Korea 外，十九世紀的美國甚至還出現 Corea 的譯法。一八八一年，美國人格雷費斯（William Elliott Griffis）曾著有《高麗：隱士王國》（Corea: The Hermit Kingdom）一書。當時美艦一度要入侵朝鮮半島，但被大院君擊退，當時李氏朝鮮王朝採取閉關鎖國政策，俾對抗帝國主義之入侵，因而格雷費斯遂以「隱士王國」稱之。由於他發明了這個譬喻式的稱號，因而到了今天，美國在說到北韓時，經常都會用「隱士國」（Hermit Nation）稱之，這也是反諷修辭，用來指北韓自己躲起來，不理睬別國的自閉。

相對而言，對朝鮮半島的譬喻裡，祇有一個是正面的。那就是一八八六年波士頓人羅威爾（Percival Lowell）所著的《朝鮮：朝靜之國》（Choson: The Land of the Morning Calm）。這個作者大概知道一點「朝鮮」在命名之初，有「國在東方，先受朝日之光鮮，故名朝鮮」的典故，祇是把「朝鮮」的這層意義翻譯成 Morning Calm，說成「早上的安穩平靜」，顯然又是一種「在懂得中有不懂得」之錯誤。但換個角度看，朝鮮半島在近代飽受欺凌，怎麼算是「平靜之地」？稱之爲 Morning Calm，或許可以用來嘲諷讓它不平靜的美國吧！

在這麼混沌的時代，

人們怎能不對語言格外用心，

並去注意語言鏡子後面所照出的黑暗心靈呢？

# 第二卷：語言是心靈的鏡子

# 說謊乃是生命之必需？

美國在雷根時代出了個政治大丑，他就是副總統奎爾（Dan Quayle）。他雖然長得還像個人樣，也出身名校，但卻是個超級大草包，祇要他一開口，白宮上上下下就一定提心吊膽，而他也果然不辜負大家的「善意」期待，一定會捅出婁子來。

由於奎爾一開口，必然捅出紕漏，因而遂出現一個獨特的英文單字Dandaid，由奎爾的名字加「幫助」（Aid）而成，意思是「語言消毒」。

除了「語言消毒」這個字外，英語裡還有一個字叫「出醜」（Gaffe），日前《華盛頓郵報》就寫了一篇社論〈財長歐尼爾出醜〉。原因是最近這段期間，美國財長歐尼爾已多次亂講話，不但巴西、國際貨幣基金等被弄得火冒三丈，白宮也被搞得氣急敗壞，忙著替他遮蓋。歐尼爾自大兼無知，使得《華盛頓郵報》乾脆用社論叫他滾蛋，那篇擲地有聲的社論裡有這樣的結尾：「歐尼爾曾經說過，他對沒有人關心他所做的事覺得驚訝，如果他不介意滾蛋，相信他的驚訝就會結束。」用這麼尖利但雅致的句子要一個大官滾蛋，這家大報的社論執筆者，其刀筆工夫確屬一流。

美國有「語言消毒」和「出醜」這兩個字以及相關的政客語言現象，而就在最近，我們則有陳師孟的「奎爾化」，以及陳水扁因爲「一邊一國」而引發的風波，這兩陳講出話後，由於都惹出了軒然大波，因而迫使大大小小的官員都要把話「硬拗」回來，「硬拗」乃是公公開開的說謊，也是公公開開的「出醜」。過去這幾年，台灣的說謊和硬拗不斷，西方媒體已有「中文式的修辭術」（Chinese Rhetoric）這個新的專有名詞，它是個負面意義的新辭，如果比較準確的翻譯，它應當是「中國式的胡說八道」，它是不斷的說謊和不斷的胡扯蠻纏所構成。根據當代語言學大師——「語言生成學派」創始人杭士基（Noam Chomsky）說法，人們的說謊和說眞話乃同時開始的，「謊話」起源於「說錯」。

其他「謊言」的研究已多，大體而言，從柏拉圖「對高貴的說謊」合法化後，儘管在某些高度道德的時代，把「說謊」視爲罪惡，但多數的時候人們對說謊——尤其那些諸如阿諛奉承、刻意掩飾對大家都沒有好處的訊息等，已增大了接受性與容忍度。因而尼采遂說道：「說謊乃生命之必需。」「說謊是存在的可怕性與可能性之特色的一部分。」

因此，對於「說謊」，現在的人大概已很難再用聖奧古斯丁那種嚴格完美主義的標準來看待——他認爲一切的說謊皆屬「道德犯罪」。但儘管如此，人們對「說謊」，仍然會像多年前暢銷書《北與南》裡所說的：「我可以容忍小錯，不能接受大罪。」

可是，人類的歷史從來即不清明，人類的理性也由古至今都充斥著盲點，因而「謊言」這種在歷史和理性盲區寄棲的東西，遂一直不缺乏可以成長茁壯的營養。

例如，左右兩種政治極端主義，就一向是「謊言」的最佳操縱者。他們會「硬拗」歷史，來蠱惑陷落在歷史困境中的人們，從而煽起絕望者的激情。政治極端主義下愈受到歡呼的領袖，通常也都是愈大號的「大說謊家」。如果人們還有興趣重讀希特勒的《我的奮鬥》，當可發現它整本書都在說謊，而那種說謊書卻能煽起全體德國人的狂情，它其實已預卜了後來的結局。

例如，在現在這個時代，由於眾聲喧譁，是與非經常以簡化的狀態被放在同一天平上來衡量，因而「謊」與「眞」也就被攪和到了一起，最後即取決於「表演」，它使得善於作秀的「大說謊家」，有了更多去「硬拗」的機會。昔日的美國「伊朗——尼游醜聞案」，那是一起嚴重違法違憲的案件，但主要當事者諾斯上校（Cel Cliver North）卻依憑他絕世的「胡說八道否認」（Plausible deniability），硬把自己這個「犯罪者」拗成了「愛國者」。美國評論者布萊德利（Ben Bradlee, Jnr）即對這種「大說謊家」時代的到來至爲感慨。由這種情況，不也同樣印證了台灣稍早前國安局醜聞時的「硬拗」，以至於連「犯罪」都可以在「愛台灣」下被原諒嗎？

例如，二十世紀初美國主要評論家孟肯（H. L. Mencken）即指出，在現在這個時代，由於人間條件的日益被規訓化，使得人們的慾望主體更難得到率性而爲的滿足。於是，替自己用謊言營造出一個自以爲是的國度，然後把頭埋進去，遂成了許多人的一種存在方式，其中的極端者還和歇斯底里、神經衰弱等身心症相連，這是病理式的狀態，既是個體志，但也經常是群體志的說謊。大家在說謊中集體亢奮，而後得到刹那間高潮式的滿足，然後再等到下一次用更大的亢奮式說謊來進行這樣的儀式。孟肯用這樣的觀點看說謊，就讓人想到台灣的某些政治變貌。

另外，還有一種「特權說謊家」（privileged liar），多年前，羅馬尼亞前獨裁者塞奧斯古（Nicolae Ceausescu）過七十歲生日，他宣稱收到英女王以及西班牙、瑞典等國國王的賀電。他當然是在說謊，但這種謊，羅馬尼亞人民不會知道，其他國家也不一定會無聊到於事後否認。這是「大說謊家」另一種自我吹噓式的說謊和欺騙。當台灣某人說：「我們和美國好得不得了。」這時候就讓人想到塞奧斯古的影像。

因此，對於「說謊」，我們其實已很難再說些什麼了。人類使用語言以表意、記錄和溝通，但儘管人們如此仰賴語言，語言在寄託著理性的同時，它那種不完全、不能充分對應的孔隙裡，也的確有著眾多可以讓偏見、仇恨、貪慾、激情等寄生的空間。語言的信息包容量不夠，也使得許多因果複雜的問題，無法被簡單的表述清楚。於是，如何操弄語言，把「敵意」硬拗成「善意」；把複雜的問題硬拗成口號式的選擇題，而衹讓人選他已設定答案的那一個；以及今天如此說，說了又可以硬拗成沒有說，但過了幾天卻保證必定會再說，這些都是「說謊」，但「大說謊家」們卻肯定不會因此而付出任何代價，代價衹會在當說謊已溢出了歷史的堤岸時，才會由那些爲說謊曾鼓過掌的人集體支付。

因此，在古代曾被認爲是「道德之罪」的說謊，在現在這個時代其實是很有用的，「大說謊家」們可以藉著反覆的「挑釁——說謊——退回——再挑釁」，而從事群眾的動員，以及收割動員的成果。當一個社會可以把「說謊」及「出醜」轉化成政治資本，而不會因爲「說謊」及「出醜」而有所失去，則謊言也將會一直繼續下去。

因此，自從二陳發表談話後，接下來的幾天，全台灣的報紙都在「硬拗」中成了說謊的共犯報。在這個「說謊」已成了政治常態的時候，就讓人想到美國元勳之一的傑弗遜（Thomas Jefferson）的這段話：

「從未看過報紙的人，反而會比看報的人知道得更多。他什麼都不知道的結果，反而使他比那些塞滿虛假及錯誤訊息者更接近眞理。」

台灣「說謊」當道。昨天說過的話，今天會否認；再也明顯不過的話，會被說成是「別人解讀錯了」。這是舉世最獨特的政治學——政治已變成了反反覆覆的語言學，而除了語言學之外，還剩下的就祇有選舉了。這是政治被簡化成祇有嘴巴和權力。至於國計民生當然「管他娘」！

英國《經濟學人》雜誌早年曾有過社論談政治說謊。文章中指出，說謊者已變亂了人間的約定，祇剩下虛僞、漂亮的、不誠實的辭藻，說謊者不會有正直的人格。這點或許是早已習慣於說謊的台灣，必須自我警覺的地方！

# 全世界都在玩說謊語言學？

據我們所知
據我們已知的所知
有些事我們知道自己是知道的
我們同時也知道
據我們已知的不知道
這件事人們認為
我們知道這裡有些什麼
我們並不知道
但有些不知道的不知道
那件事我們不知道我們知道。

上面這首像繞口令的打油詩，出自希利（Hart Seely）之手，他現在是美國《雪城標準郵報》

（Syracuse Post-Standard）的記者。這些讀起來會讓人一頭霧水，甚至還會為之抓狂的句子，都不是希利自己瞎掰的，而是出自美國國防部長倫斯斐的正式發言文件。他把倫斯斐那些妙不可言的句子，一一蒐集，寫成《金句選：倫斯斐的存在詩學》。在希利的見解裡，像倫斯斐這麼有語言才華的人，搞政治實在埋沒才華，他實在應該去當詩人才對。

希利會用這種明目張膽的諷刺方式來針對國防部長倫斯斐，一點也不讓人覺得意外。倫斯斐乃是美國的極右派，極端好戰。在美國入侵伊拉克的「炮製假情報」（Cooking Intelligence）上，扮演著極為關鍵的角色。但因這些被炮製的假情報和假理由，每次一被公布宣揚，立即受到質疑，於是一種獨特的「倫斯斐語言學」遂告出現。他老兄每次召開記者會，都在玩弄「知道」（know）這個字的語言遊戲，主動式、被動式、主動的被動式、被動的被動式、否定式、雙重否定式……各式各樣的花招無不出盡。有次在一個記者會上大談特談「伊拉克擁有核武器」，記者追問「你怎麼知道？」他的答覆是「我就是知道」，「那件事我們不知道我們知道」。話繞來繞去，總而言之就是一句話，不管伊拉克有沒有大規模毀滅性的核生化武器，反正他「知道」有就是了，而以前之「不知道」乃是「不知道我們知道」。

除了在「知道」這個字上大玩特玩語言魔術遊戲外，倫斯斐在「否認」問題上也極具本領。入侵伊拉克之戰初期，美國軍機老出狀況，甚至還發生多起自己人殺到自己人，被稱為「友誼性的殺」（Friendly kill）之事。他老兄的答覆句型也有打油詩：

報導並不都總是正確的
想想我們的B52轟炸機
它不是還飛得很棒嗎，謝謝
呃，我以爲，嗯。……謝謝。

因此，「倫斯斐語言學」是值得注意的新型態語言詐欺現象。這種詐欺現象，台灣的人應當非常熟悉，那就是所謂的「硬拗」與在字眼上「胡扯」，要把沒理拗成有理，把虛構拗成事實，也把事實藉著閃避而使它變得不重要。而無論「硬拗」或「胡扯」都是詐欺和說謊，因爲它說的都不是最簡單的事實，而是掩蓋事實的花招。

前代英國主要評論家米諾格（K. R. Minoque）早就說過：「任何體制的適當運作裡，大量的欺騙乃是一種本質。」正因深刻地理解到欺騙的本質性，因而過去英國傑出的媒體評論家伯納·列文（Bernard Levin）遂非常用心地做一件事，就是廣泛建立起政客的講話檔案。他指出，政客的說謊是一種本質，也是一種習慣，但說謊欺騙卻也有它自我顛覆的致命性。那就是把他們所說的話全部兜起來，或者即可清楚看出它說謊欺騙的邏輯，或者即可看出其以大謊掩蓋小謊，以更大謊來掩蓋大謊，最後是謊言會到扯不下去的困境。正因伯納·列文懂得從政客話語裡找謊言，因而英國新聞界曾有過一個傳言，那就是許多場合祇要他在座，那些當大官的講起話來就會不自覺的舌頭打結。一個傑出的媒體評論工作者當他有良心，肯做功課，對大官居然可以發揮如此巨大的威嚇作用，這在媒體史上可眞是從未之見。

而《雪城標準郵報》的希利，他今天所做的事，其實也就是伯納・列文過去曾做的事。他不相信政客高貴的誠實性，又很懂得「在媒體連篇累牘報導中讀者不會注意的地方」去找政客高官的話語，由話語裡去重建政客高官的眞實面目。於是，善於語言詐欺魔術的倫斯斐，他那種「倫斯斐語言學」的眞相遂被揭露，人們也更加理解到，當倫斯斐斬釘截鐵地說「我們就是知道」時，他其實就是在說謊欺騙。

保羅・克魯曼教授（Paul Krugman）過去是麻省理工學院教授，現在高升到了普林斯頓大學高級研究院。有些經濟學家認爲以他的才華與成就，早晚必可獲諾貝爾經濟學獎，但由他最新的行爲卻可看出，他顯然已和諾貝爾獎愈行愈遠，原因即在於他看到美國當今極右派政府的謊言政治愈搞愈厲害，因而將他愈來愈多的時間用來抨擊這種說謊政治，最近他即已連續撰文，指控這種說謊政治已經到了「無法無天」（Outrageous）的程度。

自從布希政府上台，美國極右派分掌要津，一個政商勾結，爲達目的而不擇手段的說謊時代即告正式開始，倫斯斐的語言詐欺祇不過是高層政治欺騙的一種而已，更多的欺騙已多得不可勝數：

在產業界方面，從稍早的恩隆案、世界通訊案、安達信會計公司案，一直到最近的瑪莎・史都華案，在在顯示出爲了金錢而詐欺是多麼無所不用其極的在展開著。尤其是瑪莎・史都華案最讓普通美國人覺得驚愕，因爲她的生活風格連鎖公司一向以形象取勝，而今連「形象教母」都告破產，那麼還有什麼是值得信賴的？而在高層政治上，布希上台後除了高層的股利金錢等問題糾纏不清外，入侵伊拉克的說謊問題更是一直未曾間斷。而今美軍占領伊拉克已將近九十天，它大舉出動一千四百個所謂專家搜尋的結果，對它所「知道」的大規模毀滅性武器仍毫無蹤影，一直宣稱伊拉克並無這種武器而被美國不斷抹黑的聯合國首席武檢代表布里克斯博士（Hans Blix）最近任滿離職，由其副手白瑞柯斯（Dinitri Perricos）接替。布里克斯在離職前特別接受了英國《衛報》訪問，用了「畜生們」（Bastards）這個兇猛的字抨擊美國。他指出在這個問題上美國已完全失去了信用，縱使將來美國專家宣稱「找到」大規模毀滅性武器，世人也將認爲那是栽贓。除了布里克斯對美國的抹黑說謊用了難聽的「畜生們」這個字之外，最近美國普伊研究中心對全球四十四國做了民調，也發現美國的形象及被相信的程度已達到歷史上的最低點，許多國家都認爲布希政府已成了世界最大的威脅。而協同造假說謊的英國首相布萊爾，最近在英國的民調裡，被信任度也告下降。

因此，誠如保羅．克魯曼教授所說，入侵伊拉克之戰還未結束，它的「眞相之旅」才剛開始，最近，布希今年初在〈國情咨文〉報告裡信誓旦旦宣稱伊拉克自西非小國尼日購買鈾原料，這乃是他入侵伊拉克最後拗出來的理由。最近已被發現這純屬揑造的謊言，美國民主黨裡的若干要人包括愛荷華州長威沙克（Tom Vilsack）、參議員格拉罕（Bob Graham）、黨內總統角逐者許多人，都已主張應就「布希欺騙百姓」之事展開調查，格拉罕甚至認爲這乃是一起「國際性的水門案」，意思是布希是在對美國人民及全球進行欺騙。

因此，有關政商高層的「欺騙及謊言文化」，已成了當今美國最嚴肅的課題，在一個政客高官爲達目的而不擇手段，財經大亨爲了金錢而無所不用其極的時代，整個社會當然有樣學樣地上行下效起來。最近，美國「約瑟夫遜倫理研究所」（Josephson Institute of Ethics）做了一項全美高中生的一萬二千人民調，七四％承認在過去一年的考試裡曾作弊至少一次，有三八％承認去店裡偷過東西，三七％表示將來爲了找到好工作及賺錢，說謊又有何妨。美國人普遍相信，說謊欺騙其實沒什麼大不了的，否則，「有本領就來抓我啊！」（catch me if you can）。這是二〇〇二年由電影紅星李奧納多・狄卡皮歐主演的一部電影的名字，它說的就是欺騙者的態度！

最近，由於布希在〈國情咨文〉報告裡的欺騙、「生活風格教母」瑪莎・史都華的欺騙、「倫斯斐語言學」的欺騙和硬拗，以及高中生高比例的覺得欺騙說謊也沒什麼大不了，一系列的問題爭相出現，美國的「說謊文化」已成了人們討論的焦點。前代美國政治及社會思想家密爾斯（C.Wright Mills）曾指出過，當美國隨著體制的龐大化及隱形化，加上政商勾串愈來愈嚴重，權力的運作就跟著日益不被外人知道，一種「愈有權力愈不道德」（Higher Immorality）的情況就已被注定。加州大學柏克萊分校教授賽門（David R. Simon）在《菁英偏差行爲》裡也指出，當今美國已成了一個祇管結果而不管過程的社會，於是一切都被簡化成權力和金錢。爲了金錢可以不擇手段，爲了權力也可以不擇手段，這乃是「說謊文化」的起源，炮製假證據入侵別國，祇要美國人自己死的不多，也就不會有人反對。這才是布希政府敢於無法無天說謊欺騙的原因。美國人相信「有本領就來抓我啊！」，其實不過就是布希政府這種態度的另一個版本而已，全世界愈來愈多國家也跟著美國玩欺騙說謊的遊戲，在人類文明史上說謊欺騙可以到如此張狂的程度，倒眞是從未曾有過的先例。倫斯斐的說謊語言學，也祇有在這樣的脈絡下，始可看出其原義！

# ○○○○○謊言即真理？

「世界通訊」帳目造假的弊案爆發後，美國人的經濟信心再度遭受打擊，美國股市已創下自一九七〇年以來最大的半年跌幅，而那斯達克指數則跌到五年來的新低。而美國總統布希也在該醜聞案後，連續四天發表了四次談話。

對於布希的四次談話，《紐約時報》專欄作家瑞奇（Frank Rich）發表了一篇極長的評論。他在評論中如此表示：

「布希總是在說著理所當然的話。他『非常關心』，他要『找到該負責的人』，但語言就像股市一樣，當沒有了背後的支撐，它的價值即告失去。而這乃是布希的問題，現在已過了六個月，當初他承諾『要對恩隆案做大量的調查』，但半年來，《花花公子》雜誌都至少還讓恩隆公司的多名婦女變成兔女郎，使她們有了新的工作機會，但布希政府卻對恩隆公司的男性未做出任何事情。這就像自九一一迄今，司法部雖然大張旗鼓的拘留了一千多名宣稱的嫌犯，但直到今日卻仍無法將任何一人起訴，他雖然在指控安達信會計公司上做了很多大秀，但也未將恩隆公司任何負責人或安達信的任何會計師法辦。如果布希政府能夠像以前紐約市長朱利安尼一樣，讓弊案負責人腳鐐手銬拘捕起訴，相信它對恢復人們的信心，將勝過布希總統在那裡嘮嘮叨叨的說廢話（Blather），他也一直宣稱『一切都祇是幾個人的作爲』，布希政府對於把這些人法辦，爲何竟如此散漫猶豫？」

在這篇擲地有聲的評論文章裡，瑞奇指出，布希政府本質上即是一個政商勾串、政企一家的政府。因此，布希政府本身即是這些弊案的原因之一，也正因此他遂無法將許多的犯法者究辦，但爲了安撫民心，遂祇得喋喋不休的說漂亮空話。瑞奇將布希「把語言取代行爲」的本質，做了異常坦率的揭露。

除此之外，最近這段期間，美國媒體也對雷東（John Rendon）這個人做了許多報導。雷東乃是過去十年多以來最有名的「形象設計師」或「新型態宣傳師」。他開設了一家「雷東集團」公關公司，一九八九年老布希揮軍入侵巴拿馬，推翻巴拿馬總統諾瑞加，並將諾瑞加逮捕，由美國審判，當時雷東即在巴拿馬替老布希搞宣傳。一九九一年波灣戰爭，他也在伊拉克搞宣傳，送一堆美國國旗給伊拉克人，要他們揮舞，俾合理化入侵的受到歡迎。過去多年來，祇要美國有任何入侵行爲，如入侵海地、巴爾幹，他都有份，目前有關反恐的形象包裝，也由他設計。他自稱是個「資訊戰士和知覺管理人」。而布希準備再次入侵伊拉克，雷東即再次扮演前鋒。他的公司在倫敦白金漢宮附近的凱薩琳街成立了辦公室，在那裡設置了一個對伊拉克的廣播電台。此外，這間辦公室也負責印製各種醜化沙達姆・海珊的圖片和影帶，分送到全歐；並以NGO的僞形，成立了許多個外圍組織，包括了一個稱爲「爲伊拉克爭正義聯盟」。他公司所有的費用皆由中央情報局支付。爲了避免讓員工知道他們是在間接替中情局工作，他一切都祕密從事，包括他自己去中情局洽談事情，也都選在夜晚，而與他聯繫者，乃是中情局地下活動部門的資深女幹部佛洛爾（Linda Flohr），她目前同時借調至美國國安會負責對伊拉克的反恐工作。稍早前，美國五角大廈宣稱要成立一個製造假消息的部門，結果引發美國國內國外反彈，這個製造假消息的部門，主要之合作對象即是雷東公司。

雷東公司的故事，乃是美國保守勢力近十餘年來最大的突破。保守勢力清楚的知道，現在已到了美國可以藉著它超強的傳播力，決定並操控人們知覺的時代，於是，所謂的「公關公司」、「形象管理師」等遂告興起，他們可以透過編造、剪輯、合成等各式各樣的技巧，創造虛擬的故事和圖片，左右人們的判斷，並領先即決定了人們的判斷。舉例而言，在美國入侵伊拉克之前，一九九〇年一家公關公司 Hill & Knowlton，即製造了一個著名的故事，他們找來科威特駐美大使阿爾沙巴（Sheikh al-Sabah）的女兒，讓她說出這樣的動人謊言：

「我在科威特的阿爾亞登醫院當義工，……我看到伊拉克士兵帶槍進入醫院，裡面有十五個嬰兒躺在保溫箱裡。他們把嬰兒從保溫箱裡抱出來，拿走保溫箱，讓嬰兒在寒冷地面凍死。」

這個謊言之所以動人，乃是它不祇是簡單的說伊拉克殘忍野蠻，因爲這種概念式的說法沒有故事，因而不會流傳。一旦編造出像這個一樣的小故事，它那種新穎的、而且訴諸西方人道價值的敵愾同仇情緒即被激發了出來。對這種會讓嬰兒致死的伊拉克，將它消滅，當然也就彷彿有了最高的道德理由。

布希在美國公司假帳弊案上，講盡所有好聽的「廢話」（Blather），但卻不把犯法者起訴究辦；美國中情局祕密資助「雷東公司」，以虛擬的影像和形象塑造，意圖替再次入侵伊拉克打造歐洲的民意基礎，這兩起事件儘管表面看來並不相同，但其實則一。它們共同所涉及到的，乃是當代最嚴肅的新興課題，那就是隨著媒體的壟斷或權力日益加大，「語言——眞實」、「語言——行爲」、「表象——實象」的距離也就日益拉遠。以前我們說「謊話講一百遍即成了眞理」，到了現在，則已進入了一個「所有所謂的眞理，其實都是謊話」的新階段。

近年來已有學者指出，自從一九八〇年代初開始，美國既有勢力已體會到「媒體時代」將是一個完全不同於以往的時代，於是，藉著股權收購交換，一個「產——軍——媒體」共同串聯複合的階段遂告開始。這個階段最成功的案例，即是一九九一年的波灣戰爭。它是一次被嚴密操縱的，形同按照劇本演出的戰爭電影：

在事先，它藉著公關公司的故事和影像製造，使得入侵有了完全正當化的理由。前面所列的那個醫院嬰兒的故事，即是一連串「虛構」中最突出的一個。

而在實體戰爭上，它則以絕對性的壓倒式武力，展開空中大轟炸，包括了一切可能的通訊傳輸管道，使對方無論在反擊、將受到攻擊的實情傳達出來的能力上，都被完全摧毀。在地面被完全摧毀後，陸軍地面部隊始告進入，它已沒有什麼敵人，因而主要目的乃是在於清理被轟炸過的戰場，用推土機將死人和傷兵全部掩埋。陸軍登陸後二至四天，始讓媒體工作者進入。他們已看不到戰爭殺戮的痕跡，祇有少數廢墟式的政府建築物做爲見證。

在論述與修辭上，這樣的戰爭條件，遂使得許多「戰爭意象」的新名詞成爲可能，包括「外科手術式的攻擊」、「聰明的炸彈」，一直到最新的「友好的殺傷」等。在這種論述與修辭下，戰爭的殘酷和野蠻由於已不被看見，因而人們也就以爲它不存在。而事實上，則是這種型態的戰爭已創造出了一種更新的野蠻型式——野蠻已在被掩埋和被虛構中不被察覺，當然也就不可能出現人道的關懷。

這就是所謂的「後現代戰爭」，它創造出了一種新的知覺模式和新的冷漠。以前的戰爭，記者會在第一現場替戰爭做見證，他們的見證是人道主義和反戰的起源，但「後現代戰爭」則不然，它已不再有人當見證，人們已被迫進入了一個「謊話就是眞理」的新時代。

因此，一九九一年的波灣戰爭，它的意義不祇限於戰爭，而是更具有哲學意涵的事件。媒體時代原本即已有信息被選擇性的釋放，信息被相當程度壟斷的風險，使人因而迷惑，但經過波灣戰爭，它卻將人類的問題推到另外一個極端上去了。人的主體來自人的知覺以及對知覺的反省。但由波灣戰爭我們卻可看出，人的知覺其實是早已被預先決定了的必然，當知覺已被預定，當然也就意味著人的「主體」根本已無法繼續存在，從而也就不可能出現所謂的「人道」與「良心」

等問題了。前代知識分子仍能根據自己的知覺與判斷，試著去替世界尋找不同的意義和可能性，但到了現在，人們從知覺開始就已被預先決定，這樣的反省又從何而來？二十世紀後期的哲學多半都沒有什麼實體內容，但觀念和語言遊戲的成分卻居多，原因即在於此。這也意味著以後的知識分子，其實已需要更努力的去察覺事實眞相，俾做爲決定世界意義之新起點，否則所謂的思想將沒有任何基礎可以依歸。

在這個意義上，波灣戰爭是改變歷史及人類知覺及思維模式的重大事件，也是虛構取代了眞實，而且比眞實還要眞實的開始，當謊言和眞實已不能分清，眞實即謊言，一種新的、唯權力的虛無野蠻主義遂告出現。一九九〇年代，美國政商勾結嚴重，而且毫不忌憚的任意妄爲，恩隆公司、世界通訊公司，都是在九〇年代初期藉著不斷兼併而成，說謊及造假則成了後政商菁英的例行價值的一部分。美國企業造假帳平均比例高達三分之一，這已不祇是「幾個爛蘋果在一堆好蘋果裡」，而是「一堆蘋果至少爛了三分之一」。布希面對這些問題，祇是在講漂亮的「廢話」，卻不願採取法辦的行動，希望藉語言來掩飾行動，他的行徑其實祇不過再一次反映出當今這種「眞理即謊言」的現象而已。

因此，無論從軍事、政治或商業的角度而言，此刻的美國都已出現了嚴重且深沉的危機，其共同之處即在於「眞理即謊言」和「謊言即眞理」已主宰了一切，成了新的主流價值，而這種價值又在替權力和金錢服務。而這種謊言時代，在人類歷史上乃是第一次。可惜的是，對於這麼嚴重的問題，當代美國知識分子幾乎毫無任何徹底的反省，或許這才是眞正的悲哀。

目前美國謊言當道，在國際社會依然在虛構各種假理由，而內政和經濟上亦然，繼世界通訊公司後，又有默克藥廠僞造帳目，虛構一百多億美元利潤之弊案。美國除了詭辭、權力和金錢外，還有什麼東西是眞的？

# 人說什麼話，做什麼事？

最近，伊拉克反抗游擊隊對美國占領軍的攻擊日增，布希在被問到這個問題時，答稱：「Bring'em on」它具有「放馬來啊！」「讓它來吧！」「誰怕誰！」之意。這句話，乃是以前「世界摔角聯盟」一個摔角明星 The Rock 的挑釁口頭禪。這句話因為他的大量使用而走紅，並成了新俚語。但這樣的話，由一個總統說來，當然就變得很不一樣了。一位政治民調專家左格畢（John Zogby）就說道：「如果祇是賽馬，這樣說說當然無妨，但現在卻情況完全不同，軍隊在外正處於一種容易受到傷害的情勢下，總統卻在白宮舒服的房間裡講出這樣的話。」

布希會從摔角明星的口頭禪裡，借到諸如「放馬過來」、「誰怕誰」之類的俚語，這其實並不是什麼奇怪的事。如果人們記憶猶新，當還會記得布希說過把他們從洞窟裡「用煙薰出來」（smoke'em out），以及全面追殺，「死活不拘」（dead or alive）之類。

近年來，美國的政治語言業已發生了巨大的改變，戰後以來曾長期主宰英美政治語言的「邱吉爾式語言」早已淡出。所謂的「邱吉爾式語言」，乃是一種把政治語言視為「領袖教化」的言說方式，因而語言裡不但有「美文」的特徵，必須講究用字遣辭，必須有一定的文章格局，它還講究必須在語言裡有一定的道德內涵，始足以讓人提升。而這種「邱吉爾式語言」和美國開國元勳如華盛頓、漢彌爾頓、麥迪遜、亞當斯那一代，又有著桴鼓相應的關係，本質上都是仕紳政治語言的延長。

而造成這種政治語言瓦解的，當然有許多原因，而最明顯的，乃是隨著美國一九六〇至一九七〇年代中期的社會騷亂，一種猶太教和基督教基本教義派的興起，它以「善——惡」、「上帝——撒旦」這種二分法的陰謀理論看問題，對美國社會造成極大的「皮下注射針筒式」（Hypodermic needles approach）效果。雷根時代，基本教義派的白宮槍手杜南（Anthony Dolan）替雷根準備了「邪惡帝國」（Evil Empire）和「世界末日善惡總決戰」（Armageddon）這兩個關鍵詞，即堪爲證。布希在槍手格森（Michael Gerson）捉刀下，將「邪惡帝國」擴大爲「邪惡軸心」（Axis of Evil），並照用「世界末日善惡總決戰」，這種基本教義派的影響力由此可見。最近，英國《衛報》兩名作家藍普頓（Sheldon Rampton）及史陶伯（John Stauber）聯合發表評論，即指出以對惡的恐懼爲基礎，將這種恐懼感藉著政治及文宣語言進行人們心靈的「皮下注射」，從而將其扭變爲侵略意志，即是當今的主流。難怪會由此延伸出像美國主流專欄作家安・戈爾特（Ann Coulter）這樣的主張了：

「我們對特定的恐怖分子已沒有可以浪費的時間。我們必須入侵他們的國家，殺掉他們的領袖，讓他們全部改信基督教，如同不能祇殺希特勒和他的主要軍官，我們還要地毯式轟炸，殺掉它的平民，這是戰爭！」

猶太和基督教基本教義派的語彙，主宰著今日的白宮語言和美國政治語言。另外，與其同樣重要的，則是一種起源於俗民大眾的雄猛語言，布希的「放馬過來」即是標準案例。

對此，過去有人說布希是「德州牛仔」，是「騎兵隊隊長」，這當然都沒有說錯，但卻有更深的源頭。最近，美國《基督教科學箴言報》的作家馬蘭德絲（Liz Marlamtes）對此例是做了有趣而深入的探討，值得注意。

她指出，美國政治語言開始愈來愈「講狠話」（Tough talk），其實始自美國南方。在過去長期以來，南方一直是民主黨的票倉，開明仕紳主導了南方政治，但這十餘年來，由於南方開明勢力瓦解，它已淪入共和黨之手，這乃是民主及共和黨消長的關鍵。而爲了穩住這些在美國政治版圖上極爲重要的南方州，於是，所謂的美國「新本土語言」遂告日增。所謂的「新本土」當然指的即是「新俗民」。對美國而言，它指的主要就是那種較粗直的南方俗民所使用的通俗語言。由於美國南方不像其他地方，美國東岸有極強的仕紳傳統，而西岸則因教育發達和文化鼎盛，語言和政治都較爲開明。但南方則粗礪閉塞，影響他們最大的乃是通俗文化，於是，西部電影，當今這種「終極警探」、「終結者」、「致命武器」、「不可能的任務」等「雄性語言」遂日益地成了白宮語言的風格。民主黨眾院領袖蓋哈特（Dick Gephardt）即指出布希的講話愈來愈「虛偽而充滿雄性的修辭」（phony macho rhetoric）。

因此，聖路易華盛頓大學政治修辭學專家，菲爾德教授（Wayne Fields）遂指出：「美國從詹森總統講狠話開始，二流電影的對白及腔調即走進了政治中。我們已成了一個耽溺在二流電影陳腔濫調中的國家，我們也愈來愈喜歡一切簡單的答案。」

誠如美國學者楚卡利亞（Farsed Zukaria）不久前在《世界政治學報》上的專文所述：「自從最早的十三個殖民地開始，跨過阿帕拉契山脈支線的阿利根尼山脈，並無止境地向西進軍，以奪取和掌控整個大陸，擴張主義和帝國主義本來就是美國觀念的一部分。」由於有著這種弱肉強食的擴張本質，在美國的近代大眾文化裡，從戰後約翰福特（John Ford）以約韓韋恩（John Wayne）為主角，導演出一系列騎兵隊的電影起，「擴張式的英雄」即成了美國俗民文化和語言中被「皮下注射」得最徹底的基因。這種英雄電影到了現在更盛，這些英雄們的語言皆本土、粗俗、簡單、直接，它是俗民語言，尤其是新俚語最大的來源。甚至電影演員都成了一種政治上的原型人物，例如雷根就是約翰韋恩及克林伊斯威特（Clint Eastwood）活生生的翻版，布希則是布魯斯威利、梅爾吉勃遜，以及湯姆克魯斯的再現。由於這些通俗電影是如此的影響深遠，布希的某些動作都在策士的腳本安排下，刻意地去複製電影畫面。例如，入侵伊拉克之役，布希有天清晨搭乘噴射機到林肯號航空母艦上，他走下飛機，踩上甲板，四周是各種武器在閃閃發光，旁邊是穿著新衣服的士兵。在微曦的霞光裡，他步態堅定的走過，宣布「我們已改變了歷史的潮流」，而後士兵歡呼，這個精心編造，花了一百多萬美元安排出來的畫面，即是從湯姆克魯斯的電影「Top

Gun」裡所得到的靈感。

因此，這種大眾文化的語言成了白宮的政治語言，其實乃是一種意識型態上的必然。它是一種貫串了大眾文化和領袖語言的共同元素，美國語言學教授梅卡夫（Allen Metcalf）即指出：「美國生活已日益受到通俗文化的掌控，領袖們藉此種談話，來向我們證明，他是個硬角色！」

這種本土的、通俗文化的，以及雄性的語言，已主宰了白宮語言。例如，就在不久前，布希在一月二十八日〈國情咨文〉報告裡涉嫌假造消息而被人質問，當時還未離職的發言人傅瑞雪（Ari Fleischer）就用「一群野牛」（A bunch of bull）來回答，其講話之強硬及雄性程度，完全不輸給他老闆的那句「放馬過來」！

然而，我們也不要以爲祇有白宮才搞這樣的語言。這種語言其實早已成了一種美國政治語言的公分母。舉例而言，民主黨參議員凱瑞（John Kerry）有意問鼎白宮，他最近到新罕布夏州活動，就對群眾說：「讓我們蹽落去並努力。」（We're going to have to get up off our rear ends and work.）。

另外一個總統角逐者愛德華斯參議員（John Edwards），也同樣喜歡說「放馬過來」之類的雄性本土式語言。

因此，簡單、直接、本土、俚語式的雄性語言，已成了當今白宮，甚至整個政治上的主流語言。經過一九九〇年代通俗文化的洗禮，它已更加根深柢固地被「皮下注射」到人們的心靈深處。而這種「雄性文化」的發揚光大，其實還有許多其他的參照例子，例如一九九一年的第一次波灣戰爭，在沙漠裡有一種半裝甲，像極了越野車的 Humvees 橫衝直撞，出盡鋒頭。這種車輛的雄風，透過電視畫面，使得人人心嚮往之。於是以它爲樣板的 Hummer HI 這種新「休旅越野車」（suvs）遂開始出現，一輛十萬三千美元，成了老富新富階級的最愛，在市場上它被稱「都市攻擊性豪華休旅車」，緊接著又有中型的 Hummer HZ出現。「雄風」（Macho）不但主宰了電影、白宮、政黨，甚至連人民的消費也都被左右。

因此，當布希說「放馬過來」之類的話，當我們知道近年來美國的語言及文化變遷後，其實也就很容易理解了。語言、文化、心靈，乃是一個連續體，因而人會講什麼話，也就注定會做什麼事。而會做什麼事的人，雖然也會欺騙式地包裝一下，但到了最後，他們眞正與所行能匹配的話，還是會無可避免地被說出口。反正「放馬過來」，誰怕誰啊！

# 權力語言赤裸化

最近，聯合國武檢第三次報告出爐，由於它顯示出伊拉克確實在銷毀武器之中，而且也未證實它有核子武器。這項報告當然使得反對戰爭這一方，聲勢為之大振，而堅欲一戰的布希遂放出重話曰「走著瞧」或「等著瞧」（Wait and See）。一國元首而講出這種流氓混混的語言，亦足見其抓狂之程度矣。

由語言的書寫史，我們可以知道當文字文明形成後，「書面語」很快地即凌駕了「口頭語」，而成為文字書寫的主流，而「委婉化」（Euphemize）則無疑地乃是「書面語」的特色，它必須把「口頭語」的粗魯不雅馴化，「書面語」的「委婉化」，其實也是藉著文字語言而遂行文明教化的一種方式。舉例而言，莎士比亞那個時代的英國人，他們的口語絕對不會是他戲劇裡對話的那個樣子；古代中國人們講話，也一定不會是詩詞歌賦或散文的那種模樣。縱使近代的白話文，它仍是一種「書面語」，和「口頭語」還是有些距離。

由於經過「委婉化」的「書面語」長期的主宰著人們的語言行為，在它的影響下，諸如政治，尤其是國際政治，其語言使用遂形成了一些禮儀性的套數。當自己的主張不被支持，或自己的作爲受到抨擊，儘管心中十分惱羞成怒，但也必須按捺住脾氣，頂多祇能表示「十分遺憾」之類的話語，縱使要反擊，也必須替自己套上道德帽子，說些諸如「正義不彰，令人擔憂痛心」的修辭。上層政治不明言的是一種紳士菁英們在玩的政治，它不太會有下里巴人的髒話，或流氓混混的狠話，尤其是在會被形諸文字的時候。

然而，儘管上層政治的書面表達或紀錄，在「書面語」主導下都被「委婉化」，但卻經常在不小心裡還是會洩漏出一些「口頭語」的髒話和粗話的痕跡。

例如，在《史記・高祖本紀》裡，我們知道劉邦曾被他的父親罵爲「亡賴」（即「無賴」）；由《漢武故事》，可知漢武帝也曾被妃子罵爲「老狗」；在《前燕載記贊》裡韓非子曾罵人「雜種」等。中國古代正史都被書面語做了委婉化的處理，保有的「口頭語」成分已極稀少。像上面這些「無賴」、「老狗」、「雜種」的口頭語粗話，祇能算是漏網的特例。而除了「無賴」、「老狗」、「雜種」等特別搶眼的口頭語粗話外，其他也都很少，計有王充在《論衡・別通篇》罵人「酒囊飯袋」；《後漢書・馬援傳》裡罵人「守錢虜」（即「守財奴」）；《宋書・明帝紀》罵人「人面獸心」；《宋書・孝武帝紀》罵子曰「不長進」等寥寥幾則而已。

「口頭語」裡的髒話狠話，在典籍裡留下的痕跡不多，至於下層社會的流氓、無賴、混混、光棍、痞子等，他們的口頭語和行爲語言，所留下的痕跡就更少了。

對於這些人的生活記載，清代社會盛行一種描述社會風俗和見聞的詩歌，叫做「竹枝詞」，以北京爲例，描寫無賴混混的即有：

如〈京都竹枝詞〉裡記曰：「老土茅包撥勒賀，立街頭上講狼人；口中調侃誇奇巧，可惜今無嘴巴陳。」這首詩裡，「老土」、「茅包」、「撥勒賀」，都是清代北京人對流氓混混的稱呼，其中「撥勒賀」是滿族語。這首詩是在說流氓混混的行徑有如「狼人」，整天都在胡言亂語，招搖撞騙，早年北京東城有個姓陳的治安官，他逮到流氓混混，都施以掌嘴之刑，因而流氓混混爲之一空，他也因而得到「嘴巴陳」的稱號。

再如《都門雜詠》裡也有詩曰：「土京惡霸氣揚揚，綽號傳來某大王；最怕司坊黏告示，欲尋牆縫把身藏。」這首詩也是在說北京無賴混混皆氣勢囂張，都自稱「大王」，但祇要保安官一貼通緝取締的告示，則一個個都嚇得抱頭鼠竄。

而無賴混混的語言裡，「走著瞧」就是個最被常用的句子。它最早被記錄下來的似乎是錢南揚收集各種市井語言的著作《漢上宧文存》裡，我們後來所熟悉的「騎驢看唱本——走著瞧」這個歇後語，第一次被收集記載了下來。在北京大學所出版的《北京話詞語》裡，對「走著瞧」這個詞語，其解釋如下：「看事情的發展、變化及結果，會證實應驗某一項預料或推斷，常含有待較量或威嚇等意味。」

由「騎驢看唱本——走著瞧」這種「歇後語」，或許對「歇後語」這種語言型態就應特別注意並討論了。「歇後語」本質上乃是市井小民的一種語言型態，他們文化水平不高，講不出之乎者也的書面語官僚腔的委婉修辭，於是遂發展出一種獨特的下層社會半文雅的語言模式，這種語言由兩段組成，前段爲起，通常指一件事或現象，而後段則透過想像，將其意義收縮出來。舉例而言，「家賊——難防」，「尖屁股——坐不住」，「泥菩薩過河——自身難保」，「蒙古大夫——惡整」，「和尚打傘——無法（髮）無天」；「外甥打燈籠——照舊（舅）」……等皆屬之。「歇後語」是下層社會的故意咬文嚼字與小賣弄，它有許多地方和稍早前台灣青少年的「腦筋急轉彎」相近，例如說一個波霸型的美女爲「×××的黛安芬——罩不住」即屬之。

「歇後語」在市井小民的口頭語裡，乃是非常值得注意的課題，它可以藉著這種兩段式的語言聯想與串合，而形成新的口頭語。有些下流話也可以因爲有了這種語言的轉了一道彎，而顯得不那麼下流粗魯。

以下層社會的流氓混混無賴爲例，這種人格調低劣，民間社會的一切壞品質全都集中在他們身上。他們好吃懶做，愛占便宜，喜歡賣弄口舌，而又最善於恃強凌弱，以眾暴寡。他們最懂得卑劣的生存之道，當自己占住上風，能欺人就盡量欺人，一旦處於不利的情勢，如對方人多，或有更厲害的人出來干涉，立即就會「好漢不喫眼前虧」的「見風轉舵」，或者即「惡人先告狀」的胡扯蠻纏，或者就撂下一句「騎驢看唱本——走著瞧」威脅的話，揚長而遁；魯迅的《阿Q正傳》裡，阿Q喫了虧後，一直唸著「媽媽的，記著罷」，「記著罷，媽媽的」其意義和「走著瞧」可謂完全相同。

因此，諸如「騎驢看唱本——走著瞧」，「走著瞧」，「等著瞧」，「記著罷」；這也就讓人想到台灣小混混那種仗勢欺人不成，撂下「好膽，別走」，「給我記住」，「明天不要被我碰到」之類的江湖狠話。

因此，「走著瞧」或「等著瞧」，以及與此相關的許多語詞，包括諸如有點文藝腔的「山不轉路轉」在內，這種威脅式的句法，在每個語言社會都具有同樣的意義。

因此，當布希宣稱「等著瞧」或「走著瞧」（Wait and See）的時候，雖然它沒有更直接的像「你給我等著」（You wait!）那麼惡劣的威脅，但它仍極具市井混混的威脅語言。在等級上，You wait!接近我們的「好膽，別走！」，乃是最直接的威脅；Wait and See 則是我們的「走著瞧」，它具有諸如「先別高興，等著看我的」，「今天讓你贏到，明天看我整你」之類的意義。但無論是You wait!或Wait and See ，它都讓人想到市井裡的一個畫面：一個混混要占人便宜或要整人，但運氣不好，被好多人堵住，於是他遂撂下「等著瞧」這句話，而後回去吆喝同黨，有的持扁鑽，有的拿武士刀，有的用棒球棍，浩浩蕩蕩地殺過來，要出這個被別人修理到的鳥氣！

美國入侵伊拉克之舉，已愈來愈被世人反對，由於騎虎難下，二十五萬大軍在外，又無法善了，因而布希最近的講話，已愈來愈粗暴，諸如「我們根本不必獲得任何人的同意」即屬之，而到了現在，甚至「走著瞧」都出來了。這次他說 Wait and See 和上次說「玩完了」（Game is over）可謂「相得益彰」。上次法國總理立刻頂了回去，宣稱 It's not game，it's not over.而這次世人可能要問：Wait and see? see what?西諺有曰：「當權力赤裸化，語言也赤裸化。」「玩完了」和「走著瞧」，就是最好的證明！

## 垃圾話也是暴力語言

由於法國總統席哈克率先反戰，在法國的領導下，反戰的民意遂能集中，最後是儘管美國使盡一切軟收買和硬威脅的手段，也在估量不可能在聯合國安理會十五席裡得到九票支持，決定不經安理會授權，而逕行向伊拉克下達最後通牒，自行片面展開入侵行動。

也正因此，在最近的一個多月裡，美國對法國誠可謂恨之入骨，視之為第一號全民公敵。由於席哈克國際聲望大漲，在法國內部獲得八成七民意支持，而在國際社會上則被提名角逐諾貝爾和平獎，這更使得「愛國」的美國人格外惱怒。因而各種陰損、刻薄、粗野的動作，明示或暗示的語言遂告大舉出籠。

在動作上，美國北卡羅來納州一家餐廳，把店內的「法蘭西薯條」（French Fries）改名為「自由薯條」（Freedom Fries），並在餐廳窗上貼出「支持美國政策，表達愛國情操」的字樣；一家標誌公司則製造了貼紙，上面的字樣是「今天伊拉克，明天法蘭西」（Now Iraq Next French），可謂極盡威嚇之能事。

而在語言上，仇法恨法的談話也大舉氾濫，例如，在唐納荷（Phil Donahue）的電視脫口秀裡，共和黨政客米勒（Dennis Miller）說：「要怎麼樣才會讓法國人到伊拉克？很簡單，祇要我們告訴他們，在伊拉克發現了松露（Truffles）。」他並把法國和德國說成是「鼬鼠」。

另外，又有人稱法國是「吃起士的投降猴子」（Cheese-eating surrender monkey）。有關譏諷法國人的笑話也大量出現，如問曰：「一萬個法國人舉起了手，你會叫它什麼？」答案是：「軍隊。」

另外，里諾（Jay Leno）也在脫口秀裡宣稱：「我們已和戰爭愈來愈近了，但不是伊拉克，而是法德。」吉爾（Steve Gill）則在電視上說：「我們呼籲抵制一切法國產品，從沛綠雅、香檳、法蘭西薯條、法國扁帽、法國麥餅，但看在情人節的分上，我們保留法國式的接吻。」另外，則是共和黨眾院議長哈斯特（Dennis Hastert）宣稱將以加強衛生檢查的方式來限制「法國礦泉水進口」。

而最極端的，當然還是英國右派的《太陽報》，它最先以合成照片的方式，把海珊放在艾菲爾鐵塔前；又刊出十則諷刺法國投降主義的笑話。接著公然以專刊方式，在第一版上用標題說「席哈克是條蟲」，並用漫畫把席哈克畫成一條蟲，極盡詆毀之能事。一個極右派作家甚至宣稱所有的反戰言論都是「垃圾」（Trash），並用南北內戰時人們諷刺反戰者的歌謠爲證。

在講台上說著別人不懂的話
都是討厭的垃圾

史密特男孩們跳了出來
把他們全都砸個粉碎。

因此，當今的美國，反法恨法已成了最新的「政治正確」。美國正比賽著講醜化法國的狠話、髒話和笑話，這是痛恨法國的「垃圾話」（Talking trash 或 Trash talk）公然大盛的時刻。但到底好戰罵人是「垃圾話」呢？或是反戰是「垃圾話」？已成了有趣的課題。

人類稱呼「垃圾」，在英語裡有好幾個不同的字，如 Dirty Garbage、Trash 皆可，但這些字的語源似乎皆難查考，可以確定的則是這些字似乎都出現在十五世紀左右。

於是，一個有趣的語言歷史學問題遂告出現了。那就是這些字大概都是十五世紀前從未有過的觀念，沒有觀念當然就不可能有談這個觀念的字，因而它的字源當然也就無法考索。那麼，爲什麼到了十五世紀左右，這種全新的字和觀念卻忽然之間跑了出來呢？

對此，前代的奧地利裔，英國籍思想家艾利亞斯（Norbert Elias）早在《文明的過程》這本經典之作裡就已提出了解答。他指出在中古時代，西方社會的食衣住行均極落後原始，衣服髒兮兮，吃東西也都是用手抓，髒了的手和嘴，都是袖子一抹或撩起袍子擦掉。人在吃飯時，桌子底下就是貓狗，吃剩的骨頭都是隨手亂丟，貓狗爭食。那是個和野人差沒有多少的落後時代，人們沒有清楚的「髒」這個概念。但「髒」這個概念和字，卻在十五世紀左右奇蹟式地出現。當有了「髒」和「垃圾」之類的概念與字，新的文明遂有了基本的概念架構。有了「髒」的概念與字，人們吃東西才有了抹布、餐巾之類東西的出現，不會把髒手往身上及袖子上亂抹；也不會把殘餚剩飯剩骨頭亂丟；接著才會出現不把手弄髒的刀叉。刀叉的普遍化，差不多要到了十八世紀才告底定。

而「髒」的概念與字，所指的並非衣食方面的髒而已。它會延伸成看不順眼的髒，聽不下去的髒。於是，不好的行爲是髒，粗魯野蠻的話也是髒，甚至連心眼不正也是髒。因此，我們可以說，「髒」、「垃圾」這組概念與字詞的出現，乃是物質和精神文明發展過程中的重要參考座標，而所謂的文明，所謂的教養和進步，有一大半都和「去骯髒化」有關。從十五世紀到二十世紀，人類歷史儘管起起伏伏，但大體上其軌跡都極清晰。

但進入了二十一世紀後，由於美國意圖以武力宰制世界，而且又自認無論怎麼做都有理由或炮製得出理由，於是，主宰了人類文明進步五、六百年之標準遂全被顚覆掉了。從語言的角度而言，也就是從前基於人們互動而形成的語言、價值及思維，現在由於出現了一個新的主宰，它要根據自己的意志和利益，用武力改變一切，於是，不但正式的衝突無法避免，甚至連語言也開始爲之混亂。就以美國代理人以色列和巴勒斯坦人之間的語言爲例：

以色列占領巴人土地，它自稱「屯墾」（Setter），巴人則稱「占領」（Occupation）；以色列「暗殺」（Assassinated），它不說「暗殺」，而說「目標攻擊」（Target attack）；以色列用推土機推倒巴人住宅，巴人說「毀滅」（Demolition），以色列則說「工程事項」（Engineering Work）；以色列大舉轟炸巴人村鎮，它自稱「預防性手段」（Preventive measure），巴人則說「侵略」或「集體懲罰」（Collective punishment）。當以色列無論怎麼殺都有理由。一個美國女大學生芮秋・柯瑞以自己身體擋以色列推土機，儘管那是最可怕的，明目張膽地公然輾過，美國也不會去譴責，如果換了是任何一個別的不是美國代理人的國家做出這種事，我們可以看到美國媒體和官方會怎麼樣的「義正辭嚴」大加炒作。

也正因此，現在的世界，可以說是一切復歸野蠻的新時代。人類延續至今五、六百年所發展出來的價值準則，以及濃縮價值準則的語言，早已完全地不再具有意義。誰的飛彈大而射得遠；誰的力量強，可以讓自己的話變成眞理，誰就是未來的主宰。

因而，美英媒體罵法國總統席哈克是「蟲」，是「吃起士的投降猴子」，美國極右派罵反戰言論是「垃圾」，這其實也沒有什麼好訝異的，先有暴力的居心和暴力行為，才有暴力語言。當美國極右派佩帶著「今天伊拉克，明天法蘭西」的胸釦橫著走路，那種走路的姿態和希特勒其實已相當地相像了。

因此，在這個語言已告混亂的時候，幾天前世界犯罪法庭落成，各國政要雲集。抗議的藝術家在法庭附近做了一個裝置藝術，他們把每個國家的國旗皆插上，每個國旗都用沙包圍起來，意思是要抵擋美國對國際犯罪法庭的入侵——美國在柯林頓時代簽署了加入犯罪法庭的條約，但被布希否決。因為他擔心美國在國際社會上的殺戮，將來可能會被控告，因而才拒絕參加，俾不受約束。但美國仍擔心縱使它不加入，各國還是可以提出控告，因而遂與二十三個國家簽訂協議，縱使將來美國被控告，也不可以將被控告者逮捕。由他會如此做，其實已顯示出美國當然知道自己的所爲已違背了人類的公理，祇是他相信自己大於公理而已。

因此，在這個一切都錯亂了的時代，哪一方的話是「垃圾」可能已不重要了，因爲如果歷史不死，它終會做出眞正的決定！

## ◎◎◎◎◎◎◎◎美歐攻防新老之爭？

每個時代都有一些關鍵字，這種關鍵字是時代精神的凝聚，也是每個時代的注解。德國的福萊堡大學世界史教授萊恩哈德（Walfgang Reinhard）指出，在古代歐洲的十字軍時代，「收復」（Reconquista）與「改宗」（Conversos）乃是時代的關鍵字，所顯示的乃是當時歐洲人要「收復」他們以爲的失土，並將信仰伊斯蘭和其他宗教者改變回來的時代氣氛。而進入了海權擴張時代後，新的關鍵字則成了「征服」（Conquest）、「發現」（Discovery）、「遠征」（Expedition）、「新大陸」（The New World）、「美洲」（America）等。

而可能很多人並不知道，今天我們說「哥倫布發現新大陸」，所謂的「新大陸」這個詞其實並不是哥倫布所使用的，他於一四九二年十月十二日，在經過三十六天航行後，抵達今日巴哈馬群島的島嶼，他在航海日誌裡記曰：「國王和王后陛下將會擁有這些土地，這是另一個世界。」他後來寫信向支持他遠航的教會要人桑當耶（Luis de Santangel）報告航行經過時，也祇說是「新發現的島嶼」，後來所謂的「新大陸」一詞，乃是追隨哥倫布的腳步，也去了這些地方的地圖繪圖師亞美利哥・維布西（Amerigo Vespucci），他於一五〇二年發表航行見聞，稱之爲「新大陸」，這個小人物的名字也於一五〇七年被他的兩個德國繪圖師同行，畫進了新的世界地圖，「美洲」（America）這個名字起源於他的姓 Amerigo。

「新大陸」這個詞的出現，加速了海權擴張與探險遠征，也正因此，當我們今日打開美洲地圖，就會發現一堆以「新」爲名的地方：例如，今天的「紐約」（New York），乃是一六六四年根據約克及阿爾班尼公爵的稱號而命名的，他的「約克」（York）之名成了紐約市及紐約州名，而他的「阿爾班尼」（Albany）則成了紐約州的首府名。

例如，一五六二年西班牙探險家從墨西哥出發，找到一片土地，即稱之爲「新墨西哥」，這片土地後來於一九一二年被美國兼併，成了它的第四十七州。

例如，今天美國東北角的新罕布什爾州（New Hampshire），乃是英國軍人梅森上尉（John Mason）抵達後，把他英國家鄉罕布什爾郡的地名，套在這個地方而命名的。

在今日的美國，大大小小的地名裡，充斥著以歐洲地名加上一個「新」字而形成的名字，它所反映的，乃是歐美一體，美洲是歐洲複製的原本精神。也正因爲有著這種歐美一體的精神，在所謂的「舊大陸」——指歐洲、亞洲與非洲裡，過去兩百多年，美國皆獨厚歐洲。「新」與「舊」在修辭語用學上，除了當年哥倫布時代的意義外，並沒有被賦予其他的意義。

然而，這種歐洲「舊大陸」與美國「新大陸」之間無差別的對待，在過去幾年裡，隨著歐洲整合的加速進行，尤其是歐元區的形成，以及歐洲以「聯邦歐洲」爲終極的整合目標，美國內部的「疑歐派」（Euroskepticism）遂告大盛。美國內部的右派擔心整合後的歐洲將再度崛起，而影響到強勢美元的地位；美國擔心歐洲崛起後，其經濟潛力將壓過美國。過去兩年裡，在共和黨「疑歐派」主導下，美歐之間的緊張日深，「疑歐派」已開始走到一條「自我實現的預言」的道路上——指他們擔心歐洲崛起後將會和美國爲敵，因而極力打壓歐洲，最後反而是使得原本無意與美國爲敵的歐洲，被迫不得不與美國爲敵！

在共和黨「疑歐派」主導下，過去兩年裡，美國內部的「歐洲論述」已逐漸改變，以前「新大陸」與「舊大陸」的名詞祇有歷史意義上的差別，並不涉及意識型態。但在過去兩年裡，美國疑歐右派在談到歐洲時，已日益流行冠以「老歐洲」（Old Europe）之名，用來指歐洲是個沒有美國富強，封閉，而又嫉妒美國的古老舊勢力。「老」這個字，已成了「疑歐派」非法化歐洲的新標籤。

最近，美國爲了石油利益而堅欲入侵伊拉克，並不惜揑造各種過氣的「證據」，結果使得法德兩國爲首，俄中兩國爲之背書，反對美國片面入侵，主張要給聯合國武檢小組更多機會，法德的和平立場，對全球和平反戰運動，不啻爲極大的鼓勵，對全球多數國家，也咸認爲是個更好的選擇。法德這次領導了全球民意，而使得美國入侵之舉變得更加地「名不正，言不順」，這當然使得「疑歐」而又好戰的鷹派，格外憤怒。於是，這些「疑歐」鷹派的反歐言論遂開始快速升高：例如「疑歐派」主角的美國國防部長倫斯斐，公開指稱法德爲「老歐洲」，指它們落後、固執；而對前共黨國家，這次完全符合美國的東歐則稱之爲「新歐洲」。這是一種詭異的二分法，不與美國同調的即是「老」，而肯唱和美國的即是「新」，把「老」加以污名化、蔑視化，已成了美國對待法德的態度。

例如，當今美國鷹派第三號人物、曾是副總統錢尼親信、現爲五角大廈幕後推手的培里（Richard Perle）在說到法國時稱之爲「它祇不過是以前曾經的盟友」。

例如，美國國務院的第三號人物副國務卿波頓（John Balton）則說：「沒有所謂聯合國這種東西，祇有國際社會，它將被僅剩的唯一強權，即美國所領導。」美國爲了法國竟然敢於走到世界第一線，引導各國政府和民意而與美國對抗，在羞惱之餘，已本性盡露，但法國在全球民意支持下，也堅不讓步。

例如，法國總統席哈克即公開表示：「直到現在，沒有任何事可以讓對伊拉克的戰爭變得可以合法化。」

例如，當布希在那裡大聲叫「玩完了」（Game is over!）之後，法國總理拉法寧（Jean Pierre Raffarin）立刻公開反唇相稽說：「沒有戲，也沒有完!」（It's not game, and it's not over!）

美國爲了法國的帶頭杯葛而憤怒無比，美國在今天的世界上，無論直走橫走，都沒有人敢擋在路上，現在居然出現了區區一個小法國，它豈會稍加容忍；而除此之外，更讓美國恨之入骨的，乃是法德比三國聯手對土耳其問題的態度。

這次美國入侵伊拉克，諸如沙烏地阿拉伯、埃及、約旦等國皆在民意反對之下，拒絕提供美軍任何協助；美國企圖利誘過去的仇敵伊朗和敘利亞提供基地，也未成功。唯一能和美國配合的，遂祇剩土耳其了，土耳其瀕臨經濟崩潰邊緣，需要美國的經援；中東國家裡，土耳其也是一個沒有石油的窮國，因而希望美國在占領伊拉克後給予它石油利益。也正因此，美土之間遂一拍即合，美國同意給予土耳其高達二百億美元的紓困和援助，也同意在占領石油區後，讓土耳其分享石油利益，而條件則是土耳其必須讓出若干基地供美軍自行使用，土耳其完全不得干涉；此外，美國地面部隊將有大約三萬人進入土耳其，做爲攻擊的北線，而土耳其也將派遣部隊和美國特種部隊配合，讓美國特種部隊得以快速占領油田。這也就是說，這次入侵伊拉克，土耳其已成了美軍最重要的據點，美國爲了收買土耳其，眞是投下了大價錢。

而當土耳其願意被收買，它自然可能在戰爭發動後成爲反擊的重點，做爲北約成員之一的土耳其，根據北約第四條規定，其他盟國自需加以協防，但如此一來，法德等派遣部隊及裝備前往土耳其，豈不就等於被迫加入了它們不願意的入侵之戰了？也正因此，法德比三國遂拒絕了土耳其要求協防之議。法德比三國的決定，除了等於是在扯美國後腿外，美國也擔心這會使得它收買土耳其之事功敗垂成，因而遂憤怒地宣稱這將使得創立已五十四年的北約面臨分裂危機。這當然是一種誇大的說辭，北約的危機並非土耳其問題，而是美國一意孤行所致；正如同當今的安理會也有分裂危機，但祇要美國放棄一意孤行，一切的分裂危機豈不都會消失！

也正因此，隨著法德比等國的杯葛，尤其是最近比利時上訴法院做出了一項裁定，判決以色列總理夏隆在一九八二年擔任國防部長時對巴勒斯坦人「種族屠殺」，這意味著將來夏隆經過比利時將會被逮捕並遭審判，這也使美國極不能容忍，蓋此例一開，各國仿效，包括布希都將會在各國被控「種族屠殺」的罪名下而被逮捕。這也是白宮發言人最近表示，「法國已靠邊站，比利時從來即不是個角色」的原因。

因此，美歐之間，最近已到了空前的「語言攻防戰」時刻，美國的「疑歐派」已突然之間變成了「反歐派」，過去兩年裡以「老歐洲」稱呼法德之言論大增，現在更到了高峰期，「老」成了美國醜化歐洲的新字眼。

在美國拚命用「舊」和「老」稱呼歐洲之際，這場口水戰倒是出了一個清明理智的人——美國中情局前「全國情報委員會」副主席富勒（Graham E. Fuller），他寫了一篇長文章〈老歐洲？或是老美國？〉倒是提出了極有見地的觀點。他指出，當今的歐洲在法德主導下，早已創造出一種以和平協商解決一切問題的特例，這是人類歷史上的「新」，倒是美國動輒自恃武力，要用戰爭來征服，這是古老歐洲殘餘的「老」和「舊」，因此，當美國說別人「老」的時候，或許應知道別人才是「新」，自己才是「老」，因而，不是「老歐洲」，而是「老美國」！

最近這段期間，美歐，尤其是美法之間，其口水戰之激烈與無聊程度，甚至連台灣這個口水氾濫的地方可能也要甘拜下風，由這種「新」、「老」之爭，及「新大陸」、「舊大陸」的語意變化，其實是有很多問題值得人們共同來深思的！

# 軍事代號發人笑柄？

我們的俗語說：「講的比唱的好聽。」意思是說，有的人天生花言巧語，能把死的說成活的，明明是壞事也有本領硬拗成好像是好事。這種趨勢在「大眾市場式民主」的此刻，顯得格外重要。

因而前代英國評論家米洛古（K. R. Minogue）遂有過這樣的名言：

「大量的謊言，乃是任何型態體制要適當運作之必需。邏輯不合的，必須抑制住，以免敵對者爲了各式各樣之目的而聯合起來抵制；支持或反對某事必須模糊，因爲知的情況有可能改變。經常政客們必須經常隱藏自己的企圖，等到時機成熟時才掀開底牌。由於時間經常是決定某種選擇是勝是敗的關鍵，因而政客必須竭盡苦心，使用各種甜言蜜語或假裝沒精打采的話語，俾創造模糊含混的空間。話語的運用及瞭解，因而成了需要大量技巧的專業。」

而這種話語的技巧，在「市場民主」和「表演政治」當道的此刻，已愈來愈重要。而在戰爭當道的時代，無論政客和軍人，也都要變得像詩人一樣，懂得這種語言操控的專門技巧。這種語言技巧在入侵伊拉克的戰爭裡，達到了一個歷史的新高峰。扣帽子、講髒話，以及唱口號，已成了趨勢。史丹福大學語言暨信息中心教授龍柏格（Geoff Nunberg）就指出：「這次戰爭的語言實在變化太快了。每個星期都會出現不同的單字和片語來注解戰爭前後的各個發展階段。」

於是，我們遂看到了從去年一月〈國情咨文〉報告裡「邪惡軸心」（Axis of Evil）到今年三月的「鼬鼠軸心」（Axis of Weasel）——它用來指拒絕與美國同調的法德俄等國，用來凸顯那種「不支持我們，即是反對我們」的思維邏輯，至於罵法國是「吃起士的投降猴子」，在他們的標準裡應該算很客氣了，因爲「猴子」至少比「鼬鼠」好了一點。

而在講到伊拉克時，當然格外要用兇狠惡毒的字眼。「大規模毀滅性武器」（weapons of mass destruction）這個詞當然不能再用，而必須稱之爲「大規模謀殺武器」（weapons of mass murder）。祇要提到伊拉克士兵，一定用「兇手」（Murderer）、「恐怖分子」（Terrorists）、「死亡劊子手」（Death squads）……等。五角大廈女發言人維多莉亞·克拉克（Victoria Clark）有次談到伊拉克的「民兵」（Paramilitharies）。她就拒絕用「民兵」這個字，她說：「這個字看起來太好了，……太正面了。」

把最好的字都放在自己這邊，找最壞的字將它變成帽子，丟到別人頭上，乃是戰爭宣傳機器的唯一標準，因而龍柏格教授遂說道：「我們會很容易地以爲這種用法之目的是要去誤導別人，但就實際而論，它等於什麼也沒有說。」因爲這樣的語言，的確等於除了漂亮話或壞話外，什麼都沒有說。

但佛羅里達的「波因特媒體研究中心」研究員柯隆（Aly Colon）卻說得更實用了：「當他們想要嵌合進去某種信息時，他們就會縝密地選擇要用的字。……而新聞記者則傾向於像鸚鵡般重複著這些字。他們成功地使新聞記者像他們一樣地去想問題。這意味著新聞記者已在不知不覺中成了他們的傳聲筒。」

也正因此，在這個語言已被工具化，而且變化多端、使人目不暇給的時代，媒體工作者已愈來愈需要有批判反省，以及透視語言迷障的訓練和能耐。這個世界並不缺少傳聲筒，但卻少了批判反思的人。在這個戰爭語言變幻迷離的時刻，人們又怎能不格外對戰爭語言的眞相和虛像有更大的警覺呢？最近的戰爭語言裡，諸如「邪惡軸心」、「鼬鼠軸心」、「精密炸彈」、「震懾」……等都早已過去，新當令的乃是「伊拉克人民自由計畫」（Operation Iraqi Freedom）。由於一看到「計畫」或「行動」（Operation）這個字就讓人想發笑，這時候，遂不妨藉機討論近代軍人所謂的「計畫」或「行動」這個修辭。「行動」和「計畫」（Operation）這個字始於中古後期和十六世紀初中期，指的是代表了單一目標之行爲，即所稱的「行動」。及至進入十八世紀中期之後，諸如軍事、心理學、經濟學等，均開始借用這個字，用以指涉某項目標計畫的整體。而在各種借用裡，軍事方面無疑地最爲廣泛，成了軍中「代號語言」（Code-language）裡的一種定規。

而論及軍人的「代號語言」，那實在是非常獨特、誇張、矯情的一種「語用學」。軍人們乃是動刀動槍的行業，也正因此，當他們替軍事行動取代號時，就特別會基於補償心理，使用名不副實的誇張、宏大、逆反矛盾、自我宣揚的方式來找形容詞及名詞。這種軍人的故意誇張，可以由當年越戰時，美軍司令魏庫蘭將軍在西貢被圍時，替反擊脫困的作戰計畫取名「最後解決作戰計畫」（Operation Final Solution）看出來。當時北越已包圍了西貢，美軍已到了「最後」，他爲了鼓舞士氣，竟然取了一個完全名不副實的代號，居然還以爲靠反擊脫困一戰，即能把北越「最後解決」。由於它的誇張已到了極其離譜的程度，因而被後人笑問：「最後解決？是解決北越？或自行了斷？」

因此，以「計畫」爲名的「代號語言」都是離譜得自鳴得意與誇張。近代這種「代號語言」有過許多滑稽的例子。

例如，一九八九年至九〇年間，美軍入侵巴拿馬，將總統諾瑞加逮捕，綁架回美國審判監禁，這項計畫被取名爲「正當理由計畫」（Operation Just Cause）。

當時的諾瑞加總統拒絕把巴拿馬的基地借給美國來培訓僱傭兵以顛覆尼加拉瓜，也對美國以「反毒」爲名干涉南美洲事務不以爲然。因此，美軍入侵巴拿馬可謂完全沒有「正當理由」。但卻將它硬行定名爲「正當理由計畫」。沒有「正當理由」地卻取名「正當理由」，這不正像走夜路吹口哨壯膽一樣，自己騙自己嗎？

「代號語言」所宣稱的恰恰好正是它沒有的，這難道不是欲蓋彌彰的低等語言騙術嗎？

「正當理由計畫」是「代號語言」誇張後所造成的笑話。一九九二至九三年間美軍入侵索馬利亞的「恢復希望計畫」不也亦然？當時美軍才從第一次波灣戰爭回來，閒著無事，由於索馬利亞正鬧內戰與饑荒。於是遂有了目的是要作「人道秀」的「恢復希望計畫」。詎料有一天美軍被索馬利亞的各派系民兵密密包圍，十五名美軍被殺，甚至還有美軍屍體被索馬利亞人拖著遊街的場面。美國人看了電視畫面，嚇出一身冷汗。由於索馬利亞既無石油和礦產資源，又沒有戰略的利益，整個計畫隨即喊停，要幫別人「恢復信心」的，其後是自己反倒沒有了信心，「代號語言」因而反諷了自己。

同樣滑稽的是一九九一至九六年間的「提供安樂計畫」（Operation Provide Comfort）。這項計畫是在第一次波灣戰爭後成立禁止飛行區後展開，美軍用武力要讓庫德族有自主發展的機會，藉以削弱伊拉克的實力。但這項計畫以「提供安樂」爲名，眞正要做的卻是提供金錢武器給庫德人，希望他們展開軍事叛變。今天伊拉克臨時政府紅人查哈比，即參與了這個計畫，盜用了數百萬美元被檢舉起訴。「提供安樂」的名不副實由此可見；因爲它實在不是「提供安樂」，而是要製造「不安樂」。「代號語言」搞到如此荒唐失眞的程度，後來海珊一怒而對庫德人展開攻擊，美國立即將這項計畫暫停，害得庫德人反而變得更不「安樂」。

而美國入侵阿富汗，代號則是「無限正義計畫」（Operation infinite Justice），由名字可以看出它乃是一個毀滅性的報復計畫，原來居心顯然是要把神學士們趕盡殺絕。但這項計畫展開後，美國內部宗教界認爲「無限正義」是上帝的事，人沒有資格講「無限正義」，另外則是其他國家也反對這種濫殺無辜的報復主義，於是，遂又改名爲「持久自由計畫」（Operation Enduring Freedom），但它和阿富汗人民的「持久自由」何干？不過是爲了不要用「無限正義」而胡亂找個不相干的空話「持久自由」來頂替而已。這也是全世界大概沒有幾個人還記得這個「代號語言」的原因。

而現在這個「伊拉克人民自由計畫」又如何呢？美國入侵伊拉克炸死平民無數，它目的也顯然是在奪油，因而使得「伊拉克人民自由計畫」這個「代號語言」顯得更加虛妄不實，這也是儘管布希說這個「代號語言」，但人們仍稱之爲「入侵伊拉克」或「第二次波灣戰爭」的原因。

因此，軍事上的「代號語言」，實在是個值得探討的語言現象。它集不誠實、誇大、虛構、弔詭等特性於一爐。它乍看很有一種宏大的架式，但細一觀看，卻發現它實在名不副實。用虛假包裝企圖，最後留下的徒然是一堆使人發笑的把柄而已！

## 花言巧語可以進行改革？

最近，美國的媒體上，出現得最頻繁的字眼之一是「修辭」（Rhetoric、Rhetorical），這個字的更生動翻譯應當是「花言巧語」。大家都用這個字來抨擊布希，在面對各種公司假帳醜聞上，祇會講空話，說巧語。

例如，《紐約時報》在日前的社論中指出：「布希週一在阿拉巴馬演講時說到：『我們的經濟基本面仍極強勁。』這話與他上週在華爾街所講的很相似。這些話都長於巧言，但卻短於實質內容。在過去的六個交易日裡，道瓊工業指數又下跌了八％，而華爾街則一片愁雲慘霧，我們經濟所需的，不是總統帶頭當啦啦隊長，而是眞正嚴肅的改革。白宮和國會都應該覺得羞愧，因爲可口可樂公司最近在公司治理問題上率先改革，比它們早許久扮演起公司改革的領先榜樣。」

例如，《華盛頓郵報》也在社論中指出：「在星期一，布希仍繼續他那花言巧語式的對公司醜聞的抨擊。他要求國會兩院能夠在八月休會結束，重新開議時，針對後恩隆案的形勢，聯合制訂出改革的包裹法案。總統要求大家盡速行動，這是個很棒的主意，如果大家能夠以週一晚上參院以壓倒性的九十七比〇通過之法案爲準，則改革將更重大。問題是，布希卻拒絕對參院通過的改革法案表態支持，因而他其實是在替眞正的改革降溫。因此無論他的花言巧語顯得多麼急迫，他事實上是在包庇那些反改革者，他們不想讓參院通過的法案成爲最後的版本，而祇想讓眾院那個很弱的版本過關。……公司醜聞的一再上演，已給予我們一個制止這種濫權的機會，布希必須領導這種改革，而不能祇是花言巧語而已。」

再例如，《洛杉磯時報》上也刊登出記者布朗斯坦（Ronald Brownstein）的分析報導。文章中也指出：「在花言巧語的修辭上，布希把自己說得好像是支持公司改革一樣，但當白宮被問到是否支持民主黨掌控的參院所通過的法案時，卻顧左右而言他。」

美國三個最主要的報紙，都抨擊布希在公司改革的問題上「花言巧語」，這實在是很嚴重的指控。這時候，或許我們已需要重新去回顧「修辭」及「花言巧語」的分際問題了。

人類使用語言，目的在於表達、說服與溝通，因而遠自古希臘開始，「修辭學」即是人們求知過程的重點。修辭並被認爲就是「實踐理性」的具體顯露。問題在於，儘管正面的修辭被賦予如此重要的功能，但同時也存在著一個完全相對的修辭領域，它以說謊、欺騙、逃避責任、諉過他人等爲目的，這時候的修辭就已不再是修辭，而變成了花言巧語。前莎士比亞時代的主要詩人，也是英王亨利八世主要大臣的懷厄特爵士（Sir Thomas Wyatt, 1503-1542）就曾經如此說過：

遍及世界，如果到處找尋
巧言詭語多得足以讓人一眼就看穿

它們皆十分廉價，成本實在不值一文
而實質則不過像風一般
此種景象足以讓人喟然而歎
這種話竟能如此流暢實爲古今罕見。

而這種花言巧語，到了近代，由於政治競爭日厲，政治所牽涉到的利益更大，尤其是傳播媒體更加發達，政治人物已必須隨時針對情況講更多的話。於是，一種政治人物的「語言分裂現象」遂告出現。

當某個問題發生，而他恰好是最有利，或者有完全的能力操控。這時候，他的語言就變成了「說白話文」（Plainspoken）。當布希說要推翻伊拉克，要廢除阿拉法特的權力，要追殺賓拉登時，他的話語就都使用這種白話文。

但若當另外一個問題發生，而剛好又是他的痛腳及罩門，這時候，他的話語就不再「說白話文」了，而是充斥著各種花言巧語，而這種花言巧語由於太不自在，又會變得十分僵硬。「說白話文」時的志得意滿會完全消失。

最近，《華盛頓郵報》專欄作家柯亨（Richard Cohen），就寫了一篇分析布希談公司醜聞時的講話風格不變的文章。這篇十分有趣的文章中指出：

「本週的《新聞週刊》報導，說美國有七千萬人失眠，該刊並做了一些建議，包括中午以後別喝咖啡，趕快變成有錢人就不再會有爲錢煩惱的事。而做爲一個公共服務從業者的我，則願在此加上我的處方，那就是趕快把布希談論公司醜聞的錄影帶找來看，保證你再也不會想到睡眠的問題。他講話緩慢，不連續，有許多失漏，顯得喃喃自語，他甚至從頭到尾都沒變過腔調，他似乎完全照著直升機專程送到紐約來的演講稿而唸一樣。而就在一天前，他在華府記者會講話，『信心』這個字就用了九次之多。他星期二的講話，白宮自捧爲非常重要，似乎用多了『信心』，就可以讓崩盤的股市恢復信心。而許多美國人則得到一個怪異的觀念，在他所宣稱的完美自由市場體系下，那些公司負責人，怎麼可能摧毀掉一家公司，把孤兒寡婦送到救濟院，自己卻反而會變得更加富裕起來？」

因此，最近這段期間，儘管布希和葛林斯班都不斷從事信心喊話，但美國股市不但未升，反而挫得更爲厲害。美國媒體即普遍認爲這是布希祇會花言巧語的閃躲問題，對公司改革閃爍其詞所致。《洛杉磯時報》的布朗斯坦分析了布希有關公司醜聞案的多次談話後，即坦率的指出，他的整個講話策略，即是把所有的責任推給國會，甚至把不相干的問題也扯進來胡纏。布希指出，國會不給他更大的權力去從事貿易談判和控制政府支出，乃是經濟惡化的原因。這些都是謊話，一方面是美國公司醜聞根本與貿易和政府赤字無關，另一方面則是柯林頓時代的美國政府預算年年有節餘，到了他的手中，卻因大舉擴張軍備及減少富人之稅，因而兩年下來已造成數千億美元赤字。布希其實很懂得惡人先告狀這種花言巧語的語言遊戲。布朗斯坦即分析說，他的這種花言巧語，目的是：

「白宮將一切推諉並指向國會，它要散發的訊息是布希對問題能掌握，但錯不在他。」

而我們都知道，全世界的選民程度都差不多，美國選民也未見高明到哪裡去。因而布希的花言巧語推卸責任，還是發揮了效果，但這種效果卻是負面的。最新的《紐約時報》及「哥倫比亞廣播公司」聯合民調，即出現了下列奇怪的結果，非常值得玩味：

美國民意以四五%對四五%的比例，認爲布希罩得住行政部門。這也就是說，當布希花言巧語的推卸責任時，有許多人都相信他的花言巧語，但新問題卻因此而出現了：如果布希和公司醜聞無關，那麼到底誰應負責？布希眞的管得住行政部門嗎？

有五八%的人認爲美國公司對布希影響太大，六六%則認爲整個政府都被美國工商界左右。有六一%認爲美國行政部門總是站在工商界利益這一邊，五八%則認爲共和黨總是在替工商界服務。

也正因此，自從美國公司醜聞持續爆發後，儘管美國各界一致要求公司改革，但布希卻顯然對此並無太大興趣，因而遂出現了主要媒體所謂的「花言巧語」。綜合而言，他的「花言巧語」模式有著如下的內容：

其一，乃是他將一切責任推給國會，自己則保持一種安全的距離，但卻私下與共和黨國會議員互動，希望屆時能通過幅度最小的改革法案。

其二，多次談話，他都和所有的反改革者一樣以「幾個爛蘋果論」（Bad apples theory）爲重點來宣傳。這也就是說他不承認公司醜聞是一種制度、結構及文化問題，而寧願將它視爲「個案」問題，既然是「個案」，當然祇要有效執法即可，至於到底如何執法，當然由行政機關裁量，而不需要對整個制度進行激烈改革了。

也正因此，美國股市在這種「花言巧語」及推諉下，當然不可能使人有足夠的信心。股市「跌跌」不休，布希的「花言巧語」不能說沒有作用。

而人們也都知道，修辭及花言巧語，都是一種心態、一種價值，甚或是利益的反映。面對不斷發生的公司醜聞，布希爲何會選擇用這種花言巧語的方式來拖延或解決呢？對此，最新一期的《經濟學人》雜誌倒是做了極佳的討論與分析。該刊指出，共和黨自從老布希開始，即進入一個嚴密政商勾串的階段。小布希更爲變本加厲，因而在他的內閣及高層，形同大公司高幹的俱樂部：

副總統錢尼乃是石油服務公司 Halliburton 的負責人。

財長歐尼爾，曾是鋁業大財團 Alcoa 的董事長。

國防部長倫斯斐則出身「通用工具」。

商業部長伊凡斯，則是油氣公司 Tom Brown 的主要負責人。

陸軍部長懷特，曾爲恩隆公司副董事長。

空軍部長羅傑，則出身國防大承包商 Northrup Grumman 公司。

海軍部長殷格蘭，出身「通用動力」。

白宮幕僚長卡德，曾是美國汽車業的最大遊說公司負責人。

證管會主委皮特，曾是會計公司的律師，在要求公司會計鬆綁上做過遊說工作。他以前服務的公司裡，有十個他以前的下屬都因涉嫌非法而被調查。美國證管會由五名委員組成，除了皮特外，另外四名委員裡有兩人也出身會計公司。

而最重要的乃是布希本人，他政商兩棲，一九九○年他即在自己擔任董事的 Harken Energy 公司股票崩盤前出售掉持有的二十一萬二千股的股份，因而涉及「內線交易」。

也正因此，現在的布希政府已成了美國政治史上鉅商入閣最多的一次。他的政府爲了圖利木材商人而對加拿大進口木材提高關稅；爲了照顧石油公司利益，因而退出京都協議並放寬生態環境標準，並開放阿拉斯加石油探勘；它爲了照顧鋼鐵公司利益，而提高鋼鐵進口稅；布希今年的「刺激景氣方案」，即被認爲是圖利他人的「豬肉桶政治」。一個政府及政黨，和大公司如此緊密勾串，他怎麼可能會去削減大公司上下其手、圖利於己的權力？最近各方要求財長歐尼爾及證管會主委皮特爲公司醜聞辭職，布希都予以拒絕，他怎麼可能當眞去改革公司？

最近，美國各界要求布希效法小羅斯福的改革精神。小羅斯福在財團支持下當選，他在任內一共辦理了四十四項反托拉斯案件。但由布希的花言巧語，要他效法小羅斯福來進行公司改革，大概是不可能的了！

# 語言是心靈的鏡子

人類靠語言來溝通，但有效的溝通必須以共同的詞語定義，同樣的思維邏輯始克臻之。「定義」和「邏輯」構成了知識判斷的理性基礎，也是合理溝通成爲可能的唯一原因，當「定義」與「邏輯」相同，溝通始能公平地在互動中藉著盤算、權衡，甚至計量而達成。

因此，「理性」與「合理」裡面的這個「理」字，其實是大有學問的。先說漢字的「理」。古代中國是個玉的民族，由於玉文化的發達，因而衍生出龐大的以玉爲主的字群；玉的功能類型、產地、形狀、顏色、聲音，都有許多專屬的字群來形容或描述，甚至佩攜了各種玉之後的行爲舉止，也都被重新規範並用特別的字來指定。

由於玉文化的發達，由玉當然也產生了許多與加工研製有關的動作和概念。如「琢」、如「琱」、如「理」……等。這些字都是指「治玉」，而有理由相信，「理」是其中層次最高的一個。當一個工匠拿著一塊玉石，反覆省視，詳察它的肌理、特性，以及整體的構造，俾對這塊玉石有全面性的解釋，從而決定最適當的加工方法，這就是「理」，因而「理」這個字遂寓有整體脈絡、結構、特性等方面之含意。後來的人將它轉用到一般事務上，「理」因而成了一個指涉一切根本邏輯的字。

而西方所謂的「理性」、「合理」、「合理性」等字眼，它們的共同字源是拉丁古語的 Ratió，根據路易士（C. T. Lewis）的《基本拉丁語辭典》所述，可知這個字最核心的意義是指「計數」、「計算」、「盤算」、「估量」等涉及「方法」與「原則」層面的概念，由於它是如此普遍而客觀的概念，因而又衍生出許多複雜的意義，如「基礎」、「理性」、「尊重」、「社區」……等。由於 Ratió 這個西方文明關鍵字的豐富意涵，我們甚至可以說，大半本的哲學史，都是圍繞著這個字而展開的。

因此，無論東方的「理」，以及西方的「理性」、「合理」與「合理性」等，它們指的都是相似甚至相同的概念和語言。它們都是把某一種具有極大普遍性和有效性的技術原則將其抽象化，從而形成了「理」、「理性」、「合理」、「合理性」等語詞和概念。我們根據一定程度的經驗法則，相信世界上果眞有一種叫做「理」、「理性」、「合理」、「合理性」的東西，衹要遵循它的軌跡，一個「理性的時代」即會自然而然地到來。

然而，「理」和「理性」等語言概念固然有效，而且世界看起來也的確好像愈來愈有「理」和「理性」，但無論由俗語所說的「公說公有理，婆說婆有理」，或由理論上的反思，卻顯示出「理」和「理性」的確存在著極多破綻。

例如，多年前哥倫比亞大學教授布魯貝克（Rogers Brubaker）曾寫了一本重要的小書《合理性的極限：論韋伯的社會及道德思想》即明白地指出，近代的思想裡，將資本主義體制看得太過簡單，而對資本主義的合道德性則過分高估，於是，一種弔詭的結果遂告出現，那就是根據理性所建造的世界，最後所出現的卻是大量非理性的結果。也正因有著這樣的悖論性格，在概念上遂有了「主觀理性 vs. 客觀理性」、「形式理性 vs. 實質理性」，以及後來的「科技理性 vs. 實質理性」等諸如此類的對立式區劃。這也就是說，「理」、「理性」不是鐵板一塊，這個鐵板不但上面有許多破洞，甚至是這個世界上還有許多和它完全不同的其他鐵板。

而上述的說法，畢竟還是太過學術化，無法讓人完全理解。要將這種問題說得更清楚，可能就必須強調所謂的「權力」對「理性」的影響了。從最赤裸的原始暴力，到更精緻的，後期的各種其他支配型及操作型的「權力」，都顯示出「權力」或許才是世界的眞正根本式範疇，經常不是「理性」控制「權力」，反而是「權力」掌握了「理性」。當「理性」淪爲「權力」的附庸，即意味著語言已在「權力」之下低頭。

也正因此，當代最重要的語言學家之一、同時又是最具批判實踐力的麻省理工學院教授杭士基在自述生平心態的那篇重要論文〈論語言和自由〉，遂顯得格外有其不凡的意義。茲從該長篇論文裡引述下列段落：

「根據迄至現在的理解，如果語言是提供我們瞭解人性其他問題的起跳板，那麼，恰恰這個面向乃是我們應該特別注意的，原因很簡單，那就是我們對語言眞正懂的也就衹是這些。易言之，研究語言的形式特質，足以使我們以一種負面的方式揭露出人性裡的某些東西。它也可以使我們得以更清晰地知道我們對心靈理解的侷限，而這乃是人類獨有，必須視爲文化成就而去努力的課題，儘管我們在這方面仍未找到明確的道路。

「由往聖先賢們持續對人類特性和潛力所做的關切，必然地引導著我們去考慮語言的特質。我認爲研究語言可以讓我們對政府的行爲能清楚瞥過，從而能對在規章所架構的社會裡找到自由及創造性活動的可能性，因爲該規章建構的系統一定程度地顯露出了人們心靈構造的一部分。……學習語言乃是替我們自己建造一個抽象系統，雖然它是潛意識的。語言學家和心理學家可以對語言的獲得和使用加以研究，它將得以讓人對由知道語言者所控制的體系有更多的掌握。……我們不應在概念上祇限於研究行爲的調查、行爲的建構、語言和心靈互動所造成的發展等方面而已，因爲這將讓我們錯失了對語言和心靈的特性之理解。我們對人類心理和文化的其他面向，也應以同樣的方式來加以研究。基於此，我們始能基於人性發展出一種具有堅實經驗基礎的社會科學。如同我們已相當成功地研究了人類可及語言的各種範圍，我們也應再研究各種藝術表述、科學知識，甚至人類生存及扮演功能的倫理系統和社會構造，從而使我們能夠在具有主動創發、團結、追求社會正義下，鼓勵出更好的人類需求。我不想誇大研究語言的作用，但語言是人類聰明才智的產物，它也是最可研究的，豐富的傳統使得語言成了心靈的鏡子，由其中我們的確可以看到某些眞理和有用的見識。」

因此，當代最傑出語言學家之一的杭士基，最後會變成當代最重要的批判知識分子，其道理已不言而喻了。他清楚地知道語言是心靈的鏡子，因而遂透過對語言觀念的分析和檢證現實，從而以一種反面的方式從鏡子裡看見人性的貪婪、自私，權力的濫用、欺騙與剝削，當然還包括了「權力」對「語言」的剝削和操控在內。

也正因此，在目前這個混沌的時刻，人們已需要像杭士基那樣，對語言要做出更實質性與心靈上的觀照。許多語言都早已被「權力」所穿過而扭曲變形，惡行被包裹和掩飾在漂亮的定義及語詞下，這時候，口號即成了騙術，甚至變成了新型態的幻術。

在近代最有趣也最發人深省的語言幻術，發生在一九九〇年代的俄國。俄國總統葉爾欽如果用任何進步的標準來看待，都毫無疑問地是個不及格的元首。他無能；藉著總統的權力，將幾乎所有國家資產都變相地給予了親信；他的貪污和洗錢，也都昭昭在目。在他統治的期間，俄國人民的平均壽命降低了不衹五歲，而因貧窮致死的嬰兒也打破了半世紀以來的最高紀錄。而最嚴重的，乃是他將俄國形同賣給了美國。俄國頂級科學家數千人被美國買走，俄國重要基地皆有美國參與，由於他有功於美國而非俄國，因而他所有的貪瀆不法都不被美國主流媒體所報導，反而稱之爲「改革派」。「改革派」與「賣俄派」已成了同義詞。

因此，由俄國「改革」與「賣俄」之間的混淆，已顯示出語言字詞在目前這樣的時代，早已在被「權力」穿透之後而相對化。控制了媒體力量的國家才有決定誰是「改革派」的「權力」，

「改革」與否並不是根據當地人民的福祉而定義，而是根據它在國際社會爲誰服務而定。葉爾欽在美國媒體上被稱爲「改革派」，在本國則被稱爲「賣俄派」，被認爲是造成俄羅斯人「種族滅絕」的罪人。「改革」一詞的荒誕，由這樣的對比可謂一目了然。

由台灣的農業金融「改革」，俄羅斯所發生過的問題，可以說是以一種小的規模在台灣照本上演。近年來，包括美、歐、日等國爲了保護自己的農民，皆大肆推動補貼政策，OECD國家單單在去年一年裡即補貼達三千億美元，美國平均每一農戶每年被補助最高達五萬美元，美國的補助甚至爲法國的四倍。補助之目的，除了在穩定它們自己的農民生活外，亦可藉著補貼而壓低本身農牧產品之價格，而對外輸出，以打壓窮國的農牧產品。爲此，歐、美、日之間遂出現長期且至今未解決的緊張。由於歐、美、日皆有著強烈的主體性，因而它們之間誰也不敢扣誰的帽子，大家赤裸裸地從事「貿易權力」上的較量。

但對包括台灣在內的許多後進國，情況則完全不同了。這些國家地區儘管嘴上話多，其實卻毫無主體性，祇有臣屬性，於是，凡遷就大國的，即會被稱爲「改革派」，拒絕臣服的，就會被說成是「保守派」。於是，出賣自己農民利益者反而成了「改革」，現實政治的荒誕，還有什麼比這個更嚴重的？「愛台」與「賣台」之間也就更加地混淆了。

不久前，巴西召開「世界社會論壇」，向西方提出「爲什麼都是你們得利？」的質問；稍早前，馬來西亞總理馬哈迪也曾指控過：「人類最大的壟斷，是壟斷了一切的理由。」壟斷理由，即可把黑說成白，把「賣台」說成「改革」。因此，在這麼混沌的時代，人們怎能不像杭士基一樣，對語言格外用心，並去注意語言鏡子後面所照出的黑暗心靈呢？

# 語言的不充分性

語言是一個並不充分的系統，它注定走在人類行爲和想法的後面。因而，有許多時候，我們找不到適當的語言來說自己的感受：有時候，我們勉強用了既有的語言來表述，但卻總覺得不對勁。而在被動的選擇，如被做民意調查時，由於語言的陳述和選擇項目有限，我們遂會被迫做出一些不清不楚的決定。

由於語言的這種不充分性，在人間事務上，遂會出現許多費人疑猜，而當人們要對這種事情解釋時，卻又總是會解釋錯的情況。最近美英聯軍入侵伊拉克的有些現象，就頗値得討論及深思。

這次美英聯軍入侵，在布希做出最後通牒之前，美國各類民調對未經安理會授權的動武，主戰與反戰之比大約爲五五波。等到最後通牒已下，主戰民意突然之間增加到了五七％。這也就是說，相當於有五％到十％的人從反戰這邊倒了過來。

而這種情況在英國亦然。在最後通牒前，主戰者占二九％；最後通牒後，則增至三八％，也相當於有十％的人倒戈了過來。

而除了民意中有些頗爲「流水」外，政客部分的變化更有過之，以美國參院爲例，共和黨乃是多數黨，他們支持布希已毋庸懷疑，但民主黨這方面卻至爲意見分歧。「九一一」後，美國愛國主義當道，共和黨又成功地將侵略伊拉克和「反恐」畫上等號，對於這種民粹愛國主義的操弄，民主黨毫無招架之力，目前已表態的下屆總統角逐人選，都被迫向這種民粹愛國主義靠攏；民主黨的參眾兩院重要人物，儘管私下對入侵伊拉克不以爲然，但公開的也祇敢在外交失敗這種技術性問題上唱反調，不敢對侵略他國是否正當這個基本問題上提出質疑。共和黨極右派抓住民主黨這種無能，遂在做出最後通牒後，在參眾兩院提案，要求國會在這個戰爭開打的時刻，凝聚共識。對於共和黨的寸寸進逼，民主黨完全無法抵擋。於是：

在參院方面，民主黨這個少數黨領袖達雪（Tom Daschle）儘管抨擊說「可悲的外交失敗使我們被迫走向戰爭」，其他民主黨大老如愛德華、甘迺迪等亦同樣做出指責。但在投票時，卻以九九比〇，無異議地通過挺布希的決議。

而在眾議院方面亦然。民主黨這個少數黨的領袖佩洛西（Noncy Palosi），她在十月份時還投票反對授權戰爭，但到了戰爭臨頭，卻表示：「當我們即將走向戰鬥，雖然政策見解不同，但既已戰鬥，則祇有一個團隊，一場戰爭。」結果是挺布希案以三九二比十一票通過，她也投了贊成票。民主黨的表現還不如共和黨眾議員路易士（John Lewis），他說：「本於良知，我不能也不願支持一個走向戰爭的失敗政策。」

而這種情況對英國政客亦然。英國民意反戰者高於主戰派，在布希最後通牒前，英國執政工黨的大臣閣員裡，有將近十人表示，若未經聯合國授權而戰爭，即會辭職抗議，工黨最資深的國會議員達尼爾（Tom Dalyell）甚至要求首相布萊爾下台。然而，及至美國做出最後通牒，英國政務官辭職九十一人，卻祇有三個是內閣部長，最重要的國際發展部部長克萊兒・蕭特（Clare Short）曾批評布萊爾最厲，但卻被挽留了下來。在辭職的人物裡，最重量級的乃是前外交大臣，現在的下院議長庫克（Robin Cook）。

以上這些現象，一般人很容易地就會用「民意如流水」、「政客投機」或「西瓜偎大邊」等說辭來解釋，但這些具有泛道德意涵的解釋，眞的是一種對的解釋嗎？

首先就「民意」這種被動的選擇而言。我們今日所謂的「民意」，本質上乃是一種複雜問題被簡化後的選擇題，因而它也是一種語言的簡化，把許許多多涉及主客觀判斷基礎的因素完全排除，設定出一、兩個代表了正反傾向的述句，供人選擇。由於它的這種不充分性，遂使得「民意」在面對重大情勢變化時，「西瓜偎大邊」的狀況就出現了。這也就是說，所謂「民意」，其實在嚴格的語言使用上，它所說的祇不過是：「在各種條件都相對穩定下，你的傾向是什麼？」如是而已。

因此，「反戰」其實是必須再分下去的。如果我們很輕鬆就除掉海珊，對伊拉克人民秋毫無犯，你是否還反戰？如果我一定要打，根本不問你的意見，你是否還反？……祇有細分到把人們判斷問題的主要考慮因素都設定了進去，所謂的「民意」大概才算得上是眞「民意」。

對「主戰」亦然。如果問主戰者，當美軍可能傷亡慘重時，你還是主張戰爭嗎？

當死的美軍裡有你的子女和朋友時，你還是主戰嗎？

由於「民意」的述句是語言的簡化，而它的背後有著太多不明言的因素存在。於是，善於政治操縱的政客或國家機器，就會刻意地在這些部分下工夫。以美國爲例，它即刻意宣傳自己是「伊拉克人民的解放者」，而迴避掉派軍隊進入別人國家必然造成的人民死亡，刻意宣傳自己的炸彈比人還聰明，祇炸壞人，不炸好人，因而凡被炸死的必屬壞人；而令人歎服的，乃是美國人還眞的相信了這種鬼話。這也證明了「民意如流水」，其實是很容易就被擁有權力者所操弄的事實。

因此，美英有大約十%的「民意」，在最後通牒後由反戰變爲主戰。這些「流水民意」是我們所說的「西瓜效應」嗎？當然不是。這些反戰者其實祇能算是「有條件的反戰者」，他們的反戰條件包括了自己政府的政策、國內外情勢的變化等。一旦條件改變，他們當然就從「有條件的反戰」變成了主戰。基於同樣的道理，那些主戰者，多半都以相信美英聯軍會很輕鬆攻下伊拉克爲前提，一旦美英聯軍大規模死於戰場，譬如五千人、一萬人或兩萬人，相信縱使再怎麼好戰的美國人，大概也會變成反戰派。因爲主戰派的基本前提一定是「自己人的傷亡極小化」，當這個前提消失，主戰就沒有了理由。

因此，「民意如流水」或「西瓜偎大邊」的犬儒式或泛道德化的說法，基本上是不正確的。我們祇能說「民意」是被壓縮後的窄化選擇，它的「條件句」都被排除，因而當舊條件改變，新條件出現，選擇也就變得不再一樣。但也正因此，對擁有權力的人，創造有利自己的條件，終究還是最後的關鍵。海珊必須讓更多美英軍人回不了自己的家鄉，如果伊拉克能讓美英軍人傷亡快速增加，相信英美，尤其是美國，民意就會徹底改變。

對民意的改變，不能用「民意如流水」或「西瓜偎大邊」的說法來解釋，同樣地，對於英美政客的說辭而不辭，責備在先但卻又背書於後，當然也就不能簡單地說是「投機」而已了。因為民意的選擇有著無限多的「條件句」，政客的選擇亦然。就以英國國際發展部大臣克萊兒・蕭特為例，她抨擊布萊爾「超級不計後果」、「我不願違背國際法和聯合國，我將提出辭呈」。但在勸留下，她畢竟還是留了下來。據英國媒體報導，她被挽留的最主要原因，乃是希望她在伊拉克戰後重建過程中扮演角色。而美國民主黨參眾議員反戰，但卻又替布希的入侵背書，這些當然都是瑕疵，但我們最多祇能說他們「愚蠢」，卻不能說他們「投機」。

他們之所以「愚蠢」，乃是他們原本有能力去創造有利於自己的條件，但這種條件卻被別人創造了出來，因而他們的選擇前提到了最後不在自己手中。英國工黨的愚蠢，乃是他們的領袖布萊爾，其實早就不再是工黨人了，更像是保守黨的代言人，而他們沒有能力將他替換；美國民主黨的愚蠢，則在於「九一一」後這個政黨已形同徹底瓦解。它對布希的民粹愛國主義找不到對抗的新論述，對美國經濟和人權的日益惡化，也找不到新方法。這兩個黨的前途，因此反而掉進了海珊手中。若伊拉克能夠抗得住美英聯軍，布希和布萊爾政權始有可能不保，從而始可改變美英政治。

長期以來，我們都生活在一個自己營造出來的「二值社會」裡。不是正，即是反；不是善，就是惡。這種價值的二元化，造成了我們的語言及思考模式，也是我們在制定各種述句時不明言的心態，所有有關「民意」和人生選擇的述句，因而也就都是「二值」的顯露。我們遇到三值或四值問題時就不會表達，遇到有些複雜問題超過了「二值」，對其中的變化，就祇好用諸如「民意如流水」、「西瓜偎大邊」、「投機政客」等來形容。我們不否認每個社會都有愚笨的奸人，隨風向而搖擺，但這種搖擺並不見得全屬奸人，反而有更多成分是價值二元簡化後所造成的語言不充分性所致！

# 語言污染受到全球重視

「語言污染」的問題，最近在許多國家都已受到重視和討論。

在日本，以前人們都稱讚它以假名來唸寫外來語的方式，認爲這是日本接受西方新知較爲便捷的原因。然而到了今天，隨著科技產品及生活方式的全球化，年輕的日本人講起話來，無論名詞和形容詞都愈來愈多外來語，儼然變成了一種以假名方式來說的外國話，最近日本媒體在討論此種現象時，即舉出了許多例證。這種情況在世代間格外嚴重，父母經常已聽不懂子女在說些什麼。爲此，日本文部省已決定用兩年的時間就此問題做出研究與解答。

而更戲劇性的，則是拉丁語了。目前全球祇有羅馬教廷以拉丁語爲官方語，它爲了避免在這個科技及生活方式全球化的時代，人們說起話來拉丁語和英語夾纏，遂花了許多年時間，將當代的新語詞拉丁化，並在最近完成一部厚厚兩大冊、共計七二八頁的《拉丁語最新大辭典》(Lexicon Recentis Latinitatis)，例如，「洗碗機」被寫成 escariorum lavator、「汽車」被寫成 birota automataria levis、「色情電影」被寫成 pellicula cinematographica obscena、「空手道」被寫成 oppugnatio incrmis laponica、「熱狗」被寫成 pastillum botello fartum……等。但非常悲哀的，乃是這套辭典由於貴到一一五美元，因而祇印了五百套，上市兩個星期後祇賣了六套。

日本和梵諦岡教廷，在這個科技和生活全球化的時代，它們所使用的語言已被大量新的外來語所穿透，決心維護自己語言的純粹性，因而要把外來語加以本土化。教廷的本土化，乃是外來語用古代拉丁字重新寫過，「洗碗機」遂變成「碗」（escariorum）的「清洗裝置」（lavator）；「空手道」則成了「攻擊方式」（oppugnatio），加上「徒手的」（incrmis）及「日本的」（Iaponica）而成。在拉丁語裡沒有「J」這個字母，它用「I」來寫，日本因而成了Iapon。祇是，這種刻意地要保持「語言純淨」，卻很難達成。語言原本即有如生命，它會自然地演變，會在和其他語言接觸時相互吸收。強大的國家之所以強大，乃是它的國力與生產力較強，新語言的生產力也自然較大，它穿透別種語言的能力和數量也自然較大，由於這是一種和平的穿透過程，儘管從本位觀點看，可以視之爲「語言侵略」和「語言污染」，但卻幾乎毫無方法防範。

也正因此，所謂的「語言污染」，有些情況的確存在著極大爭議。過去的殖民時代，許多被殖民國被武力壓服而改用英語，這些國家卻發展出一些與英語並不完全一樣的「克里奧爾語」（Creole）和「洋涇濱語」（pidgin），當時英美也視這種英語爲對英語的污染，但到了現在，則絕大多數人都視之爲一種非主流的「英語方言」，而不是對英語的污染。

不過，儘管這種型態的「語言污染」很難成立，但並不表示「語言污染」不存在。殖民時代，殖民國以武力強迫被殖民國改變語言文字，這乃是最大的「語言污染」。但其先決條件乃是必須相當長時間的武力壓制，這乃是儘管台灣有人要把語言文字改成拼音文字，但卻不可能的原因。而除了這種極端情況的「語言污染」外，一般情況的「語言污染」卻也有許多類型。

其一，乃是半殖民、半專制下的「語言污染」。它乃是殖民者和專制者硬把兩種語言混合，造成的語言異形。僞滿時代，傀儡政府以日本文法、漢字書寫的方式所說所寫的「協和語」，即是一例，「你的愛國精神眞是大大地好啊」即是這種污染最有名的笑話式例證。

其二，語言文字乃是文明發展的結果，有許多乃是長期約定俗成的沉澱。此外，語言文字也是一種文化、一種秩序，它必須統一但又要尊重，否則一個多種族多語言的國家即無法維繫。這乃是美國儘管族群複雜，甚至容忍猶太人辦猶太報、華人辦華文報、拉美裔人辦西語報、波蘭社區辦波蘭文報、愛爾蘭裔有蓋爾特語報，但官式語言祇有一個，並反對多語教學的原因；而印度之所以支離破碎，則肯定和它的官方語言多達十五種有關。語言政策與一個國家的榮枯有著密切的關係，如何掌握分際，乃是政治人物的擔當與考驗。

而此刻的台灣，所面對的即是這種問題由錯亂而污染的階段，台灣在政治上目前正在展開泛族群動員，於是以反霸權及多元爲由，意圖解除正式漢語的正當性，但儘管政治上高唱本土主義，卻又不對本土語言多做研究，於是，從小學本土語言教學充滿白癡造字造句法，國家考試也出了一堆不知所云的烏龍笑話。這也就是說，台灣的閩南語書寫，已進入了一個愛怎麼寫就怎麼寫的階段。語言文字已不再是溝通的媒介，而成了宣示政治效忠及黨同伐異的工具，亂寫的閩南語不但滋長了基本語言亂象，甚至連閩南語本身也都被弄得污穢不堪。根據那些人的邏輯，他們爲了討好群眾，實質上則玩著河洛語新霸權，台灣成爲多語制並非不可能，更大的混亂與污染還在後面。

其三，乃是語言本身事實上存在著層次的差異，有雅言、有鄙語，這乃是文明教養的沉澱。但此刻的台灣，民粹當道，價值已告失去，於是能講粗話即代表親切草根，如同能嚼檳榔才代表鄉土基層，這種價值的顚倒與錯亂，已使得台灣政治人物的粗鄙語言當道，並開始上行下效。台灣社會的「脫教養化」正在逐漸地到來，粗鄙語言有如野火，它會燒掉長久以來才累積的一點點氣質與格調。當今台灣社會的粗鄙化與暴力傾向正在升高，這和粗鄙語言當道脫不了干係。

其四，語言也是思想的產物，因而語言也決定著思想和行爲。近代西方學者已研究過納粹語言和中國的「文革」語言，那種語言都有一些特質，那就是它善於以二分法來區隔敵我，而後用剛性的，祇有定義標籤但無內容的名詞和形容詞來層層包裝，達到鼓動煽情的效果，民粹法西斯主義早已埋伏在語言中，這種語言即是大規模的污染，它所污染的已不祇是語言，而是思想與行動，這種最深層的污染，將來已注定將往災難浩劫的方向推進。

其五，目前在西方已愈來愈關切另一種隨著消費化及電子化之後而造成的語言污染。無論東方西方，也無論今古，都始終存在著各式各樣的「隱語系統」，它是特定地方、職業、年齡層所形成的次級語言系統。這種次級群體所使用的語言，符號交換的意義大過溝通上的意義，會講這種「隱語」的，幾句下來，即可辨識出誰是自己人，誰是圈外人。「隱語」是一種小圈子認同的通關密語。

不過，以前的「隱語」祇是一種邊緣性的語言，它撼動不了普通日常語言的大海。但到了現在，由於消費文明，電子媒介的交往變得容易，許多「隱語」已有了足夠的力量來影響日常語言。這種以符號辨識、歸屬感、廣告效果、立即聯繫等功能爲主的語言透過廣告、網路、手機等媒介而流傳，它讓語言變得更簡單，當然也使得語言及文字的公共性變得更薄弱。這種型態的語言污染，乃是語言哲學裡被關心的課題，它削弱了過去千百年來由於「文字文明」而造就出來的思辨能力。

綜上所述，已可看出當代的「語言污染」，的確已到了不容繼續忽視的階段。人是透過語言文字來進行思考與溝通的，因而語言的概念設定、語法及推論，都決定著人們的思想以及困惑時尋找答案的方向。語言的精粗，決定著人的精粗；語言的錯亂和污染，也注定將使得心態與思想變得錯亂與污染。人們之所以必須重視語言問題，乃是祇有如此，才不至於陷入困境而不自知。台灣爲了語言、拼音、鄉土語言教學等問題已吵得夠久了，它所造成的污染也日益地表面化，在這樣的時刻，我們又怎能不格外地去思考語言污染和它背後心靈污染的問題呢？

# 把語言還給我們！

在所有的污染裡，最嚴重的是「語言污染」。因爲語言是思想的載具，「語言污染」也就等於思想的污染與敗壞，最後是對與錯，是與非的界線都將變得模糊，甚至還會被取消。

而論及「語言污染」，可能就必須談到在「語言污染」這種現象裡的一個關鍵詞：「Gobbledygook」，它也可被寫爲「Gobbledegook」。它由「火雞叫」（Gobble）和「下等骯髒」（Gook）這兩個單字合組而成。「Gook」乃是二次大戰時，美國大兵對韓國人、日本人、菲律賓人和越南人等的蔑稱。「Gobbledygook」這個合成詞的字典意義是「官樣文章」，但更準確的翻譯或許應當是「東拉西扯」。我們甚至可以說，大多數的「語言污染」，都被濃縮在這個關鍵的合成詞中。

而這麼重要的字詞，當然不可能沒來由：一九四四年，一位美國聯邦眾議員馬弗瑞克（Maury Maverick）擔任眾院「小型戰時工廠事務委員會」的主席。有次開會，各部門官僚代表在那裡高談闊論、廢話連篇，充斥著諸如「引起一種必須的調查，以一種評估的觀點」之類虛張聲勢，實質上卻東拉西扯、不知所云的說辭。於是，他一怒之下，遂寫了張備忘條，指責這些官僚是在搞「Gobbledygook」。後來他解釋說，會中聽到官僚們胡說八道，就覺得好像是一群火雞在嚷嚷；由於腦中浮出了火雞的意象，他遂靈光一閃，想出了那個合成詞。

「Gobbledygook」這個合成詞出現後，由於它寫實、精準，甚至還有著反諷的想像，使得這個合成詞具備了高度的延展性，因而它不但成了關鍵詞，而且還在後來人不斷的使用中漸趨擴大，最後變成了一個具有總體概括性的「通名」——那就是，幾乎所有政客官僚們的負面語言現象，都可被一定程度的歸納到它的項目中，諸如「廢話連篇」（Prolixity）、「婆婆媽媽」（Redundancy）、「模糊迷離」（Obscure）、「閃爍投機」（Hedging）、「一團漿糊」（Fuzzy）、「胡言糾纏」（Circumlocution）、「狡言鬼扯」（Hair-splitting）……等，皆屬之。

「語言污染」之所以特別值得重視，乃是它經常隨著專制政治、民粹法西斯主義、庸俗的民主黨派政治等而悄然掩至，在污染政治的同時，也污染了生活與思想，它迫使著人們在被污染的時代氣氛下，不再以有是非善惡的態度看待一切，被制約了的思維模式會在恐懼、亢奮，甚或媚俗的氣氛下產生，最後會讓一切都淪爲「肥皀劇」。近代討論這個問題最深刻的，或許是南斯拉夫克羅埃西亞裔，目前爲荷蘭籍的女作家及評論家杜布拉芙卡・烏格瑞希絲（Dubravka Ugresic）了。她在《說謊文化：反政治論文集》裡就指出，包括南斯拉夫在內，由以前的專制威權到現在的愛國式民粹主義，儘管型態不同，但對語言和思想的污染則相同，於是「拒絕希望的希望」、「沒有意義的意義」等情況大盛，它使得人們活在不知如何是好的無力困境下，因而遂在一篇評論〈字母在發抖〉裡如是寫道：

「而我怎麼辦？後來我愈來愈少買報紙，愈來愈頻繁地關掉電視，我不插上電話，我關掉窗子，拉下窗簾，蒙上被子，把我的頭埋進書裡，但天啊！我看到連字母都在發抖。」

這實在是精妙無比的譬喻：當一個社會，所有的事都被糾纏的、污染過的政治語言所污染，最後當然是是非善惡的無存，整個世界與生命都變成了「肥皀劇」，不但字母要發抖，甚至連語言也要發抖了。而這樣的道理，前代大文豪康拉德（György Konrad）就說得更徹底了。

「反政治的趨勢，乃是被驚嚇出來的。當一個人發現事情變得愈來愈非比尋常，愈來愈詭誕，以及益發離譜到失去了意義。這時候他就會理解到已成了受害人，他不想再這樣，他不想自己的生與死被別人操弄，他不想把自己的人生付託給政客，他開始要求他們把他的語言及哲學還給他。」

根據語言的被政治污染，最後是一切的是非善惡皆告消失，最後不過淪爲肥皀劇的這種現象來分析當今的「葉國興現象」，其道理也就很明顯了。

當今我們的政府官僚，由於長期活在過去威權專制的記憶陰影裡，記憶也就因而變成一種習慣與本能。他們不習慣自己被民意和媒體監督，並視所有的監督必屬惡意，必是陰謀，於是，一種「迴向式的陰謀」（palindrome conspiracy）即告出現——所謂「迴向式的陰謀」，說得最清楚的，乃是作家米蘭・昆德拉（Milan Kundera）。他在《笑忘書》裡說過，天使有次聽到魔鬼的笑聲後變得手軟腳軟，虛弱無力，在理解到其威力後，於是天使遂面對面向魔鬼做笑聲較勁，除了方向相反外，他們的聲音居然完全一樣！以至於已無法區分究竟誰是魔鬼、誰是天使了！

「迴向式的陰謀」，所顯示的乃是當政黨及政客失去了自我督飭、自我期勉、向上提升的自覺後，就會以同樣的方式，反芻過去的記憶。葉國興繼「置入性行銷」後，再搞「媒體評鑑」，游錫堃認爲自己政績很好，不好的乃是媒體不能配合，所顯示的不都是「迴向式的陰謀」所造成的結果嗎？但大搞這種「迴向」也就罷了，眞正讓人歎爲觀止的，乃是在媒體評鑑引發軒然大波後，葉國興居然對著立法院的記者席，連續比出了十三次「槍斃」的手勢。接著，他又說這種手勢沒有惡意，而是親切。第二天，行政院發言人又表示，葉國興的風格「調皮」，但沒什麼惡意，他的打槍動作是因爲他小時候曾玩過騎馬打仗的遊戲所致。

這些都是曠世稀見的「硬拗」和「胡扯」。如果以手勢對人連開十三槍之後，能夠以「一時衝動，失去理智」來祈求原諒，或許還勉強會被人接受，而今用手勢槍斃人十三次，也可以硬拗成「沒有惡意」，那麼坦白地說，未來的台灣語彙裡，諸如「惡意」和「親切」這種祇要是人就可以定義的字詞，即會變得再也無法定義；如果小時候騎馬打仗殺人可以，現在槍斃人的手勢也可以；那麼，前陣子的「老處女」和「討客兄」又怎麼不可以，我們每個人在小時候不都講過這樣的話嗎？照這樣的邏輯，小時候我們哪個鄉下人不都是沒有「惡意」的說過諸如「幹」、「駛X娘」、「爛蕉」之類的「調皮話」，現在又怎麼不可以？有些特別「白目」的「調皮」小孩還會當著女生脫褲子、露雞雞，這又有什麼大不了的，「調皮」嘛！當一種政客把語言硬拗到拗不下去，最後連「小時候」、「調皮」都任意胡謅的程度，台灣的語言和字母豈能不發抖？人們又怎能不像康拉德一樣，要求政客把語言及哲學還回來呢？西方政客也會「東拉西扯」(Gooblеdygook)，但人家儘管在「東拉西扯」裡也有詭言巧辯，愈扯愈離題的現象，但大概也沒有任何人敢做出「槍斃」的手勢，或用「親切」、「調皮」、「小時候」來鬼扯的程度。一切都是「小時候」，這不就是在說我們的官僚、政客，以及所謂的民主，也很「小時候」嗎？

因此，在「葉國興現象」裡，葉國興這個人其實一點都不重要，重要的乃是這個現象裡對語言、思想、是非、應該與不應該等基本原理原則的污染與破壞，前陣子我們的立法院還爲了「老處女」、「討客兄」而移付紀律懲處，而這幾句話比起「小時候」、「親切」的槍斃手勢，又算得了什麼？如果槍斃手勢很「親切」，下次我們對游錫堃或陳水扁是否也可以「親切」或「調皮」一下？官僚政客們不要忘了，當語言的胡扯蠻纏讓一切都在污染中崩解，沒有了對錯或當爲不當爲的界線，最後一切惡果就會「迴向」到自己頭上。

近年來，台灣在民粹法西斯的黨派政治侵蝕下，台灣政治上的護短與硬拗，已到了匪夷所思的程度。政客官僚們在護短硬拗中，不思不想，扭曲事實，故意曲解許許多多的人間基本規則，也同時散布著仇恨與謊言，而對另外一些意思空洞的字詞卻又視爲拜物教的符號。所有的這一切語言污染，都在破壞著我們生存所賴以維繫的「常識」。當槍斃手勢都成了「親切」，我們已相信，將來的台灣已注定加速地往「親切」的路上走去！而這種「親切」的肥皂劇，在葉國興之後，還會有更多主角配角搶著上場。面對語言的如此污染，我們怎能不說，「把語言還給我們！」

# 記憶的客觀

兩、三年前，美國喬治亞州的一個小農莊，出了一個富勒太太，有些人相信她是聖母瑪利亞的使者，不但聖母會藉著她的口來傳話，有時候甚至還會光臨她的農莊現身。於是，一傳十、十傳百的造成轟動，包括歐美、澳洲、日本、拉丁美洲，有十萬人湧入該農莊，在農莊旁邊的小山坡紮營。

由於知道了這個消息，英國《獨立報》遂派遣記者至該地採訪報導。該記者後來寫了一篇文章，其中有這樣的一段：

「看啊，那就是聖母！」有人大聲嚷叫，於是，所有的眼睛和攝影機都朝向南方的天空，一片朦朧的藍天，點綴著蓬鬆的白雲。「看啊！那就是聖母，她抱著耶穌，還在移動。」我歪著頭東張西望，但卻無法辨識出來。許多人拿著攝影機搶著拍，一直到他們認爲拍到了聖母影像爲止。「看啊，太陽開始旋轉了，每次聖母現身都會這樣。」我右手邊的一個朝聖者如此驚聲尖叫，但我看到的，卻祇不過是一朵雲橫過太陽的下方。

英國《獨立報》記者的現場報導，乃是有關「看」的問題裡最有趣，但也最值得探討的一種特例。那擠在農場邊的十萬個信眾，都不可能是瘋子，因此當他們說看到了聖母、聖嬰或太陽旋轉時，在他們的認知裡，那當然都是眞的，是「客觀」的事實。而那個記者之所以看到的與其他人不同，或許即在於他心中並無預期，沒有預期就不會有「看到想看到的」之結果。由喬治亞州小農莊裡所發生的事，印證了一種論點，那就是當人們在看的時候，經常以爲所看到的，其實祇不過是心裡想看到的。「看到」並不代表「客觀」，在「看」的問題上，有著太多干涉性的因素。「看」可能是選擇性的看；可能是心中有成見和預期的看，當然更有可能是看錯了的看！

除了「看」與「客觀」間可能有相當的差距外，在「記得」、「回憶」和「記憶」的問題上亦然。無論東西方，當人們在使用這些相關的語詞和概念時，幾乎都不言自明地相信所謂的「記得」、「回憶」和「記憶」是指一個以前確實發生的事情，它像照片般被印在我們心靈的模板上，因而人們在述說「記得」和「記憶」時，祇不過是把模板上的事藉著語言而「再現」而已，既然是「再現」，它當然也是「客觀」的。

然而，人們的「記得」、「回憶」和「記憶」眞的都是「客觀」眞實的嗎？許多人可能都讀過《海倫凱勒自傳》。海倫凱勒雖是盲人，卻喜歡讀書。她幼年時讀到一篇文章，但後來卻忘了這篇文章是讀到的，因而把它寫了出來，被老師認爲是剽竊。她把「記得」搞錯，以爲是自己「想到」的。

而更有趣並値得注意的，乃是近代精神治療所發現的難題：

美國新罕布什爾大學教授琳達・威廉絲（Linda Meyer Williams）所做的研究。她曾廣泛蒐集幼女因爲被性虐待而到醫院求助的案例。過了十七年後，她再度約訪這些已成年的昔日受害人，其中有三八%已對過去的事情完全不復記憶，這是記憶的被壓抑，因而被稱爲「被壓抑掉的記憶」（The Repressed Memory）。早在一八九三年時，佛洛伊德在和朋友的通信裡，就曾提到這樣的觀念。由「被壓抑掉的記憶」，證實了一種現象，那就是我們記得，是因爲我們想記得，我們遺忘，有可能祇是想遺忘，選擇性的記得，選擇性的遺忘，它成了人間記憶戲劇的主要成分。

而更値得注意的，乃是美國加州曼哈坦海灘「麥克馬汀幼稚園」長達七年的訟案。該幼稚園的老師被控猥褻兒童，引發家長、社區以及媒體的歇斯底里反應。但初步調查時，卻發現所謂的受害兒童講不出個所以然來，於是，湊熱鬧而以爲可以替天行道的「記憶恢復專家」遂介入此案。他們認爲受害兒童講不出個所以然來，乃是因爲他（她）們的記憶被壓抑掉了，於是專家遂藉著各種道具、暗示、鼓勵，希望恢復兒童的記憶，俾做爲指控的證據。在經過這些專家的努力下，兒童們在庭上已能活靈活現地表達出他（她）們被性虐待的經過，但經過反覆交叉質問，卻發現其矛盾破綻不可勝數。於是，在漫長的七年糾纏後，終將此案撤銷，由此案並出現了另一個名詞：「被鼓勵出來的假記憶」（Encouraged False Memory）。也就是說，根本就不曾發生過的事，其實是可以透過各種心理操控手段，而讓當事人覺得確實發生過，記憶是可以假造的。

記憶的假造，甚至藉著政治操控而創造假記憶，我們其實並不陌生。早年大陸搞過一陣「憶苦思甜」，就屬之。當時的中國共黨爲了擴大人民對國民黨的痛恨，硬是煽起群眾運動，指使有些人出來指控國民黨所造成的苦，當過去被徹底的醜化，現在的一切就會變得更加可以忍受。「憶苦思甜」就是透過政治操作而創造假記憶。目前在台灣，國民黨的過去被徹底的妖魔化，在某種意義上也有著昔日共黨所搞的「憶苦思甜」的況味。

因此，無論「看」、「記得」、「記憶」、「回憶」，其實都有著極大的灰色地帶。以前，人們認爲無論「看」、「記得」、「記憶」、「回憶」，都是「客觀」外在世界的反映，它乃是「理性」的基礎。但愈到近代，人們已愈發現到，這些論點都存在著極多也極大的盲區。我們「看」、「記得」、「記憶」、「回憶」，它和眞實之間的關係，並不像照鏡子那麼簡單，有時候反而會像是「哈哈鏡」一樣，照出另外一個奇形怪狀的影像。

也正因此，在經過這次性騷擾「舔耳」風波的烏龍案件後，台灣若繼續在那裡擴大搞藉題發揮，黨同伐異的鬧劇，那就眞是錯過了這個問題所給予人們的警惕和啓發了。由上述的舉例，我們已知道，近代由於各類知識的發展，以及政治文化的改良，人們已察覺到以往所認爲的「看」、「記得」、「記憶」、「回憶」代表了「客觀」、「眞實」的態度，其實是大可商榷的。人類的能力極其有限，我們常會聽錯與看錯記錯，也經常會選擇性的故意聽錯看錯記錯。而聽錯看錯記錯，又都和情緒亢奮所形成的知覺盲點有關。這起性騷擾「舔耳」風波裡，就有著太多這種過度亢奮所造成的盲點。在這次「看錯」「認錯」的烏龍風波裡，這個盲點的形成，或許才更值得注意。當台灣的政治鬥爭日益激烈，所有的人都在鬥爭文化下變得愈來愈亢奮，發生了任何事情，即想當然爾地「看」，想當然爾地「聽」，終於造成了「錯看」。「錯看」事小，它所反映出來的那種政治鬥爭日益激烈下的判斷扭曲，或許才是最不容忽視的核心問題。

近代學者已經指出，在十九世紀的時候，「客觀」這個字曾是個關鍵字，人們簡單的相信，它乃是眞實世界的再現，是理性的基礎，但到了近代，尤其是一九七〇年代以後，「客觀」這個字就愈來愈少被人們使用了。因爲人們已理解到這個字實在太不客觀，我們的聽與看，我們「記得」、「記憶」和「回憶」也都不「客觀」。但是如果「客觀」都已被質疑，那麼人類要如何避免淪爲一切都相對化，再也沒有被認爲是「眞」「假」的虛無主義陷阱呢？答案是：儘管我們對「聽」、「看」，以及「記憶」、「回憶」的客觀性都表示値得懷疑，但這種懷疑並不是不能拯救的，它必須靠著更多開放化、程序化、專業化，以及辯證式的判別標準來做爲論斷是非眞假的依據。簡而言之，祇有心胸的開放，論事的嚴格，人們始能避免掉眼睛和心智都被蒙蔽的衝突與鬥爭中，也可以避免掉製造假記憶這種更大的蒙蔽。

一堆人會在雲朵的形狀裡看到別人看不到的聖母；有些人會把甲錯看成乙；有些人會被別人加工，產生原本並不存在的記憶，這都顯示出人的認知能力有著太多盲點，以及「客觀」這個語詞與概念的可疑。我們以前都相信自己的「聽」、「看」、「記得」、「回憶」等是「客觀」的，以後當知道，相信「客觀」，就會變成「不客觀」的道理。

# 語言操縱的新時代

雖然現在的人在品質上並不一定優於從前，但當代人受到商業及政治廣告術的影響，在語言遊戲上的能耐，卻顯然非古人能比。

這乃是「九一一」發生後，布希立即邀請在美國有「品牌製造皇后」（Queen of Branding）之稱的貝爾絲（Charlotte Beers），出任國務院主管公共政策事務的副國務卿之原因。她的被任命，最重要之目的，即是要「促銷布希的反恐戰爭」。貝爾絲乃是全球最大廣告公司 J. Walter Thompson Worldwide 的董事長。根據美國媒體的報導，她上台後最大的成就有二：

其一，乃是她的部門透過操作，把《可蘭經》裡本來是指「抗戰」的 Jihad 這個字，硬拗到相當於「恐怖主義」的意義。藉著這種操作，即可褫奪掉阿拉伯人的「抵抗權」。

其二，乃是「九一一」之後，美國的政治廣告及政治議題裡，突然產生了這樣的題目：「他們爲什麼恨我們?」（Why they hate us?）。標準的答案是：「他們恨我們的自由，恨我們的富裕。」這是更高明的語言操縱術，藉此把一切的現實和因果問題全部跳過，並將複雜的問題簡化成不相干的獨白。這種說話的方式，雖然別人看來很無聊愚蠢，但對美國人卻很有效。這也是貝爾絲及其手下的傑作。

最近，美國以「反恐」之名企圖再次入侵伊拉克，受到幾乎全球一致的反對。爲了防止美國民意因此而改變，美國政府特撥了五億二千萬美元，展開專案政治宣傳。它乃是美國歷史上經費及規模最大的宣傳計畫，名義上是對中東及南亞宣傳，實質上則針對美國自己。最近美國的政治廣告及政治節目裡，突然出現大量阿拉伯臉孔，對伊拉克進行控訴，要求美國出兵拯救，這就是貝爾絲的另一創作。透過現代廣告術的語言、符號以及呈現方式運用，政治的可操縱性已愈來愈增。

有關政治語言、符號以及論說方式的操縱，乃是當代非常値得注意的新課題。當今最主要的後現代主義理論家之一的布希亞（Jean Baudrillard）早已指出過，現在的社會由於媒體發達，已進入一個新的符號價値交換的時代。這也意味著它的可操作性愈增，眞與假、實與虛的分際也將更爲混淆。以前，何謂「是」，何謂「非」，人們雖然不一定能清楚定義，但大家心中的那把尺卻都差不多。但愈到近年，這種標準日益錯亂，而且也的確顯示出，如果有足夠的語言符號生產力和傳播力，是有可能根據自己的願望和企圖，創造出一個虛擬的世界，並讓虛擬變成眞實。

當今的語言操縱，爲了讓自己的意志能穿透到語言中，第一原則一定要讓語言「脫事實化」，因爲祇有「脫事實化」，始能擺脫掉長期以來已在人們心中形成的那把尺的標準。因此，「脫事實化」之目的，即在於「脫道德化」。這種「脫事實化」和「脫道德化」，在一九九〇至一九九一年波灣戰爭時首開其端，到了「九一一」之後可謂大放異彩。

因此，現在已到了「新詞製造者」（Neologist）當令的時代。波灣戰爭時爲了使它「脫事實化」和「脫道德化」，硬是把戰爭說得不像戰爭。例如稱快速而密集的轟炸與攻擊爲「外科手術」（Surgical operation），稱會造成巨大傷亡的重磅炸彈及燒夷彈爲「聰明的炸彈」（Smart Bombs），稱造成的巨大平民死傷爲輕描淡寫的「附帶傷害」（Collateral Damage）……等。這種「新詞製造」也可以說是一種「委婉修辭術」（Euphemism）——指把一件事說得比較好聽，但在委婉的底下，卻躲藏著更殘酷的戰爭陰影。戰爭不會因爲被說得不像戰爭而就不是戰爭；輕描淡寫的「附帶傷害」，也遮掩不掉平民的死亡。但這種新詞卻可以讓人們對戰爭變得無動於衷。把戰爭用新詞來說得不像戰爭，最終極之目的，乃是要使它和人們的良心分開，當社會變得「脫良心化」，政府所控制的戰爭機器即可爲所欲爲。

「九一一」之後，這種新詞更增，如用武力或顛覆的方式去「推翻」別國的政府不說「推翻」，而稱之爲「政權改變」（Regime Change）；不說「殺人」（Kill），而說「消除」或「排除」（Eliminate）；不說「侵略」（Invasion），而說「先制攻擊」（Pre-emptive strike）……等皆屬之。

這時候，我們已須對歐洲政治史上極爲重要，甚至可以說是歐洲國際正義觀奠基石的「西伐利亞條約」加以討論了。十六世紀的歐洲天下大亂，一直延續到十七世紀，西荷戰爭打了八十年，德國則有三十年戰爭，最後在一六四八年一系列和議重新建造出秩序，其中最關鍵的即是當年底的「西伐利亞條約」，它界定出了許多後來一直被國際信守的價值基準，「侵略」即是其中的主要價值之一，除非被「侵略」，即不攻擊，主動攻擊就是「侵略」。在這種價值信念下，主動去「推翻」（Overthrow Topple）或「攻擊」別國，遂都成了禁忌。

而當代的「新詞製造」，就是要藉著新的說法如「政權改變」、「消除」、「先制攻擊」等來閃避上述的古典價值。難怪法國總統席哈克要在八月底的法國使節會議上大肆抨擊說：「這違背了國際規範、我們信守的準則及聯合國權威。」歐洲民意逾七成反對美國以「先制攻擊」爲理由，變相的「侵略」伊拉克，並非他們反美，而是他們對「侵略」，每個人的心裡都有差不多一樣的尺。如果「先制攻擊」可以成立，任何「侵略」都將有了理由，全世界豈不都將成爲一個恃強凌弱、以眾暴寡的野蠻之地？

「九一一」之後，「脫事實化」、「脫道德化」、「脫良心化」的新詞正在被大量地加工製造，而頗能青出於藍的，乃是以色列。

在「九一一」之後，以色列開始對巴勒斯坦擴大軍事攻擊行動，它將這種行動稱爲「先制攻擊」。它對重要的巴勒斯坦激進領袖展開獵殺，將這種獵殺行爲稱爲「焦點式預防」（Focused Prevention）；同時，它也出動戰機、戰鬥直升機和戰車對城鎮進行轟炸，這也被說成是「精確定點預防作業」（pin-point preventive operations）。殺人以及毀人廬舍可以到如此冷靜，並用看起來很技術性的名詞來掩蓋的程度，在人類歷史上倒也眞是鮮見。

而更有趣但卻冷血的是這個故事：有次以軍在西岸地區的土巴斯村（Tubas）進行獵殺工作。以軍聽說有一個他們準備獵殺的對象在某個屋子裡，由於以軍不敢打頭陣，遂命令該屋鄰居的一個十九歲少年達拉梅（Nidal Daraghmeh）當前鋒，要他去敲門，而在開門的瞬間，以軍就可以乘機發動攻擊。但就在這個倒楣的少年被迫去敲門之時，不知道從哪裡射出了冷槍，該少年中彈身亡。以軍用巴勒斯坦人當攻擊時的「人肉盾牌」（Human Shields）之事後來被揭發，軍方的說法才妙呢：這是一種「鄰里工作程序」（Neighbor Procedure），「叫一個人去做這種事，是要他去向屋內人提出警告，讓他知道情況。這樣做的目的，是爲了每個人的安全。」當「人肉盾牌」都可以說成「鄰里工作程序」，怎能教人不服氣！

也正因此，目前的以色列媒體報導已變得愈來愈咬文嚼字了。當以軍獵殺了一個人，媒體會這樣說：「在經過焦點式的預防作業後，一個巴勒斯坦恐怖分子已被消除掉了。」

因此，在「九一一」業已屆滿一周年的此刻，當人們都在談論這起事件所造成的衝擊時，它對當代「新詞製造」的影響，不但不宜忽略，反而應當特別加以重視。人們對世界的認知，對事情的判斷，都透過語言。因而語言裡的字詞概念和語法，也就制約著我們的價值標準和是非判斷。

人們對戰爭會有不忍之心，對殺戮多半不會接受，這些已成了我們良心裡最主要的成分。但所有這些沉澱在語言裡的文明標準，在近年來卻已被各種新詞一點一點的瓦解了。這些新詞由於被一種新的權力意識所主導，因而它的共同特性乃是要藉著語言的「脫事實化」、「脫道德化」及「脫良心化」，來瓦解掉文明沉澱在每個人心底深處的價值觀。在這些被說得很技術化、專門化及冷靜的新詞裡，戰爭已不像戰爭，殺人也等於不是殺人，未來的世界除了比槍砲拳頭的大小外，將不會再有其他標準。人們對某幾個少數國家不喜歡，不是簡單的反對而已，而是厭惡這些國家祇是讓世界復歸野蠻，因爲它們的野蠻殘酷早已躲藏在他們製造的新詞中。

當今美國重量級自由派評論家威廉・法夫（William Pfaff）長居巴黎。他的評論因而多半能由古典價值出發。他指出，對「恐怖主義」一詞，歐洲人的認知就和美國完全不同。歐洲有許多國家在二次大戰時都被納粹及其傀儡政府統治，許多人都從事過地下的抵抗活動。如破壞、暗殺，以及打游擊等。這是被壓迫者的「抵抗權」，巴勒斯坦人所做的即是「抵抗權」的行使，而非什麼「恐怖主義」。

歐洲人絕大多數都支持巴勒斯坦人，這並不是扣帽子的「反猶」所能解釋的，而是巴勒斯坦人的受苦喚醒起歐洲人自己曾經有過的記憶而已，這乃是美國人所不能理解的。由威廉・法夫的「恐怖主義」的討論，其實也可以用到其他那些新詞上。

因此，在「九一一」週年的此刻，我們對當代的「新詞製造」（Neologism）可能已需格外提高警覺了！

而走筆至此，突然又讀到目前在普林斯頓高級研究院任職的著名經濟學家克魯曼剛剛發表在

《紐約時報》的專欄〈當布希政府使用歐威爾的策略〉。在這篇文章裡，他指出，當今的布希政府乃是一個最善於「語言操縱」的政府，他們總是說「戰爭即和平，自由即奴役，無知即力量」，因而ＡＢＣ廣播電視公司的網路上，遂如此說道：

「對許多新聞記者而言，布希團隊的人所說的話實在不值得相信。因為他們總是堅持說上即下，黑就是白。」

克魯曼教授並指出，布希政府善於藉著用扣帽子的方式硬是「把巧克力說成是香草」，不接受這種說法的就是「自由派的偏見」。另一方面卻又玩語言遊戲，把兩件對立的事硬拗成是一樣的事。由克魯曼教授的分析和評論，益發證實了現在的確是個語言操縱的新時代了！

# 別以我之名

在群眾示威遊行的時候，閱讀他們的標語牌，乃是有趣而重要的事。好的示威標語，勝過傑出的廣告金句，好的政治標語是政治格局、視野、調性的顯露。

從二〇〇一年開始，泛歐美的「停止戰爭聯盟」（Stop The War Coalition）即已形成，各式各樣的標語在歷次示威遊行中出現。最近，歐美各大城市爆發大規模的反對攻擊伊拉克示威，倫敦的示威者即達四十萬人，眞是盛況空前。在一片「停戰」（Stop The War）、「別攻擊伊拉克」（Don't Attack Iraq）、「停止布希和布萊爾的戰爭」（Stop Bush And Blair's War）等目的清楚的標語之海裡，最搶眼的乃是這個標語：「別以我之名」（Not In My Name）。這個標語又和從反對入侵阿富汗時即一直用到現在的另一標語相得益彰。那個標語是「以眼還眼，世界目盲」（An Eye For An Eye, Leaves The World Blind）。這兩個足以膺選爲「最佳政治口號」的標語，不但有來歷，而且有詩意，由於它們都以豐富的宗教文化爲其內涵，其動人的力量也更爲豐富。

在此先說「以眼還眼，世界目盲」這個句子。

許多人可能都認爲「以牙還牙，以眼還眼」的典故出自《舊約》，在〈出埃及記〉的第二十一章第二十四至二十五節有曰：「若有別害，就要以命償命，以眼還眼，以牙還牙，以手還手，以腳還腳，以烙還烙，以傷還傷，以打還打。」另外，〈利未記〉第二十四章第二十節亦曰：「以傷還傷，以眼還眼，以牙還牙，他怎麼叫人的身體有殘疾，也要照樣向他行。」

然而，如果再深究下去，《舊約》其實並非「以眼還眼，以牙還牙」的眞正出處。在遠古時代，懲罰的概念以「報復」爲主軸。《舊約》時代的希伯來人所相信的，祇不過是當時各個社會也都相信的這種「報復主義」而已，比《舊約》更早的巴比倫（相當於今日的伊拉克），大約在紀元前一七五〇年的《漢摩拉比法典》裡就已寫明：「一個人如果毀掉別人的眼，則應以毀掉他自己的眼爲懲罰。」

《漢摩拉比法典》被雕印在一塊高達八呎的閃長岩柱上，它乃是「以眼還眼」的最早紀錄。

而在眼的意象上，西方除了這種「以眼還眼」的歷史文化意義外，還有許多其他的意義，其中最値得注意的，乃是「眼與盲」（Eye-Blind）之間的辨證，而最經典性的，則是在浪漫主義大詩人華滋華斯（William Wordsworth, 1770-1850）的名作〈永生頌〉裡。

〈永生頌〉長逾二百行，乃是華滋華斯最重要的作品之一，全詩澎湃深邃，用字雅致壯麗，整首詩在敘述他那樸素自然主義，天人合一的生命哲理，詩的中段指出，隨著人的成長，被世俗化的生活模仿所占有，就進入了生命的「麻痺階段」（Palsied Age），祇想向外追求「理」，卻辜負了自己的「靈」，其結果乃是雖然有眼，但卻形同目盲。其中有這樣一段，不是太好懂，勉強譯之如下：

你外在的模樣辜負了
靈魂的廣大無邊；
你這最好的哲學家，雖然仍留
著秉賦，眼睛卻已和群盲相同
無所聽聞並沉默的，閱讀者永恆的深淵，
不斷被永恆之理所縈繞——
有大能的先知，神聖的預言師
那些道理在他們身上棲息
我們整個一生被這種追求所套住
因而在黑暗中迷失，有如墓穴般幽深。

這就是「眼與盲」的辨證，當人的心靈被遮蔽，有眼亦將形同目盲，目盲之因乃是心盲。從這樣的文化脈絡來看「以眼還眼，世界目盲」這個抗議標語，它不僅音韻鏗鏘，更重要的乃是因爲它具有豐富的文化內涵爲支撐，意義也變得格外不同。它指出：若這個世界永遠報復主義當道，你挖我眼，我挖你眼，整個世界將因而全都成爲黑暗；「以眼還眼」乃是猶太信仰元素之一，用了這樣的句子，基本上是以猶太人爲衝突中心的戰爭威脅，當然也特別的有反諷之意。

在這個「以眼還眼，世界目盲」的標語裡，宗教與文學兩種意象相加，大概也祇有英國那些學識宏富，紳士型的和平運動者才想得出來。英國的和平運動，傳統上都是紳士型知識分子爲骨幹的運動，到了今天，這樣的傳統依舊。

除了「以眼還眼，世界目盲」這個搶眼的標語牌外，「別以我之名」也同樣的祇要一看到，就立刻可以吸引住人們的眼光。因爲「別以我之名」同樣是一個非常有文化內涵和道德張力的語言。

人類形成語言之初，由於受制於早期人類的能力不足，因而有了神與神名的設定，因而以神爲名的呼喊，遂成了早期人類的宗教信仰，甚至還是世界觀與知識論的核心。人們相信神的「名」即等同於神的「實體」，神的「名」裡潛藏著神的大能與權柄。對神的呼名，在基督教裡尤其明顯，幾乎所有的經書和祈禱書，都有極多呼喊神名的紀錄或段落。

而進入中古時代之後，基督教的支配力定於一尊，接下來的發展，乃是對神的呼名逐漸擴大，禱告時要呼名，甚至諸如發誓、詛咒、表示驚訝，甚至講髒話裡，都開始有了神名的成分，今天我們習以爲常的許多語言，如 for God's sake, God forbid, God knows, Goddam, by Goddes crpus, Christes pission, God's blood,……等，幾乎都在中古時代出現，但由文藝復興以至啓蒙時代，神權漸退，個人主義漸興，除了上述對神的呼名外，由於人的主體自覺加深，諸如呼祖先之名，呼自己之名等語詞遂開始出現。前幾年有部電影「以父之名」（In the Name of the Father）即是呼父名之延長。而無論呼父名、祖名，或者呼自己之名，它所代表的都是呼神名的延續。當人們說「以我之名」（In My Name）時，它除了具有咒語的功能外，也具有表示獨立判斷、獨自負責等方面的意涵。由「以上帝之名」（In God's name），「以上天之名」（In Heaven's name）走到「以自己之名」（In one's own name），在人類的意識和語言史上，其實是相當漫長的一段路。

「以上帝之名」，乃是古代信仰中，人們藉著上帝的名號，或者表示謙卑；或者是要替自己的行爲背書，以增強正當性；或者用以賭咒。而要藉上帝名號來背書，美國有一則流傳久遠的神話：

二〇〇一年，美國黨派政治上最重要的事件，乃是佛蒙特州共和黨籍參議員傑佛斯（James Jeffords）的宣布脫離共和黨，由於傑佛斯的脫黨，共和黨在參院祇領先一席的多數黨地位立即改變，成了少數黨。傑佛斯宣布脫黨的記者說明會上，許多屬於「格林山兄弟會」（Green Mountain Boys）組織的成員，穿著早期的短褲民兵服在旁爲他造勢。

而說起「格林山兄弟會」，在美國歷史及世家身分史上，可是赫赫大名的組織。「格林山脈」乃是阿帕拉契山脈的分支，由北而南貫穿了佛蒙特州，因而成了佛蒙特州的州符號。一七七五年美國獨立戰爭開始，第一場戰役即發生在該州，當地的民兵組織「格林山兄弟會」於五月十日派遣了百名成員、百名非成員，由伊山・艾倫（Ethan Allen, 1738-1789）率領，向英軍的基地「泰孔德洛加堡」（Fort Ticonderoga）展開攻勢，並順利攻占成功。傳說中指出，艾倫隊長當時招降英軍，開宗明義的句子即是「奉偉大的耶和華及大陸議會之名」（In the Name of The Great Jehovah and The Continental Congress）。儘管後來的人考證，認爲招降根本就沒用這句話，而是用罵街式的語言：「滾出來吧，你他媽的老鼠輩！」（Come out of here, you damned old rat.）但神話既已編成，它就不會消失。呼神之名、呼國之名也就因此而成了一種政治習慣而留存。至於「格林山兄弟會」這個當年在獨立戰爭時打第一場仗，開第一槍的民兵組織，他們的後裔也就讓這個組織一直維繫下來，並成爲美國民間團體裡身分性最強的少數幾個之一。他們對傑佛斯的脫黨表示支持的理由是：「美國的江山是我們祖先打出來的，現已被油商們所竊占。」

因此，在這個世界上，呼喊名號是有用的。呼喊名號裡代表了人們相信名號裡寓有某種更實質性的意義或魔力。但無論呼什麼名，都不如呼自己的名，呼自己的名裡，代表了自己的獨立判斷、自行負責，以及不盲從附和的精神。

因此，「別以我之名」是個好標語，它的實質意義等於是「我反對」，但卻比「我反對」的意義還多出許多！

## 語言的定義遊戲

美國前總統柯林頓當年性醜聞鬧得最不可開交的時候，曾被問及：「你究竟是不是與柳文斯基有過性關係？」他老兄的答覆是：「這要看你如何定義『是』這個字而定。」「她對我有性關係，我對她沒有性關係。」

這眞是美國語言上的大奇蹟，爲了總統的性醜聞，一切的問題必須從「是」（is、are）重新定義開始談起。由於他老兄實在太扯了，結果不但輿論譁然，甚至連民主黨自己的國會議員都看不下去。當時民主黨的參院領袖達雪和眾院領袖蓋哈特聯名發表公開信，指責他 Hairsplitting ——在不能撕開的頭髮處都硬想去將它撕開，意思是「無事找事，藉題亂扯」。

柯林頓在面對性醜聞時，在語言上胡扯，意圖要重新定義何謂「性」，何謂「是」。他是神經病嗎？當然不是，祇不過是自以爲聰明的愚蠢而已。柯林頓與柳文斯基在白宮性胡搞，主要是「口交」（Oral Sex），這當然是一種「性」，但柯林頓卻硬是要在語言上硬扯這不是「性」，因而才會有「她對我有性關係，我對她沒有性關係」這樣的答案。在他老兄的邏輯裡，「是」當然也就變成了「不是」。

柯林頓的胡扯蠻纏，乃是一個語言上的大笑話，但卻也不能衹把它看成是個笑話。因爲，語言乃是一種約定俗成的東西，它被動的存在於那裡，而人在出了問題時，總是會試著要在語言上東拉西扯，意圖把語言變成有利於己的工具。就語言的客觀性而言，這種自以爲聰明的行徑當然令人噁心，但這種行徑本身卻更值得研究。

而今柯林頓的「這要看你如何定義『是』這個字而定」，以及「她對我有性關係，我對她沒有性關係」這種讓人氣得跳腳的語言扯淡早已成了過去，而不讓柯林頓專美於前的故事，卻以另一種方式在台灣發生。那就是台灣的法務部長陳定南要爲「國父」做定義。「國父」乃是一種語言上的譬喻，它把人由父母所生的這種行爲借用過來。因此，如果要去扯定義，那可眞有得扯的。如果任何事情都要這樣來對待，全台灣可以什麼樣都不用做了，衹要去搞「定義學」就可以搞一千年都搞不完，但相信像陳定南這麼「好意」而又聰明的人在台灣並不會太多，否則不但我們的內閣會變成「定義內閣」，甚至整個台灣都要變成「定義國」了！

而在陳定南尚未定義「國父」之前，我們倒不妨試著先行由西方的發展去加以定義：

近代英國著名史學家霍布士鮑姆（Eric Hobsbawm）及藍傑（Terence Ranger）曾合編過《傳統之發明》（The Invention of Tradition）論文集，在這本論文集裡指出，從十九世紀末到二十世紀，乃是近代民族國家發展的高峰時刻，各國爲了型塑國家意識和創造團結局面，遂開始大舉的去發明各種傳統，從國旗、國徽以及國歌的設定，到英雄崇拜、國璽選擇、紀念郵票之發行、節日的選擇，以及象徵了國家精神的體育活動等無一不包括在這種「傳統的發明」過程中。

在「英雄崇拜」部分，推動最力的，在歐洲爲德國，它曾一度意圖造勢，把威廉一世推奉爲「國父」，因而在他逝後，全德的紀念柱像多達三二七個，但卻比不過「鐵血宰相」俾斯麥的紀錄——他死後單單在一八九八年一年內，紀念柱像即多達四七〇個。而在英國，則透過繁複的儀式，要將皇室塑造爲國家精神及榮譽的象徵。

不過，《傳統的發明》一書裡指出，在「國父」這個問題上，眞正最成功的，還是美國和拉丁美洲。美國到了後來有所謂的「開國元勳」（Founding Fathers）以及「國父」（The Father of his Country）。

所謂的「開國元勳」，乃是後來藉著歷史解釋而創造出來的國民共識，它主要是指參加一七八七年費城「大陸制憲會議」的五十五名代表。在美國的歷史解釋上，他們又被稱爲「憲政規劃者」（Framers）。至於華盛頓被尊奉爲「國父」亦然。據美國「自由基金會」所出，由山多茲（Ellis Sandoz）所主編的兩大冊《美國草創期（一七三〇—一八〇五）之政治布道》，當一七九九年十二月十四日華盛頓病逝於佛隆山，一八〇〇年一月十九日移靈喬治亞州沙瓦那市，當天美國主要的浸信會布道家霍孔貝（Henry Holcombe, 1762-1824）即發表了歷史性的政治布道，讚揚華盛頓爲「國父」，是「最偉大的人類代表」，是「光明之父的後裔」，是「窮人們的父親」等。霍孔貝牧師的歷史性布道，奠定了華盛頓爲美國「國父」之基礎。因此，在全球「國父」這個項目下，美國無疑的是首創者，後來的拉丁美洲受到美國影響，在脫離殖民地後，也都尊奉反殖民英雄為「國父」。美國的「開國元勳」及「國父」主要靠教育和共識，而拉丁美洲則皆為明定。

而近代中華民國，自孫中山先生領導革命，肇建民國後，他主要都被稱「總理」。在他逝後，始有國民黨內部「總理紀念週」之設。及至民國二十九年，由於第二次世界大戰已爆發，抗日戰爭也告開始，孫中山先生做為全國團結象徵的重要性日增，於是，當年三月二十一日國民黨中常會遂決議將「總理」孫中山先生奉為中華民國「國父」，四月一日由國民政府正式通令全國，在抗日戰爭階段，國父逝世紀念日、植樹節、國民精神總動員紀念日，這三個節日都在同一天，由此亦可看出「國父」在抗日戰爭階段的符號象徵意義。到了今天，有媒體做了估計，有「國父」字樣的法律規章即有八個之多。

因此，陳定南在行政院院會討論「紀念日暨節日放假條例草案」時，表示要為「國父」做出法律定義。他後來說，他是很「尊敬」國父孫中山先生，因此基於「好意」，才要為「國父」做定義。如果他說的是眞話，那麼這種「脫了褲子放屁」的「好意」實在不必了。否則除了「國父」定義之爭外，我們馬上就要問什麼叫「好意」？如何去定義「好意」？他所謂的「尊敬」是什麼？如何定義「尊敬」？「國父」是個「名詞」，但也是個「脈絡」（Context），這個名詞早已有了定義，它在歷史裡，在教育、法規，以及集體的記憶裡，它本身是個「建制」和「意義叢」，已毋需另外的「好意」來拉拉扯扯，正如同頭髮就是頭髮，要用刀片來切頭髮以證明和定義它是不是頭髮，祇不過是吃飽飯沒事幹的無聊而已。

當然，陳定南的「好意」仍有待重新定義。如果他的「好意」是另外一種「好意」——如同台聯黨要把孫中山先生頭上的「國父」搬下來戴在李登輝頭上那樣的「好意」，這其實也沒什麼關係，祇要「說清楚，講明白」即可。

因此，什麼是「國父」？要把這個問題做定義之前，可能更重要的乃是去定義何謂「好意」與「尊敬」。近年來的台灣，好像舉島都得了「柯林頓病」一樣，「是」已變成了「不是」，「有」則成了「沒有」。每個人不論做了什麼事，也都會說是「好意」。當語言已將一切都模糊化，它已使得人與人的溝通成本變得更加昂貴，我們已被迫要對方對每個字和每個概念都做出定義，否則合理的討論即不可能。台灣之所以變成「多口水」（Hyper-Saliva）社會，一切都要「定義」乃是關鍵。寫《一九八四》的英國作家歐威爾曾經有過「雙重言說」（Double speaking）之論，如「戰爭即和平」、「善意即惡意」、「謊言即眞理」等即屬之。當柯林頓在那裡沒話找話講時，他被人指責的並不是他賴皮、爛纏或說謊，而是他在「敗壞語言」，因而「敗壞思想」。

近年來，我們的社會，尤其是政治人物，自以爲聰明的語言拉扯日益成爲新的惡習。他們言行可疑，由於被各種祕密的願望所推動，因而語言上的糾纏日甚，「國父」如是，陳定南的「好意」和「尊敬」亦如是。

多年前，周星馳主演過「威龍闖天關」是部非常逗趣的無厘頭電影。他飾演一個尖滑的訟師，整部電影裡都在玩那種自以爲聰明的「定義遊戲」。在訟師傳統下，陳定南的定義「國父」，又算得了什麼？我們或許應該對他的「好意」與「尊敬」多一點興趣，並好好「定義」一下，或許才更重要吧！

# 隱喻語言的背後

最近，當今法國首席社會思想家布赫迪厄（Piprre Bourdien）出版了論文集《防火牆——抵擋新自由主義的入侵》。這本書裡有好幾篇小論文探討所謂「全球化論述」中的語言問題，非常值得人們注意。

他指出，當今的「全球化論述」裡，充滿了語言的倒錯與詭辯。例如，主流的「全球化論述」，實質上乃是資本主義的復辟和倒退，但在它的論述裡卻儼然把自己變成了進步派，眞正進步且是歐洲主流的福利國家，反而被說成是要被「改革」的對象。此外，書中還有一些有趣的段落，其中一段特別値得討論：

「現在我們已經不說『資方』這個詞了，而是說『國家生命力』，我們不說『解雇』，而是說『企業瘦身』，這裡用的是運動比喻，身體強健者不能太胖。當一個企業要資遣二千名員工，我們會說那是某公司勇敢的『社會計畫』。還有一連串的意涵及字串，如『彈性』、『靈活性』、『自由化』等，這些字眼讓我們以爲新自由派的觀念是放諸四海皆準的解放思想。」

布赫迪厄能夠從「論述形成」以及「隱喻」（Metaphor）的觀點來看「全球化」問題，實在具有極大的啓發性，也有極多可延伸討論的空間。

人類活在世界上，由於世界總是向人類散發無限量的訊息，因而如何接收訊息、探索意義，進而將其意義表達，遂成了認知以及語言上的重大課題。而語言表達，「隱喻」則無疑的乃是其中的樞紐，所謂「隱喻」，乃是人們根據事務間的某種「相似性原則」，以此喻彼，以彼喻此，從而建構出一個認知的脈絡。有了這樣的脈絡，人們始能掌握世界的局部意義，並能相互溝通。因此從一個大範圍的角度而言，我們可以說，所謂的世界，它即是一個「隱喻的過程」，它也是人類知識的起源。例如，我們會說「世界是部機器」，根據「機器」這個隱喻以及它帶來的附加內涵，人們即會用對「機器」這個隱喻的想像，而試著去尋找並定義它規律性的一面。而另外的人則會說「世界是上帝所繪的藍圖」，於是「藍圖」這個隱喻的想像，遂成了人們宗教情懷的主要支柱。另一個人可能會說「世界有如巧克力，你總不會知道下一塊是什麼滋味」，這種「巧克力」的隱喻，即可能造就出一種以隨意而驚歎的心情體察萬事萬物的生命態度，但另外一個犬儒苦澀的人，則可能會說「世界有如娼妓」，而後根據「娼妓」這個隱喻而對世上墮落、淫猥、交換等現象做出觀照。

因此，隱喻是重要的。它是人們理解世界的參考座標，因而隱喻裡經常也就顯露出人們對事務的偏見和期望。但值得注意的，乃是過去的人在理解世界時，儘管也以隱喻的方式來替世界歸納出意義，他們選擇及使用隱喻時也難免會夾雜著敵意與偏見，但大體而言，以前使用隱喻，這種敵意和偏見仍然祇是一種無意識的行爲，它是人們「探尋意義」時的一種「幽晦藝術」，不被明言，沒有彰明較著的意圖。

但到了近代，尤其是進入媒體時代之後，隱喻做爲一種「幽晦藝術」的時代已告結束。羅馬第三大學哲學教授費媯瑪拉（Gemma Corrodi Fiumara）即指出，現在是個人們已由「探尋意義」演變到「信息管理」的新階段。爲了「信息管理」，有意識、有目的、有選擇的使用隱喻，並由此而發展成論述，遂成爲新的思維方式。易言之，當今的隱喻使用，已有了更多權力因素上的考量——人們用符合權力預期的眼睛看世界，用符合權力預期的隱喻和論述來替世界加工，希望造就出一個自以爲是的新世界。

而祇有從這樣的脈絡變化，始能理解到布赫迪厄所說的，爲何當今的主流「全球化論述」裡，已不再用「資方」這個詞，而要說「國家生命力」；不說「解雇」，而要用「企業瘦身」等新的隱喻了。這種隱喻還可以一直列下去，爲什麼現在「競爭力」這個詞當道，公司已占領了國家這個領域，因而公司的一切作爲都可以在「國家競爭力」下被合理化，而人們被開除，成爲無業遊民，已變得沒有任何原因可以追溯，祇剩唯一的理由，那就是自己已沒有了「競爭力」。各式各樣的隱喻和論述，它已造成了一個新的世界，那就是沒有任何人必須對別人負起責任，世界原本即是一座叢林。芝加哥大學教授、諾貝爾獎經濟學獎得主貝克（Gary Becker）不就指出，達爾文主義乃是經濟主體所擁有的理性計算能力之基礎！

人們想必知道，從資本主義制度發生起，它就企圖根據單一的金錢利潤邏輯收編全世界，而後將所有的政治關係、社會關係、人際關係都化約爲商品關係，例如，「勞工」被抽象化，變成「勞力」，這個「勞力」又可以自由買賣，它即是資本主義化約論的最主要內容之一。但因它的這種金錢利潤邏輯實在有著太大的自毀性力量，因而過去經由長期的衝突與折衷，遂出現了另一個以「國家」爲中心的「福利國家」體制來加以調控。「資本主義體制」對應著「福利國家體制」，長期以來遂成了一組配對，但也成了不自在的怨偶。它們的這種配對，也可以簡稱爲右與左的彼此共存，它的底層有著古典的道德因素如公平、正義、和諧等在焉。

但及至「全球化」以一種新的運動方式出現，原有的這種均衡關係已告失穩，在「資本主義體制」這一方，遂有了一個機會，意圖將「福利國家體制」這一方削弱或消滅，布赫迪厄說：「全球化是對抗福利國家之社會權益的主要武器。」

他倒眞的是抓到了問題的核心。「全球化」在將勞力、物質，甚至金錢本身都商品化之後，進一步所企圖的，乃是要把社會福利、社會關係，甚至政治關係也都繼續的商品化，就以社會福利而言，爲什麼還要有「社會福利」這種古老而又無能的東西呢？每個人把儲蓄用來買保險商品，而保險商品則可在永遠祇漲不跌的股市債市上獲得利益，它即可代替社會福利。當社會福利可以消滅，以「社會福利」爲最大職能的國家，當然也就可以更加的虛化，除了軍事和警察職能外，再無其他。

這乃是「全球化」最核心之價值和目標，因而也就有了它的隱喻使用方式及論述型態。英國艾克斯特大學系統神學教授戈林格（Timothy Gorringe）在《公平共享：倫理學及全球經濟》一書裡就指出，「全球化」的最大特色，乃是要將一切「去道德化」，他也可說是掌握到了機竅。

祇有從「去道德化」的角度，始可以理解到爲什麼不說「解雇」而要用「企業瘦身」等隱喻的原因了。從十八和十九世紀迄今，人們討論問題的詞彙和隱喻等早已固定成一種典範，所有的古典價值都已被設定在這些詞彙和隱喻裡。「全球化」爲了取得上手的優勢，它不會讓自己在舊典範裡被束手束腳，因而它要從最基本的隱喻開始，即另闢蹊徑，把經濟問題，相關的社會、政治，甚至國際關係都「去道德化」，而後根據「改革——落伍」、「健康——病態」、「有能——無能」等二分法，選擇性的使用隱喻，即是這種語言策略的顯示。藉著這些新的隱喻，它創造出一種新的氛圍——我們已經用不同的詞彙談問題，表示問題已和從前不同了，因而現在已是「左右對立已無存」，而祇剩「全球化——反全球化」而已。所謂「超越左右」即是它在隱喻和論述上所企圖達到之目的。「超越左右」這種新的口號裡，不過是要藉此讓代表了「左」的福利國家概念「去合法化」而已。但眞正因此而「超越左右」了嗎？左和右祇不過是換了一個包裝但卻以更尖銳的方式凸顯出來而已。

因此，理解「全球化」，除了要從具體的政經問題上來具體分析外，它使用隱喻的方式，它的論述形成，以及將這些簡化凝聚而成的口號，也都不能偏廢。當代的政治與經濟，除了權力已更加赤裸外，隱喩和論述也都更被「信息管理」弄得更講究、更弔詭，也更倒錯。譬如，去「推翻」一個政府，會讓人想到帝國主義，因而遂將它改變一種說法「政權改變」。一個國家做了許多事情不符全球的期望，它不會去改變自己的作爲，祇會想到成立一個專責機構來改變形象。這是個隱喩、論述、形象已取代了實體的時代，難怪實體的世界愈來愈野蠻粗暴，但好聽的話，加工製造的好形象也愈來愈普遍，隱喩和語言已混沌到不再能反映事實，而祇是以一種美麗的方式存在於虛擬的言說空間裡，繼續蠱惑著所有人云亦云的眾生。

隱喩和語言的使用，是理解世界的通道，但它同時也被權力、企圖、慾望等所穿透。由於它有著這些問題存在，人們對隱喩和語言怎能不格外的有所警惕呢？

# 第三卷：文字生命的秩序

**爲什麼法國的「法蘭西學院」，**

**要那麼在意法語的純正性，**

**定期的整理新字，排除文字上的異端。**

**它的目的只有一個，**

**那就是要讓法語的生命誌，更有秩序！**

## ◎憂鬱：自己殺死自己

我們實在很難想像，一個小小的台灣，憂鬱症竟然多到讓人覺得不可思議的程度。單以台北爲例，健保局台北分局的資料即顯示，在二〇〇〇年九月至二〇〇二年八月的兩年裡，就有九萬六千多人被診斷爲罹患憂鬱症；而在青少年裡，自殺已成第三大死因，而四分之三的自殺青少年都有憂鬱症。

今天我們所謂的「憂鬱」（Melancholy）或「憂鬱症」（Melancholia），乃是典出古拉丁字的「黑」（melas、melanos）加「膽汁」（khalē）而成。在古代對身體的想像裡，認爲膽是人們脾氣個性的根本，因而「黑膽汁」過多，即意味著人們的脾氣不穩或失序。在亞里斯多德的記述裡，他認爲人的「黑膽汁」過多，所造成的情緒在高高低低間起伏，乃是文藝創造工作者的天性，因而這種「黑膽汁過多」，乃是天才的標記。

因此，「黑膽汁過多」，這個起源於身體想像的字，它的本義超過了我們所謂的鬱鬱寡歡的那種「憂鬱」。「黑膽汁過多」當然有「憂鬱」的一面，它是抑鬱不安、孤僻難處，但同時也包括了易怒多疑、動輒沒來由的歇斯底里，甚或發狂。這也就是說，將「黑膽汁過多」翻譯爲「憂鬱」，乃是一種「不充分的翻譯」，它把「黑膽汁過多」裡有關「發狂」那部分行爲表現疏漏了。這也就是說，我們今天習慣性地使用「憂鬱」和「憂鬱症」這樣的詞語時，不能單純地由漢字的想像去理解，而必須知道它不祇是「憂鬱」而已，也有「躁鬱」、「狂鬱」等含意。

在西方，對今天的「憂鬱」有較多的理解，乃是開始於十三世紀英國囚犯醫院「伯利恆醫院」的成立，該醫院在倫敦近郊，十五世紀變成早期的精神病院。這所醫院在心理醫學史上惡名昭彰，做了無數以文明爲名的野蠻事。但儘管如此，它卻也開啓了以往那種混沌不分的精神醫學和精神狀態之研究。

而在「憂鬱」問題，最有先驅貢獻的，乃是十七世紀牧師學者柏頓（Robert Burton, 1577-1640）那本百科全書式的《憂鬱的剖析》（The Anatomy of Melancholy）。這本著作於一六二一年出版後即洛陽紙貴，在後來的二十年間被不斷地再版。

《憂鬱的剖析》最重要之處，乃是柏頓本人即是個憂鬱症患者，他自稱：「我寫憂鬱，乃是要讓自己忙碌，以免掉進憂鬱中。」由於自己的經驗，加上長期的觀察分析。他最傑出的貢獻，乃是將憂鬱現象做了一個「全光譜式」的陳述。他認爲：「愚蠢、憂鬱、瘋狂，乃是同一種心理疾病，而譫妄則是它們的共同特性。」以前的人曾長期混淆了天才與瘋子間的許多課題。例如有一種所謂的「愚人」（Folly），表面白癡白癡，而且行爲舉止怪異，但有時卻會講出一些好像很透徹的話，這種「愚人」在莎士比亞戲劇裡就多次出現，並延伸爲愚人是天才與瘋子間的一種人的說法。但這些糾纏都在柏頓的著作裡被統合進了憂鬱問題中，正因他澄清了許多過去的混淆，遂使得後來的大散文家及評論家蘭姆（Charles Lamb, 1775-1874）敢於說出「所有的天才都是清明的」這麼斬釘截鐵的話。

柏頓在《憂鬱的剖析》裡，把抓狂的嫉妒、神經質的迷信、發狂、孤獨所造成的失常、爲了愛情而瘋癲、慾望和野心過度所造成的失去理性等現象，都統攝到了「憂鬱」名下，這也是說，他試圖建構的，乃是一種理性主義的精神異常觀點。他由自己的經驗和反省，特別注意到一種現象，那就是一個人獨居獨處，最容易鑽牛角尖地淨想些負面的事情，如自己的悲情不幸、被迫害、倒楣壞運、種種失意和不順利等，則煩惱苦悶即將永不止息，最後會一步步地將人推往苦惱絕望，並因而失去理智，最後掉進瘋狂自毀的深淵。也正因有著這樣的體悟，他才提醒人們：「不要孤獨，不要閒怠。」（Be not solitery, be not idle.）對高度理性且有自信的人，孤獨是個自我反省的珍貴時刻，而對另外一些理性低度發展而脆弱的人，孤獨則可能反而是惡兆的開始。柏頓自己也是個詩人，第一版《憂鬱的剖析》的封面，除了書名外，還繪著十種精神異常的喻意式圖案，他對每一種類型，都寫了一首短詩來加以提示。例如在說到「多疑症」時，他在詩裡即強調「疑心生暗鬼」的效果；在說到人們的「迷執」時，就強調這種人會在不切實際的希望和莫須有的恐懼間被不斷自我折磨的苦況。《憂鬱的剖析》這本著作，單單祇看這十首詩，就已給人極大的警惕與提示。

因此，柏頓的《憂鬱的剖析》，乃是透過整體的觀察分析，對今日所謂的「憂鬱現象」做出全光譜式理解的奠基之作。憂鬱不祇是悒鬱寡歡、孤獨自閉那麼簡單而已，憂鬱是一種不快樂的精神狀態，而它有著一套形成的邏輯，那就是鑽牛角尖，把自我看得太大，因而最後鑽進了死胡同，再也走不出來，這時就會被那個牛角尖邏輯搞瘋，甚至到自己把自己殺掉的程度。

《憂鬱的剖析》於一六二一年出版，過了一百多年後，它被博學的大文豪薩繆爾・約翰遜（Samauel Johnson, 1709-1794）看到，大爲讚歎，力加推薦；約翰遜的推薦，使得該書又告復活，並直接的影響到更晚的天才浪漫大詩人濟慈（John Keats, 1795-1821），濟慈並因而寫下千古名詩〈憂鬱詠〉，這首詩簡直就是《憂鬱的剖析》這本書的詩歌版；而要理解這首詩，也必須從《憂鬱的剖析》著手。這首詩裡，最重要的是第九和第十行。它最值得默記在心，當心情不好或腦筋短路時，趕快朗朗誦出，而對憂鬱發生驅魔的作用：

> 陰影加陰影將帶來更多糊塗昏沉，
> 而讓心靈陷入無止境的痛苦煩憂。

因此，由「憂鬱」從「黑膽汁」這個身體隱喻產生，已可看出不同文化的身體想像間有著極大的差異。在我們的文化裡，膽是氣勢雄壯的代碼，因而延伸出「膽氣豪壯」、「膽大包天」等語言修辭；而在西方，它則是情緒失常的代碼，指的是理性正常狀態的失去，二世紀精神醫學先驅阿瑞泰烏斯（Aretaeus of Cappadocia, 150-200）的這段話，也可以用來參證：

「因憂鬱而苦的人，會變得遲鈍呆板，經常沮喪或非理性的麻痺，但卻找不到明顯的原因，這就是憂鬱的起源。他們經常鬧彆扭，無精打采，以及由於睡眠不安穩而造成失眠、無來由的恐懼等。……他們容易三心二意，並因而變得日趨卑賤、吝嗇、褊狹。但在某個短暫的時候，卻又會顯得非常單純、誇張與慷慨。但這並不是出於心靈的美德，而是心裡有病所造成的變來變去。但若他們病得更深而急迫，則對別人的痛恨，以及離群孤僻和自怨自艾等情況就會出現。他們會抱怨生命並想要去死。根據普遍的理解，這會引致麻木僵硬和怔忡空虛，最後會看不見任何事情，甚至連自己都忘掉，並活在一種卑賤的動物狀態中。」

也正因此，「憂鬱」不是我們所想像的那種「爲賦新詞強說愁」的那種感情做作，而是一種更嚴重的時代病或癥候。它是情緒挫敗後所轉化而成的一種防衛機制，把自己關進悲情的牛角尖裡，最後牛角尖愈鑽愈窄，變成譫妄、執迷，被一種要死的念頭所牽引，再也走不回來。憂鬱因而一定有它自己的邏輯，那就是不能調適的自我是主角，它演著用毀滅自己來報復世界對他的敵意。

因此，十七世紀英國大哲學家洛克（John Locke, 1632-1704）在《人類悟性論》裡的這段話，遂有了絕佳的啓發意義：

「對自然道理的違背，似乎是起源於貪求速成的行爲所致；而在知識分子裡遂致失去了理性。至於對瘋狂者，他們則顯然是另一種極端的情況。我不認爲他們失去了推理的能力，而是他們將一些非常錯誤的觀念攪在一起，並視之爲眞理，他們犯的錯誤，乃是從錯的原則出發但正確的推論；亦即想像的暴亂已掌握了他們對實體的期望，但這是他們推論所致。我們會發現一些心智失常的人，想像自己是國王，而後根據正確的推論，要別人向他朝拜順從一樣。……總結而言，白癡與瘋狂有別。瘋狂是把錯的觀念攪在一起，做出錯誤的前提，但論證和推理卻正確無誤；至於白癡，則極少或沒有前提，而且也很少推理論證。」

洛克的話可以拿來和前述的柏頓對比，他們都是在說人的鑽牛角尖，當鑽牛角尖變成了這種人的推理模式，想要不憂鬱和不瘋狂也就很難了，瘋狂有時會去殺別人，而憂鬱則是殺掉自己。

由「憂鬱」和「憂鬱症」，這時就想到文藝復興時代與達文西同樣頂級的德國偉大藝術家杜呂爾（Albrecht Dürer, 1471-1528）那幅「憂鬱女神像」了。畫裡的女神，表情沮喪，翅膀低垂，右手拿圓規，左手托腮，四周器具散落，生命則在凋萎，牆上的沙漏已快漏盡，身邊的小天使也無精打采。但在遙遠的外面，卻天光燦爛，彩虹高掛，而海水正平。對於這幅畫，理論家潘諾夫斯基（Erwin Panofsky）如此詮釋：

「她長著翅膀，但卻瑟縮在地上。她頭上戴著花環，但卻被陰影籠罩。她配備了各種藝術和科學的器具，但卻沉浸於怠惰中。予人的印象是：她似乎理解到她和思想天地間存在著不可跨越的障礙，因而遂掉進了挫折與失望中。」

因此，「憂鬱」是一種癥候、是一種鑽牛角尖、自己把自己殺掉的推理，由於它和死亡有著因果上的關聯，而且是死亡的一種原因。因而在十九世紀這個樂觀的時代，遂稱憂鬱是一種「藍色惡魔」（Blue devil），似乎用來指人死前那種慘藍的顏色。從此以後，「藍」和「憂鬱」就結了緣。藍也用來指人的氣色壞。例如，「神情不好」（blue around the gills）就是個成語。台灣以前有哀愁的〈藍色的憂鬱〉這首流行歌，它是軟性浪漫，但在眞實的世界裡，「藍色的憂鬱」卻讓人不可能浪漫得起來。如同憂鬱可不是瀟灑，毋寧是一種疾病。

憂鬱是病，是鑽牛角尖後走不出來的自毀。而憂鬱並不祇是個人心理而已，它有時也會形成集體意識。法國作家吉歐諾，在《屋頂上的騎兵》裡就說過，有些時代會出現集體的憂鬱和抓狂。他說：「那些血氣較旺的憂鬱症患者，幾乎都會獻身於一些遠大的志業，帶著全民陷入比鼠疫或霍亂還要嚴重的大屠殺。」憂鬱和憂鬱症，有時候還眞是結局恐怖啊！

## ○○○流行病：和鬼神想像結合

有了人類，就有了流行病。它是一種經由接觸、呼吸感染或被病媒昆蟲咬嚙所造成的大規模生病。

在遙遠的古代，由於人們的醫學知識尚不發達，對流行病束手無策，因而有關流行病的「疫病想像」，遂都和鬼神有關。

在西方，縱使到了十七世紀，這種「疫病的鬼神想像」仍極盛行。以寫《魯賓遜漂流記》聞名於世的狄福在《瘟疫之年紀事》（A Journal of the Plague Year）裡，以追記的方式回溯一六六五年的倫敦黑死病流行，其中的「疫病鬼神想像」就占了相當多的比重。狄福指出，在黑死病流行之初，當地各種妖言及迷信小冊盛行。有人裸體亂逛，宣稱末日到來；有人宣稱從天空飄過的雲彩看到閃著火光的劍指著倫敦；有人看到一列列的靈車與棺木飄過天空，也有人看到成群死靈飛過；另外則有人宣稱在教堂墓園看到鬼怪出沒。由於相信鬼怪作祟，倫敦城也符咒盛行，人們在紙上畫滿各種奇怪的神祕符號，或者把字母按神祕的圖形排列，宣稱這就可以擋住惡鬼所帶來的疫病。狄福記述說，有次他經過街道，看著一堆人在那裡向天仰望，一個老婦人指說天上有天使揮劍的影像，而後大家七嘴八舌地附和，有人說看到了天使的臉，有人說看到了天使的襬，但他看了又看，除了雲彩之外，什麼影像也看不到。狄福藉著理性主義的筆法，把西方從前的「疫病的鬼神想像」做了很清楚的揭露。這也證明了當恐懼出現，人的知覺與理性都會遭到扭曲並信以爲眞地看到鬼神。這也印證了一種說法，那就是「人們經常都會看到他所想看到的」。當他們認爲疫病是鬼神作祟，他們就眞的會看到鬼神出現。西方縱使到了十七世紀，都還把流行病視爲與鬼神有關，他們的這種「疫病的鬼神想像」並被留存在歷史的紀錄裡。而在東方的表意文字體系裡，保存了許多這種「疫病的鬼神想像」，當然也就不值得訝異了。因爲祇要稍做研究，我們即會發現，在漢字系統裡，每一個與流行病有關的字，其實都有著明顯的「疫病的鬼神想像」在其中。

首先就漢字裡代表了疾病共通性的部首「疒」這個記號而言，現在我們已知道它的前身是「疒」，而更早之前則是「兆」，而最早的甲骨文形狀則是「[illegible]」。這些記號所代表的乃是一個人躺在床上痛苦的流血或流汗之狀。由這個代表了生病的共同符號，後來遂衍生出龐大的各種病的名稱。早期的《山海經》裡，各種病的名稱就已多達四十七種。

除了一般的疾病名稱外，由「疒」衍生出來的，用以指涉流行病的字，每一個字都和「鬼神想像」有關：

如「疫」，《說文解字》說它的意思是「民皆疾也」，指它是一種大家都罹染的流行病，而其造字邏輯，把「疒」和「殳」合組，《釋名》的解釋是：「疫，役也，言有鬼行役也」。這也就是說，古代人相信代表了流行病的「疫」，乃是鬼神的力量役使所致。由於「疫」在造字的思維邏輯裡就已有「鬼神想像」在其中，因而這個字除了用來形容流行病之外，它同時也指涉了造成「疫」這種結果的鬼。《周禮・春官》曰：「遂令始難驅疫。」這裡所謂的「驅疫」，即是趕走「疫鬼」。

如「瘟」，它由「疒」和「𥁕」合組而成，由諸如「氳」、「醞」等字，我們已知「𥁕」所代表的乃是「氣的流動和存在狀態」。因而它所指的乃是由於四時不正、風土不順、氣運乖違等空氣影響所造成的流行病。在以「氣」來解釋疫病的古代，「瘟」也成爲一種致病的鬼神，道教的《三教搜神大全》裡有「五瘟神」之說：「五方力士，在天爲五鬼，在地爲五瘟，名曰五瘟。春瘟張元伯，夏瘟劉元達，秋瘟趙公明，冬瘟鍾仕貴，總管中瘟史文業。」

「厲」與「癘」，它大概是古代指流行病最早使用的字，它的造字邏輯乃是合「疒」與「蠆」而成，其意義所顯示的乃是早期視各種流行病爲怪蟲怪物所致，「蠆」因而是怪蟲怪物的概括式符號。因而它一方面指疫病，同時也兼指鬼神。例如《左傳・成公十年》即曰：「晉侯夢大厲，被髮至地，搏膺而踊。」「厲」成了一個長頭髮、打赤膊跳舞的惡鬼。

因此，漢字裡用以泛指流行病的「疫」、「瘟」、「癘」，在造字的古代——差不多都是在春秋戰國時代、周代，甚或更早。在那個人們知識仍極有限的時代，把大規模死亡的流行病視爲鬼神作祟，乃是很自然的現象。

由於流行病從造字開始，即有明顯的「鬼神想像」。在古代的心靈裡，自然從此衍生出另外許多與鬼神有關的說法。

例如，《山海經》乃是上古時代的一部具有歷史性的巫書，該書即指出，所謂的「西王母」乃是疫癘之神的總管：「西王母其狀如人，豹尾虎齒而善嘯，蓬髮戴勝，司天之厲及五殘。」

此外，傳說人物蚩尤也是瘟神總管。《通典．樂典》說他統率著一群魑魅魍魎，善於興雲霧，造風雨，因而《述異記》遂說在蚩尤神話所產生的冀州，人們皆將祂視爲疫神而崇拜。

另外，據漢代蔡邕的《獨斷》、《搜神記》等記載，三皇五帝的顓頊也是疫神的祖宗，他有三個兒子，「死而爲疫鬼，一居江水，爲瘧鬼；一居若水，爲魍魎鬼；一居人宮室，善稱人小兒，爲小兒鬼。」這三種鬼都會讓人致病。

除了這些疫癘之鬼的大頭目外，古代的人相信氣（空氣、風）會致人於病，因而在神話傳說裡遂有一種會讓人得病的風，《呂氏春秋》曰：「西北日癘風。」它或稱「不周風」，或者即是「不周風」所生的四兒子「禺彊」。《山海經》說它：「北方禺彊，人面鳥身珥兩青蛇，踐兩赤蛇。」而在《楚辭》裡，「禺彊」則被稱伯強，「伯強，大癘疫鬼也，所至傷人。」

而除了風神禺彊或伯強爲疫鬼之外，它統率了五種風，祇有一種是好風，另外四種皆爲壞風，這四種壞風分別爲：會帶來疫癘的「鷫鸘」，會帶來死亡的「發明」，會帶來水患的「焦明」，會造成旱災的「幽君」。

而除了風中有疫癘之鬼外，在泛神論的古代，還有各種大大小小的疫鬼散在各地。單單在《山海經》裡就有一大串，如：

「復州之山，有鳥焉，其狀如鴞，而一足彘尾，其名曰跂踵，見到其國大疫。」

「樂馬之山，有獸焉，其狀如匯（猥），赤如丹火，其名曰㹸，見則其國大疫。」

「禋山……有鳥焉，其狀如梟而鼠尾，善登木，其名曰絜鉤，見則其國多疫。」

「太山，上多金玉，楨木，有獸焉，其狀如牛而白首，一目而蛇尾。其名曰蜚，行水則竭，行草則死，見則天下大疫。」

「英山有鳥，名曰肥遺，食之已癘。」

由於遠古社會對流行疫病有著如此強烈的「鬼神想像」，當然也就有了「祓禊之祭」和「大儺驅疫」的儀式，這種儀式在早期毫無疑問的是一種功能性的儀式，人們相信可藉此把疫癘之鬼趕走，而到了後來，這種儀式即逐漸變成一種純粹的民俗性質活動，象徵意義大於實質性。台灣仍留存的「燒王船」，即是很典型的流風餘沫。

古代所謂「祓禊」，所謂「祓」指的是祓除，至於「禊」則指修潔、淨身、拂除病氣，以前多半是三月三日在水邊舉行，用香薰草藥沐浴。到了後來漸漸變成一種春天的遊玩飲宴活動。根據《荊楚歲時記》：「荊楚人，以五月五日并蹋百草，采艾以爲人，懸門戶上，以禳毒氣。」即是這種「祓禊」儀式的延長。

至於「大儺驅疫」，則是一種巫覡活動，它以舞降神，藉以驅除疫鬼。它後來發展爲一種舞劇活動，成爲民俗舞蹈的重要成分。

因此，無論西方或東方，對於流行病，都有很長的一段時間和「鬼神想像」相結合。人類的最根本傾向，乃是將自己無法掌控，不能駕馭的事務歸之於鬼神。等到鬼神之說漸衰，但人們的掌控和駕馭能力仍然不足，這時候就開始把它的歸咎對象由鬼神逐漸轉移到「政敵」、「陰謀」等上面。這時候，祇要一有瘟疫出現，社會已有的矛盾和對立，必會藉機發作一次，而這種矛盾的發作必然助長了瘟疫的蔓延而氾濫。今天我們在台灣看到的，就是這樣的局面。台灣在整個亞洲的SARS蔓延過程中有後來居上之勢，當然不會有人再搞什麼「鬼神想像」，但我們的「政治想像」卻已開始發燒。如果我們這些「政治想像」不能趕快停止，所做的抗SARS工作，不知道有多少將因此而抵銷！

# 煞：台灣「後來居上」

在SARS當道下，諧聲的「煞」字也突然成了最熱門的新字眼，尤其是台灣SARS出口到了日本，所謂的「三零」——指零社區感染、零死亡、零輸出，已全部破功。台灣「煞」到日本去，已使得人們必須重新解讀「煞」這個字了。

「煞」這個字，就古文字學的角度而言，它其實與「殺」相同，乃是同一個字的不同寫法。由古代文字的演變，我們知道從早期的甲骨文開始，由於文字有欠統一，同一個字因而會出現一組不同的寫法，「殺」這個字即屬之。但發展到諸如楚簡、秦簡、漢簡，以及馬王堆帛書階段，「殺」字的字形已有「⿰杀攵」、「⿰⿱乂灬攵」等，它與「煞」字已極相近。這都顯示出，「殺」與「煞」實爲後來的同字異寫。也正因爲「殺」、「煞」爲同一個字，因而「煞」字下方的「灬」究意何所指，遂成了一則有趣的公案，它是代表了「殺」之後的流血之狀呢？或祇不過是「朮」這個偏旁的下方被誤寫所致？

在經過「殺」、「煞」同字的過渡期後，這兩個字開始被逐漸區隔。「殺」主要用於指行爲動作，而「煞」則用以指「殺」的內在精神，而對「殺」能察覺出它的內在精神，則似乎始於

《呂氏春秋》〈仲秋紀第八〉裡的這一段：「是月也，日夜分，雷乃始收聲。蟄虫俯戶，殺氣浸盛，陽氣日衰。」

而「煞」與「殺」分道揚鑣，最關鍵的原因，乃是從漢代起，陰陽五行之說大盛。陰陽家為了建構出一套自然哲學的價值觀，遂將「煞」字的意義抽象化，漢代班固在《白虎通・五行》裡曰：「金味所以辛何？西方煞傷成物，辛所以煞傷也。」他在〈五祀〉篇裡又曰：「春祀戶祭所以特先脾者何？脾者，土也。春，木王煞土，故以所勝祭之也。」在陰陽五行家的世界觀裡，諸如身體器官、方位、時辰、星象等皆各有相長相煞的道理。因而「煞」是一種殺的內在力量，一種對立面的互動因素。因而古代星命之學的重要著作《三命通會》裡遂大半本都在論劫煞空亡之理。古歌也有許多談劫煞的通俗作品：

劫煞為災不可當，徒然奔走利名場；
須防祖業消亡盡，妻子如何得久長？
皆言七煞是亡神，莫道亡神禍患輕；
身命若還居此地，貧窮蹇滯過平生，
凶星惡曜如臨到，大限渾如履薄冰，
三合更須明審察，煞來夾拱必難行。

因此，我們的古人乃是活在一個無處不煞，無時不煞的世界裡：

對女人，有白衣煞、鴛鴦煞、花釵煞、桃花煞、咸池煞、流水煞、五行神煞……等，每種煞都招致惡命或賤命。

對兒童，則有短命煞、急腳煞、截命煞、推命煞、小兒煞、中鬼關煞……等，每種煞都不外指夭壽短命之類的壞命。

而一般人的居家，煞就更多了，有金神七煞、劫煞、災煞、歲煞、白虎煞、宅長煞、宅田煞、長男煞、中男煞、小口煞、婦人煞、暗刀煞、土皇煞、九良煞、報怨煞、飛廉七煞、牛皇七煞、馬皇煞……等。由《臞仙肘後經》這本民間擇日書，我們還知道有一堆煞神在值日，人們簡直活在動輒滿宅不寧，禽畜有殃的環境裡。

有了抽象化的「煞」之後，它遂難免被人格化，而成爲鬼神。唐代張讀在《宣室志》裡說道，人死後，其魂魄會變成一種怪鳥，自柩中飛走，它即是「煞」。清代紀曉嵐在《閱微草堂筆記》裡說，人們相信人在長了牙齒後死去，就會有煞，雛子未長齒而夭，就不會有「煞」。根據《顏氏家訓》，我們還知道古代人在家裡有人死亡後，還曾出現過「避煞」之說。《吹劍錄》裡，還用了一大段文字，敘述古人避煞，每當親人故世即倉皇走避，結果祇留僮僕看守，金銀珠寶被盜走的各種怪現象。由此可知在到處皆煞的古代，人們抓狂到了什麼程度。

「煞」與「殺」同字，自漢代起，這兩字逐漸在陰陽五行以及道家星相小筮等方術之學裡被區隔開來，「煞」被抽象化和鬼神化，「煞鬼」、「煞神」、「煞星」等因而成了民間通俗信仰和日常生活裡重要的成分。當人們遭遇到突發性的不好狀況，如突然生病，突然扭到筋，都可以說是「中煞」，「煞」是人們面對壞的不確定狀態時的說辭。近代神話學家伊利亞德（Mircea Eliade）曾指出過，在許多社會裡之所以寧願相信「命運」、「氣數」、「預定」等說法，乃是因爲祇有靠著這種相信，他們才有可能對造成這種不確定的無能和落後增加忍受的能力。古代中國的政治與社會落後，好日子過得少，壞日子則過得多，眞虧有了「煞」這種信念元素，人們始能將不確定的厄運歸因於「煞」，因而一直忍受下去。命運卜筮之術，乃是落後社會的安慰劑，它可以讓人不去思考落後問題的改革，而祇圖改變自己的命運。對於「煞」這種民間信仰，我們可以說它其實等於阻礙了社會的改革和進步。

「煞」這個字，除了有上述星相卜筮上的意義外，從宋代起，還出現了一種「賽」、「煞」、「噷」、「可煞」的語助詞用法。它在詩詞劇曲裡非常頻繁的出現，例如，在「賽」字方面，劇曲裡有「這回償了鴛鴦債，則願得今朝賽」，「何日利名俱賽，爲予笑下愁城」。這裡的「賽」，聲音都可讀爲「煞」，指的是「完畢」、「了結」、「了」之意。

例如，在詩詞裡有「質訊兩造來憔悴人爭怪，爲別後相思煞」，「匆匆去得忒煞」，「這兩水平常有來，不似今番忒煞」、「千載後代，子孫更風流煞」……等。這些「煞」字，意思相當於「甚」、「很」等具有補強性的形容副詞，它也可和「噷」字混用。

例如，在「可煞」方面，如「騙人可煞無情思，何事當年不見收」、「可煞東君多著意，柳絲染出西湖色」……等，在這裡，「煞」是修飾和強化「可」字的副詞。

由上述例子可以看出，「賽」、「噷」、「煞」、「可煞」、「忒煞」、「可噷」等字詞，基本上乃是一種「借音字」，它的意思是指「很」，算是一種助詞。那麼，這種「借音字」的「音」究竟由何而來呢？合理的推斷，它極有可能來自古代西北民族的漢化語言表達方式。在此，可以舉《長春眞人西遊記》裡的一段爲證。長春眞人邱處機爲宋末元初的知名道士，深獲成吉思汗信賴，派遣了特使阿里鮮一路相隨，迎接邱處機前往晤面。阿里鮮見到邱處機後宣達了成吉思汗的聖旨，書中記曰：

「宣差阿里鮮，面奉成吉思皇帝聖旨，邱神仙奏知來麼公事是也，噷好。我前時已有聖旨文字與你，來教你天下應有底出家善人，都管著者，好的歹的，邱神仙你就便理合，只你識者，奉到如此。巽未年九月二十四日。

「宣差都元帥賈昌傳，奉成吉思皇帝聖旨，邱神仙你春月行程到來，至夏日路上炎熱艱難來，沿路好底鋪馬得騎來麼？路裡飲食頗多不少來麼？你到宣德州等處，官員好覷你來麼？下頭百姓得來麼？我這裡常思量著神仙你，我不曾忘了你，你休忘了我者。巽未年十一月十五日。」

由這兩段引錄，已可看出「煞好」（或「噷好」）這種說法，乃是元代漢語口語的一種說法。

此外，「來麼」這種蒙古漢語說法也極普遍。近代語言學家已注意到一件重要的變化，那就是從唐到宋，由於中國和西域以及北方民族往來頻繁，漢語受到異文化和異語言的影響，在語言和語法上已被注入了許多新的元素，這些新元素在蒙古人滅金，接著又滅宋，統一全中國後，使得北方戲曲進入南方，混合型的口語也大舉反映在後來的雜劇中。諸如「煞」的借音用法，即是例子之一。今天我們說「臉色被嚇得煞白」，指殿後爲「煞後」，說「煞費苦心」……如果追根究柢，大概都要追溯到以前西北民族的語言上。這裡的「煞」，指的是「很」。

因此，「煞」在我們的社會裡，主要有著兩軌意義，而眞正重要的，乃是那種滲透到俗民信仰裡的「煞」。我們相信世上到處都有「煞」，因而「自求多福」遂長期以來都成了我們價値觀裡最深層的部分。我們不知道世上最大的「煞」，其實並非什麼「煞鬼」、「煞神」、「煞星」，而是「煞人」與「煞官」，台灣SARS當道，在全球已愈來愈「後來居上」，連個口罩問題都搞到不可思議的程度，問題在哪裡不也已很清楚了嗎？

○○

# 醫學：請給予更大的努力

醫學的進展乃是一件非常神奇的事。今天的人一定不會想到，即使到了文藝復興時代，醫學院學生在教解剖學時，眞正在動刀時，其實是個「理髮匠手術師」（Barber-surgeon）。

由近代醫學史和生活史的研究，人們已知道儘管西方從「醫學之父」希波克拉底斯開始，這項學科和技藝即告出現，但在它的專業化過程中，卻有很長一段時間和理髮按摩這個行業相混不清，並有許多文字及版畫可做印證。例如，十五世紀末一張著名的威尼斯醫學院學生上解剖課的版畫，教授高高在上，面前攤著解剖醫學先驅維薩留斯（Andreas Versalius）的書，一個「理髮匠手術師」則在那裡動刀，旁邊則圍著一些學生，有的很有興趣，有的則似乎意興闌珊，眼睛看著別的地方。

外科醫學和理髮按摩一度相互混合，這當然始於羅馬帝國時代的澡堂健身房。那個時代的澡堂都規模宏大，由建築考古學已可看出，它形同一個個的建築群，有泡澡池、有健身房、運動場、按摩院及休憩室，甚至有的還有聊天飲食的地方。理髮匠兼按摩，對人體肌骨構造當然必須知之甚稔。在這個傳統之下，一直到現代醫學正式形成之前，理髮按摩業都兼具了某種醫療之權。理髮師可以執行諸如放血治療、拔牙等小型外科醫療行爲，在歐洲至今仍留存了許多這樣的木刻版畫。

就以英國爲例，著名的《譜系學辭典》裡就記述了一個重要的變化過程。紀元一四六一年英國「理髮師公會」成立，英王亨利八世認爲它和「外科醫師協會」功能重疊，下令合併，但還是做了一些限制，即理髮師衹能做小手術，外科醫師則不能理髮按摩。這個合併的「理髮師外科醫師協會」到了一七四五年才再度被勒令一分爲二，原因是經過了大約三百年的發展，外科醫學業已快速地進步，使得外科醫師的社會地位和收入遠遠超過了理髮師，無論職業功能和社會階層，這兩種職業已無法並列。

因此，由「理髮——手術師」變成「外科醫師」，儘管衹是字和字義出現一點點小改變，但這樣的小改變卻是好幾百年醫學進步連帶造成社會改變的結果。

因此，單單由 Barber-surgeon 到 Surgeon 的過程，就已說明了語言名詞變化的複雜歷史因素。同樣的道理，也顯示在「醫師」的名稱變化上。在西方，醫師最早被稱 physician，而後才有諸如 Medical man、Medic medico 等口語式的說法，但當醫師的，最喜歡的大概仍是 Doctor 這個比較有敬意的稱呼。但我們可能也不知道，這樣的稱呼差不多到了十九世紀中葉之後才漸漸出現。

由醫學史的發展，可知它在西方早期，其實是把它當做「物理學」（physics）的一環而對待的，人理即物理，這乃是後來「身體的」（physical）、「醫師」（physician）的源起，而「物理學家」（physicist）則在字尾上與醫師加以區隔。羅馬時代始有字源並非十分清楚，極有可能是來自阿拉伯世界的 Medicine 另外一組字詞。而在身分稱呼上逐漸出現較具敬意，也顯示出其知識權力的 Doctor 則是在十九世紀中葉之後，據《譜系學辭典》所述，縱使到了十六世紀，英國對人們的執醫，仍然都是由教區的主教核定，沒有特別的資格限制。但隨著人們對執醫者的需求增加，「倫敦執醫者協會」在一五一八年由林納克里（Thomas Linacre）領導成立，這個協會就是今天「倫敦皇家醫師會」的前身。這個「倫敦執醫者協會」被賦予監督方圓七哩內執業者的權力。而執醫者由於需求增加，地位漸增，因而也被賜予一些豁免權，包括可以不必擔任陪審團的陪審員、不必做守望相助的巡夜員、不必被徵召參加民兵訓練等。

而就在執醫者由於需求和地位漸增之際，執醫者進牛津和劍橋深造之風已跟著出現。一八四五年非官方的《醫界指南》出版，一八五八年官方的《醫界名人錄》正式印行，接著孟克（William Munk）又完成一五一八年以來的《名醫傳》四大卷，醫師的身分地位被大幅提高，於是倫敦教區委員會的出版品，遂開始將那些自動簽約替窮人服務的醫師敬稱爲 Doctor，它是希羅時代起就對有學問的人之敬稱，這個敬稱後來即擴大用來泛指所有的醫師。執醫者的身分在這個稱呼出現後，可謂完全底定。

因此，由西方對醫師的稱呼及職業名稱變化，可以印證一個基本的道理，那就是身分階級的變化，其實都是有著「歷史性」的，而這種「歷史性」裡，「知識」無疑地扮演著最大的力量。如果當年醫學初興之際，那些執醫者沒有拚命搶著去唸牛津和劍橋，當他們不在知識上求進步，哪有後來的風光地位。

而這樣的情況，在漢文明裡亦然。我們在遠古對醫師逕稱爲「醫」、「醫者」、「醫工」，魏晉三國稱「醫師」，但那祇是專業名稱，而非敬稱；唐宋元的時候，已有「醫博士」、「大夫」、「郎中」等敬稱，問題在於，後來由於時代遲滯不進，加上動亂頻仍，專業的進步與整合無法展開，不但到今天還廣泛地存在著吃香灰、問鬼神的「遠古醫病行爲」，甚至連「郎中」這個原本的敬稱都變成了貶稱。近代台灣雖然醫療已有發展，但「醫師」做爲一種職業，雖然客觀的「社會位階」已有提升，但由SARS風暴卻也可以看出，台灣醫師的「道德位階」已有下降之虞。台灣的醫師要變得像西方Doctor那樣有地位，可能還有一大段路要走。

在漢文明裡，「醫」由「巫」分化而成。根據遠古神話，尤其是《山海經》的記載，我們知道遠在帝堯這種極早的部落時代，即有「巫咸」、「巫彭」這些巫人，「巫彭作醫」的說法也證明了「巫醫」並存之說。因而古代的「醫」這個字，似乎也曾一度被寫成「毉」，祇是這種寫法到後來逐漸消失了。

「醫」這個字在古漢字裡，乃是一個至今仍然不太清楚的字。與「醫」有關的字有二，一是「医」，另一是「殹」。前面的「医」代表了矢（箭）在匸中，後面的「殹」則代表了用箭射中東西的聲音。但「醫」下面的「酉」代表了酒，這又有什麼關係呢？因而有人以爲以前的「醫」可能主要是用來對付外傷的，酒則是治外傷的用具之一。漢字的「疾」也是以「矢」爲主，代表了人被箭射傷，泛指刀傷和外傷。這樣的解釋祇能姑且聽之。

有了「醫」之後，對它的從業者稱呼，歷代皆有所不同。在官署方面：根據《周禮》，周代已將國家最高的醫政主官稱爲「醫師」，但它的意義和今日不同，「師」是指「最高主管」，相當於衛生部長，而其他則逕稱爲「醫」，有各種層次的「醫士」和「醫匠」。

秦代除了用「太醫令」這個最高首長取代周朝的「醫師」外，其他則有「醫士」、「醫工長」、「醫工」，漢代的稱呼大體未變。

魏晉南北朝對醫已有「博士」之稱。値得注意的，乃是當時大舉翻譯佛教經典，對每種專門職業者皆稱爲「師」。因此，划船的稱「船師」、教書的稱爲「教書師」，後來簡化爲今日的「教師」，做陶瓷的稱「陶師」、繪畫的稱「畫師」、皮匠稱「作皮師」、會計帳房稱「算師」、餅店師傅稱「餅師」、漁夫稱「魚師」、養馬的稱「馬師」、金銀匠稱「金師」、變魔術的稱「幻師」、看病的醫則稱「醫師」、雕塑匠則稱「像師」……等。魏晉三國時代，乃是漢語漢字及文法結構變化極大的年代，它早已成爲一種被叫做「中古漢語」的專門研究領域。個人認爲將專門領域的工作者稱爲「師」，與其說是漢文化的元素，倒毋寧更應看做是天竺文化的延長。因爲在梵語裡，敬稱乃是特性。後來被我們譯爲「吉祥」的 sri，它除了有「吉祥」、「師利」等意義外，似乎也經常是對人敬稱的一部分。這種敬稱的表達方法，或許才是佛經漢譯裡無論什麼都稱爲「師」的眞正原因。因爲「醫師」和其他「×師」並列，它祇是一般的敬稱，並無太大的意義。

醫師地位在宋元時最高，金元這些異族政府最看重醫師，官等最高可到「正二品」，有大臣之身分，而醫官則在宋元有「翰林醫官」、「保和大夫」、「保安大夫」、「保和郎」、「保全郎」等。後來所謂的「大夫」、「郎中」等眞正的敬稱都始於宋代。至於「醫人」、「醫生」、「醫婆」之類，反而都是一般性的記述語，沒有敬稱之意。

因此，在漢文明裡，宋金元時稱醫師爲「大夫」、「郎中」，唐代稱醫師爲「博士」，乃是最高的敬稱。「博士」官乃是以學識見長，「大夫」及「郎中」官則以清望見長。

可見我們也知道明清社會乃是社會動亂頻仍、整合力與進步力不足的時代。就以醫病體系而言，當整合力不足，民間部門即會大幅倒退，民俗醫師、半巫半醫的村野醫師，甚或更倒退的巫棍等遂告大行。以前在歐洲，每逢瘟疫，巫醫神棍即會爆發性地出現，顯示出當整合力衰退，醫病體制即會走回過去，明清時代各種「江湖郎中」、「走方郎中」大盛，使得「郎中」這個敬稱變成了污名，即是最明顯的證據。台灣的醫師在這樣的背景下，被稱爲 Doctor 和「大夫」會特別欣慰，並不是沒有原因的，如果被稱爲「郎中」，一定會跟你拚命，至於「醫師」、「醫生」，祇能算是平平的稱呼而已。古代對醫師的最高敬稱乃是「君子醫」，那就祇有極少數人當得起了。

今日的台灣，醫師這個職業，它在功能及所得為基礎的「社會階層構造」上，無疑地已相當地高了，但其「道德位階」近年來則有下降之勢，由東西方醫師的稱呼及其敬稱之歷史發展已可看出，台灣的醫師們其實還是要更加努力，始能獲得更大的尊敬！

## ◎下毒：另一種恐怖主義

南京發生大規模的中毒死亡事件，報導稱這乃是一起「下毒」案，如果這種說法被證實，那麼本案必將會被列入人類犯罪史，成爲迄今爲止，最大的恐怖主義式下毒案件。

由南京下毒案，就讓人想到一六七二及七三年間發生在法國，並已被列入世界犯罪史的多起重大下毒案件。

一六七三年，當時仍爲路易十四時代。有兩名神父向官方檢舉，他們聽了信徒的告解後，發現到有許多男女都因爲曾用毒藥謀殺親夫或親婦而到教堂懺悔，他們的檢舉，引起警察總監雷尼（Nicholas de la Reynie）的重視，因而展開調查，發現有一群算命師和巫婆在幹這種事，他們提供一種美其名爲「續緣藥粉」的毒藥，給那些對配偶已覺得厭煩的人，讓他或她們把配偶毒死後得以再娶再嫁。警察總監雷尼特派了一個女警察，佯裝準備毒死丈夫而向一個女算命師波賽（Marie Bosse）買藥，而後將她逮捕。在經過偵訊後終於發現，這並不是個小案，而是個超級大案，有一大個「毒藥幫」在做這種事，其中還不乏上流人士如宮廷人物及神父。這些人除了賣毒藥外，也做墮胎工作，而死嬰則成了黑彌撒祭壇上的祭品。據警察總監透露，有一個稱爲佛亦辛

（La Voisin）的老婦，居然幫二千五百多人墮過胎。另外有個婦女在女巫的幫助下，在她丈夫的衣服上塗抹了高毒性的砷，他的皮膚因而長出水泡，妻子則以塗抹藥物爲理由，將更多毒藥塗在傷口上。

這個「毒藥幫」案，當時驚動了歐洲，路易十四命令組成特別法庭偵辦審理，這個法庭全部蒙上黑布，點上火把，因而被稱「烈火法庭」（Chambre Ardente），此案偵辦到後來，發現路易十四的兩名情婦蒙特絲龐（Madame de Montespan）和歐蕾特絲（Madame des Oillets）也都涉入其中，蒙特絲龐曾在黑彌撒儀式上當過裸體的祭台；而歐蕾特絲則以黑彌撒儀式製造媚藥，它包括了自己的經血，一名男子手淫排到聖水杯裡的精液。這個案子一共辦了七年，一百四十人被判有罪，其中有三十六人被處死刑。除了上述各類案例外，在這個大案裡，還有一起讓人瞠目結舌的案中案，有一個女子爵奧伯蕾（Marie Madeline d'Aubray），她自成長以來即特別地放縱糜爛，嫁給布林維勒子爵（Baron de Brinvilliers）後亦未稍改，仍和別人來往，布林維勒子爵無意追究，但她的父親卻不能忍受，一狀告進官裡，該人被抓入獄服刑兩個月，在獄中結識了一個義大利下毒專家，於是他出獄後即和情婦聯手，她一共毒死過父親，兩個兄弟，並意圖毒殺妹妹和繼妹。最後此案被破，下毒人被判車裂大刑，而女的則逃亡到英國與荷蘭，最後在返回法國時被捕，判處死刑。

由十七世紀發生在歐洲的「毒藥幫」案件，可以知道用毒藥來殺人，早已有了悠久的歷史。

發生在南京的案件顯然並非毫無先例，祇是像這樣一次毒死兩百人左右，則恐怕絕無僅有。

由古中國、古希臘羅馬、古埃及和波斯，都在很早的時候就已發現了毒藥的存在。以古中國為例，《淮南子》曰：「神農……嘗百草之滋味，……一日而遇五十毒。」《通鑑外紀》曰：「炎帝始味百草之滋，嘗一日而遇七十毒。」由這樣的記載，我們已可知道，遠在神農氏這種極早的農業時代，人們就已知道什麼是可以吃的，什麼又是不能吃的「毒」。

不過，儘管古中國在極早的時代即已知道什麼是「毒」，但那個時代所謂的「毒」雖然不能正常而例行的用來當做食物，但人們卻也知道「毒」其實乃是一種「藥」，因而後世之人遂「毒」、「藥」混合著使用，稱為「毒藥」。

因而遠古時代的「毒」，指的乃是不能當食物的東西，但它卻有某種程度的療效。《尚書》所謂「若藥弗瞑眩，厥疾弗瘳」，所指的即是藥必有毒，吃了後會頭目昏眩，不會讓人昏眩的，就不可能是好藥。《方言》曰：「飲藥而毒，海岱之間謂之瞑眩。」所指的就是這種毒而做藥，藥必有毒的道理。《易經》所謂「無妄之災，勿藥有喜」，也是這樣的道理。

「毒」、「藥」並存，吃藥就等於吃毒，因而據《論語・鄉黨》的記載，當有個叫康子的人送藥給孔子，孔子即表示「丘未達，不敢嘗」，可見孔子是個很怕吃藥的人。由於「毒」與「藥」並存，「藥」反而可能成為「施毒」的工具，因而古代皇帝用藥，都必須別人先嘗。《禮記》裡就記載曰：「君有疾飲藥，臣先嘗之，親有疾飲藥，子先嘗之。」《左傳・昭公十九年》裡並記載了一則故事：許悼公得了瘧疾，太子止送藥，吃了藥之後，許悼公卻死了，於是太子止擔負了弑父弑君的罪名逃亡到晉國躲避。

由上述記載，我們已可知在古代中國，「毒」與「藥」最先並存，正因「毒」即是「藥」，「藥」也是「毒」，因而遂發展出「先嘗」的規矩，但値得注意的，就在這樣的時代，「毒」與「藥」也開始漸漸地分開了。或者稱之爲「毒」，或者即稱「毒藥」——但它已和從前的「毒藥」意義大大不同，而是指「有毒的東西」，並將它主動地當做害人的東西而使用者。而「毒」也不限定是植物而已，凡是動植物及礦物，都可以成爲「毒」。

例如，《左傳・莊公三十二年》即提到莊公命令一個稱爲鍼巫的太夫，用鴆的毒，把公子姬牙賜死。所謂「鴆」，乃是一種形狀似鷹、大小如鶚的鳥，公的叫運日，雌的稱陰諧，羽毛黑色，喙長七、八寸，其赤如金，這種鳥以吃毒蛇爲主，因而牠的羽毛毒性甚強，祇要把羽毛放在酒裡攪一攪，喝了酒即會讓人致死，因而鴆鳥也稱「酖」。這種酖毒，乃是動物之毒。

再例如，《山海經・四山經》裡曰：「有白石鳥，其名曰礜，可以毒鼠。」所謂「礜」，指的是一種礦物毒。

而在人類歷史上，第一次大規模的化學戰，可能即是《左傳・襄公十四年》所說的故事：多國前往攻打秦國，「秦人毒涇上流，師人多死」，指秦國在涇水上游下毒，許多人因此而被毒死。

因此，或許我們可以這樣地認爲：那就是在戰國時代之前，人們由對植物的經驗，已能分辨什麼是食物，什麼是不能食用的「毒」，《説文》曰：「害人之草，往往而生。」所指的即是「毒」，也是「藥」。但隨著時代的發展，以及對動植物和礦物的理解變深，「毒」與「藥」遂開始分離，「毒」的害人用途也開始更確定，「毒」就是用來毒殺他人的東西。戰國以降的毒殺增加，賜死的方式之一即是用毒，「毒」成了一種懲罰性的手段。

有關毒殺之事的記載，春秋戰國時代已啓其端，愈到後來這種案例愈多。也正因此，古代的法律，對製造蠱毒及指使者皆處死刑，以毒藥藥人及賣者也都處以死刑，如果肉類已腐壞有毒但卻賣予他人，若他人因而致死，也處死刑。這種量刑的準則，從唐到明清，幾乎都沒有什麼改變。如果我們再檢視古代辦案最重要的《洗冤錄》，或許會發現它對毒殺案的蒐證辨誣，實在花了相當多的篇幅，這也顯示出自古以來各種毒殺可謂相當普遍。因而當人們在閱讀古代小說如《水滸傳》裡潘金蓮毒殺武大郎，《兒女英雄傳》裡在月餅中下毒，《竇娥冤》裡也有下毒情節時，可能也就不足爲怪了。祇是由《唐律》裡把腐壞的東西仍然出售，若致人於死處死刑，使人生病則處一年徒刑，這種處罰如果與今日賣腐壞有毒的東西仍能逍遙法外相比，古人在這點上倒是比今天的人還要進步。

而說到「毒」，當然必須一併提到與它相關的「毒」，「毒」指「害人之草」，而「毐」則指無行之壞人，因而「毒」與「毐」可以說乃是同一概念下所形成的兩個指涉不同的字。《史記》

在〈呂不韋傳〉裡提到過有個叫「嫪毒」的人與秦始皇之母私通，後來被滅掉三族，有壞人之「毒」，始有害人東西之「毒」！

但無論如何，由近年來已陸續出現的多起人爲施毒，如日本奧理教主施放毒氣，以及南京下毒案，業已顯示出隨著人們化學知識的增加以及有毒物質的愈來愈容易取得，在可見的將來，有關「毒」的問題必將日益普遍起來，並成爲另一種恐怖主義的來源。

# ○紅：熱賣＋流行＋搶手

台灣的泡沫紅茶，走「紅」全球各地，連日來已被許多媒體報導，於是，讓人想到了與此有關的若干語言使用問題。

稱呼某個或某種商品很討人歡喜，在漢語社會有許多不同的說法，如北方會用「俏貨」、「搶手貨」、「燙手貨」等，據王德春著《愛人，同志；大陸俗詞詮解》所述，「搶手貨」的說法乃是廣東人所率先使用。而在西南或中原一帶，則被人說是「吃香」，意思是受人喜歡，而形容某種流行的現象，從文雅的「口碑載道」，到比較俗化的「火熱」、「熱門」、「火紅」、「紅火」……等亦所在多有。在現代的語言使用和聯想上，流行多半伴隨著「火」的意象如「熱」、「紅」、「飆」等而展開。

今日我們用「紅」來說人的得意和商品的得意，似乎都開始於清代，而且可能還相當的後期始告出現。

例如，《老殘遊記》第二十回曰：「這陶三爺是歷城縣裡的都頭，在本縣紅得了不得，本官面前說一不二的，沒人惹得起他。」

例如，《官場現形記》第二十三回曰：「新委的河工差使姓曹，號二多，是個候選知府，乃是河台紅人，天天見著河台的。」

例如，在蘇州的說唱藝術「評彈」曲目《晴雯》裡有曰：「聽見說是寶二爺身邊頂頂紅的紅客。」

然而，這種用「紅」來說官場上的炙手可熱，卻顯然是個重大的改變。因爲在清代之前，人的得意，都不是用「紅」來說，而是用「熱」來說。

例如，《唐書》裡的〈崔鉉傳〉曰：「鄭、楊、段、薛，炙手可熱。」

例如，杜甫的詩作〈麗人行〉曰：「炙人可熱勢絕倫，愼莫近前丞相嗔。」

例如，白居易也有這樣的詩句：「寂寞曹司非熱地，蕭條風雪是寒天。」

而這種用「熱」來說宦途的得意，一直到宋代依然如此，例如陸游即如此自述平生：「仕官五十年，終不慕熱官。」

因此，古代用「熱」的概念與聯想來說得意顯赫，就讓人想到英美所用的「Hot」，因爲從中古結束以後，就已用這個字來說諸如「盛行、熱門」、「搶手」等意義。

例如，寫《魯賓遜漂流記》的狄福，當年寫倫敦等城市的瘟疫，即說：「瘟疫已在各城市盛行開來。」（The plague grows hot in the cities.）

例如，一項報導中說：「艾迪墨菲已穩穩地使自己成爲票房最熱門的喜劇演員。」在這裡，它用 Hottest box office comedian 來說「票房最熱門的喜劇演員」。

再例如，作家舒伯格（B. Schulberg）如此說到：「我的點子如此搶手，我不會讓它有被任何人偷走的機會。」在這裡，The idea is so hot 即指「我的點子如此搶手」。

由英美用 Hot 來說人與事的得意、風行、搶手等現象，顯示出我們後來諸如「熱門」、「大熱賣」之類的語言用法，都是近代受到西方影響後才造成的，而不是由古代漢語有關「熱」的概念延伸而成，主因即在於從清代開始，漢語已用「紅」取代了以前的「熱」。於是，「紅」遂可以用來指一切人與事的得意、風行等。因此，不但台灣的泡沫紅茶很「紅」，一個著名的電視主持人也可以說：「雖然我很濫，可是我很紅。」

從清代開始，「紅」的概念與聯想會取代長期以來的「熱」，這實在是個有趣的課題。由於這種變化的軌跡仍然有待考掘，因而目前難有確鑿的答案，但由清代的官場尚「紅」，卻多多少少會讓人得到一些線索。

根據對清代社會的理解，我們已可知道它是一個非常尚「紅」的時代。清代的皇室以「黃」爲龍斷性的顏色，直系皇室用正黃，嬪妃等則用較淡的鵝黃，但自清太祖努爾哈赤開始，即把皇家直系以外的各支宗室統稱爲「覺羅」，它是八旗子弟裡地位僅次於皇室直系的階層，在服裝上，祇要是「覺羅」，就必須綁紅帶子，因而「紅」不再祇是以往那樣祇代表了富貴而已，「紅」在清代的官場和民間有著更大的身分上的特權。紅色的特權化使得他們被稱爲「紅帶子」，讓人既羨又恨。或許正因這種尙「紅」的風氣與價値，終於使得「紅」的概念取代了「熱」。炙手可熱的人稱爲「紅人」；熱門的演員稱爲「紅角兒」；頂級的交際花草則是「紅姑娘」。「紅得發紫」則被用來說一切顯赫之事務。

「紅」在近代中國取代了以前的「熱」。在未被共黨統治的漢語地區，與「紅」有關的形容語詞，所延續的乃是清代尙「紅」之後所造成的語言傳統，但對被共黨統治的大陸，則情況完全不同了。它一方面繼承了清代的尙「紅」，後來又加上國際共黨運動的「紅」，於是，有關「紅」的字詞更加地氾濫，「又紅又專」、「紅太陽」、「紅衛兵」、「日日紅」、「萬年紅」、「滿堂紅」，在過去很長一段時間，簡直被「紅」這個字淹沒了一切。

根據《珍氏記號及符號百科全書》以及《企鵝版符號辭典》，我們已知道，紅色對任何一個民族都有極重要的文化及象徵意涵，這種色彩的迷思化在西方更甚於東方。古代中國的顏色管理本質上乃是一種身分管理的延長，它具有身分性和階級性，但沒有意識型態性，因而總是有許多縫隙可以突破，在嚴格中也很鬆弛。

但在西方則不然。遠古和中古時代在此可置而不論。到了近代，「紅」在西方首先於十七世紀被英國海軍政治化和意識型態化，而從義大利民族主義英雄伽里波地（Giuseppe Garibaldi, 1807-1872）起，紅色即成爲武力型無政府主義者的顏色代碼，他的手下即著紅衣，稱爲「紅衫隊」，這和軟性的、知識分子性格的虛無無政府主義不同，它們以黑色爲顏色代碼。

至於社會主義陣營，一八七一年的巴黎公社、共產主義者取得了紅色做爲記號。一九〇五年共產主義者在俄國起義，以迄一九一七年十月革命成功，「紅旗」成了註冊商標。由愛爾蘭革命音樂家康尼爾（James Connell）所寫的國際社會主義歌〈紅旗頌〉，則完成於一八八九年——他有次在倫敦坐火車，十五分鐘的車程裡靈感乍現，該曲立即寫就，並發表在當年十二月二十一日的《正義報》上。

這首歌後來在英國的利物浦及格拉斯哥公演，一九二〇年代成爲英國工黨的黨歌，一直延續到一九八六年工黨開始右傾化，始將該首歌的黨歌身分取消，改用目前那首較不激昂的歌代替之。工黨的「紅旗」意象也被「紅薔薇」所取代，因爲「紅旗」已形成一個具有較大攻擊性的符號，「紅薔薇」則被賦予「對人類之愛」的含意，比較溫暖。

「紅」曾席捲過歐美以及俄國，當然也進入中國，它從中國社會主義運動萌芽起，就和西方一樣以紅色爲顏色代碼，根據大陸首席語言社會學家陳原教授的查考，中國大陸對「紅」的顏色崇拜始於一九一九年中國第一代馬列主義傳人李大釗，他在〈赤色的世界〉一文裡首次把俄國成功地完成了革命的訊息帶入。從此，「紅」開始被政治化。

而中國大陸眞正「紅」到無法無天的程度，仍在於文化大革命期間。「文革」前夕，各類與「紅」有關的文藝和意識型態著作增加，被稱爲「泛紅現象」。「文革」開始後，各種「紅旗飄飄」、「紅色娘子軍」、「又紅又專」、「全校一片紅」、「全市一片紅」、「全國一片紅」的口號與標籤當道。它以虛構的「黑」爲敵人來合理化自己。顏色的隱喻暴力最後跳出顏色與文字之外，而成了眞正的現實暴力。「文革」是政治極端主義的一次全程展示，足以讓一切的人對各式各樣的政治極端主義提高警覺。過去有很長一段時間，大陸已出現「畏紅」的趨勢，衹要一說「紅」，就會讓人側目。

而到了今天，「紅」的符號式意義仍然存在，但大概已和「文革」無關，它所延續的乃是清代以來原本即沉澱在人們生活裡的那種「紅」。除了「紅」之外，中國古代以「熱」來比喻得意、暢銷等的說法，也在經過清代的淡出後，又經過西方 Hot 的影響而又淡入。「紅」與「熱」並存，台灣泡沫紅茶既「紅」又「熱」，變成全球新「熱賣」、新「流行」、新「搶手」的商品類型。這些語言走到今日，眞是走了好長一段路！

# 鬼：良心和亂世的考驗

台灣最近特別盛行神鬼之說，尤其是在這個農曆七月，鬼門關已打開的時候。於是，不但華航空難鄰近的澎湖鬧鬼，鬧到鬼聲啾啾的程度；甚至刑案偵破前，已死者也來託夢，當然更別說最近鬧成大八卦的「養小鬼」了。

這時候，或許我們已可藉機來談談「鬼」這個字的語意系統和文化意涵了。

有關「鬼」字，《爾雅》在〈釋訓第三〉裡曰：「鬼之爲言歸也。」郭璞所做的注解是：「古者謂死人爲歸人。」而《說文解字》的解釋亦然：「人所歸爲鬼。從人，象鬼頭，鬼陰氣賊害，從厶。」由上所述，我們已可知道，在我們的文化體系裡，最早是把人死之後的狀態定義爲「鬼」。

然而，講到「鬼」，則必不可免一定必須引錄《韓非子》卷十一〈外儲說左上第三十二〉所說的那則有名的故事：

「客有爲齊王畫者，齊王問曰，畫孰最難者？曰犬馬難。孰易者？曰鬼魅最易。夫犬馬人所知也，旦暮罄於前，不可類之，故難。鬼神無形者，不罄於前，故易之也。」

《韓非子》裡所說的這個故事，乃是指「鬼」究竟是什麼東西，誰也沒有見過，因而可以愛怎麼畫，誰也不會有反對的意見；至於犬馬，則是大家天天都看到的東西，祇要畫得有一點不好，每個人都會有意見。因而畫犬馬之難，大於畫鬼。

問題是，既然「鬼」這個概念所指涉的對象誰也沒有見過，那麼這個概念又怎麼能具體化為「鬼」這個具有確切意涵的符號呢？這時候，或許就有必要由最早的甲骨文「鬼」字來推敲了。

甲骨文的「鬼」字有許多變化形，但基本形狀乃是如同男，像是一個人戴著很大的面具跪在地上一樣。《說文解字》裡所謂的「象鬼頭」，其實已把它的意義說得很清楚了，可以想像到在遠古時代，當人死了而做祈禳儀式的時候，巫師一定是戴著一個象徵了亡靈的大面具在那裡或跪或舞的進行儀式。由許多不同種類的原始文化，也都證明了這種儀式的普遍存在。

人活在世界上，遠古的生存環境惡劣，充滿了不可知的神祕與恐怖。而在所有的神祕恐怖裡，死亡無疑是最大的一個。死亡有著它猙獰的模樣，那是人類對不可知的世界覺得可怕的最具體表徵，因而幾乎所有的原始部落，它那種「死亡面具」皆必然極為可怕。這就是「鬼」這個符號的起源。有了「鬼」這個字，當一個鬼手持某種懲罰人的器械、變成畏，它就成了後來的「畏」字。由於「鬼」字是遠古之人對不可知的可怕世界最主要的象徵式代碼，因而幾乎多數不可知的可怕事務，遂都以它為中心而展開，例如人死後那無形的氣狀樣態即成了「魂」；木精土怪等自然界不可知的危險事物即成了「魅」、「魑」、「魍」、「魃」……等。商代的時候最大的敵人要持續三年作戰始能征服，即被稱爲「鬼方」。

然而儘管古人把人死後的狀態稱爲「鬼」並有所畏懼，但這種態度基本上仍然屬於一種自然主義式的認知。因而，所謂的「鬼」，在多半的意義裡，遂都和我們的自然觀相連。《禮記》曰：「眾生必死，死必歸土，此之謂鬼。」《左傳》在〈昭公七年〉項下曰：「鬼有所歸，乃不爲厲。」《論語》在〈爲政篇〉則說：「非其鬼而祭之，諂也。」在這種自然哲學裡，「鬼」可以說乃是我們祖先崇拜裡的重要環節。在我們的世界裡，人和鬼是個連續體，它當然使人有所畏懼，但我們卻也相信，人死後成鬼，祇要我們不把世界搞亂，不做壞事，鬼也會安安靜靜的停留在它自己的世界裡。對於鬼的這種態度，最集大成的，應當仍是韓愈的那篇經典論文〈原鬼〉。他說，鬼是一種漠然無形無聲的東西，但在某些時候，鬼卻會變爲有形有聲，其原因在於：

「民有忤於天，有違於民，有爽於物，逆於倫，而感於氣，於是乎鬼有成於形，有憑於聲，以應之而下殃禍焉，皆民之爲也。」

根據韓愈那種自然主義的哲學觀，「鬼」是實質存在的一種無形無聲狀態，但若人做了壞事，就會使「鬼」被激發而變成有形有聲。因而「鬼」在這個意義裡，也就等於是「良心」的某種反面形式。我們俗語所謂「不做虧心事，不怕鬼敲門」即是這種哲學觀的延長。

「鬼」在我們的儒家文化裡被包裹進了它的倫理範圍中。但「鬼」終究是在指那不可知的世界。而在古代，榛莽遍地，奇禽異獸亦多，而人對自然世界的掌握能力亦極有限，因而人們對不可知的世界仍有著極大的不確定感和不安全感，因而圍繞著「鬼」，遂不斷繁衍出許多鬼故事，並使得與鬼有關的語言更豐富。尤其是佛教東來，果報之說塡補了不可知世界那片空白，更使得「鬼」的概念有了可以發揮的餘地。這也就是說，中國先秦的「鬼」，到了魏晉之後開始複雜化和系統化，尤其是後來治亂相繼，每逢亂世即更不確定，而鬼神之說異盛。佛教的地獄和鬼並被發展出一個龐大的鬼系統，它與邪惡、可怕、陰陋、詭譎、冥報等元素相連。它是人間世界之外的另一個人們不欲的世界，用那個世界來驚嚇和警惕這個世界。

因此，有關中國的「鬼」，它由最早的「人所歸爲鬼」，最後不斷發展成龐大的鬼官僚及鬼世界結構，與鬼有關的語言也成了同樣龐大的「語意場」（Semantic Field），這其實是個很値得從語言學、宗教文化學、符號學，甚至制度考古學等方面來研究，而後始能更理解中國鬼文化之全貌。

而這種情況在西方亦然。它由最早的沒有鬼和魔，最後發展出龐大的魔鬼系統，也同樣走了好長的路，浪漫主義時代的大詩人雪萊就這樣說過：

「要決定魔鬼的本質和功能，在歐洲神話學裡並非可恥的範圍。誰是魔鬼？它是什麼？它的源起、棲息之地、命運、權柄，這些都讓聰明的神學家困惑不已，也沒有任何正統論者可以提出決定性的意見。這乃是俗民宗教的最弱之處，是鱷魚最脆弱易受傷害的肚腹。如同驚惶的奴隸，面對專制的主子而諂媚，用心解決心裡的危機，基督教發明並收養了惡魔，俾使自己從自己面對的問題中得以脫身。」

雪萊的這段話非常重要。因爲他指出了魔與鬼皆爲人之發明，因爲我們需要它們。雪萊的觀點也印證了十八世紀一本反調式《簡明基督教辭典》裡所說的：

「凡有善於分析的頭腦的人是不信鬼魂的，但任何好基督徒都必須相信，聖靈在《舊約》中承認鬼魂。因此，我們這時不相信鬼魂就是異端了。加之鬼魂能引起恐怖，而凡是能引起恐怖的，都對教會有好處。」

我們都知道，西方在遠古時代和其他初民部落相同，都認爲人死之後有著另外一個世界，它是人間世界的延長，但這樣一個世界在基督教興起後卻開始被導入一個魔鬼的概念。在早期，魔鬼的概念祇有宣示性的作用，除了名字外並不及於實體部分，祂祇不過是代表上帝行使監察權的一個天使而已。縱使到了十三世紀的《主教團敕令》，也對一切有關魔鬼的傳說傳奇和民間信仰斥之爲「幻想」，它不被鼓勵認可，但也未予以懲罰。魔鬼概念的逐漸變爲實體化，乃是十五到十八世紀的「獵巫時代」的成果。根據近代的研究，我們可以說，在一五八〇至一六二〇年間，今日的魔鬼學系統可謂大定。

對這個問題，以前我曾做了一次文獻研究，得到的結論如下：

（一）今天的魔鬼概念，似乎以十三世紀大神學家聖多默爲始。他首度將魔鬼實體化，例如牠會夜晚趁人昏睡時與人苟合，人會靈魂出竅而被魔鬼召喚，魔鬼還有變形、飛翔、製造暴風雨等異能。自聖多默開其端之後，即被後人一直持續擴充而更加具體化。

（二）魔鬼學的體系，它的發展軌跡，基本上是以天庭爲參考點而以對位方式一步步充實的。最後在十七世紀米契尼斯（Michaelis）手中，將天使的三等九級設定出一個對位的三等十六級魔鬼系統。

（三）從中古世紀開始，教會爲了讓人恐懼，教會的墓園入口通常都會放置非常可怕的死神雕像，另外則將亂葬崗撿拾的骨骸骷髏公開展示在骨塔裡，俾讓人對死亡產生極度可怕和醜陋的感覺，藉著這些有關死亡的「裝置藝術」及可能成爲死神的俘虜之恐懼症，從而得以讓教會勢力更加擴張。

（四）根據對位原則而建造出一個虛擬的魔鬼系譜結構後，西方的「神——魔」、「善——惡」二元論可謂大定，它除了可藉著這種二元論懲罰信仰上的異端外，也同樣可以藉著這種排他的二元論述，進行任何型態的道德動員，就以「九一一」之後的美國反伊斯蘭運動而言，它的動員及論述策略即是這種「神——魔」二元的反映。

因此，西方「神——魔」二元論的出現，並被建造成一組相互匹敵、相互對應的結構，對人以及人死後變成的「幽魂」（Ghost）乃是極大的壓力。人以及自己的幽魂如果不想成爲魔鬼和魔鬼的俘虜，就祇有加入宗教信仰的這一邊。「二元論」的「非此即彼」之選擇，對教會是有用的設計，藉著這種設計，教會和相關的體制，可以擴大它們的權力。

因此，無論東方或西方，與「鬼」有關的概念及相關的文化問題，都值得做深入的研究。一般而言，鬼的問題通常都祇在秩序瓦解的時代才會變得熱門，而排他性的神的概念，則祇存在於以強制力量整編秩序的時代。鬼與神是不同的範疇，他們的戰爭也是人間鬥爭的投影。而無論如何，一個盛行神鬼之說的時代，雖不一定像有些學者說的是「災難的母親」，但至少可以肯定它也不是個多好的時代！

## ○○○冤大頭：負擔算在人民頭上

從清代開始，人們就把那種撒漫使錢、充場面、死要面子、以揮金如土來證明自己優越的行為，稱之為「冤大頭」。這是對枉費錢財者的一種譏稱。

因此，清人吳長元在《燕蘭小譜》裡遂曰：「俗呼豪客為冤大頭。」在《二十年目睹之怪現狀》第五十五回裡則曰：「等到無端碰了這個冤大頭，一口氣便肯拿出十萬，他便樂得如此設施了。」

而「冤大頭」多半不是一種主動的行為，而是被慫恿出來的反應。當一個人自以為錢多得高人一等，他的身邊就會物以類聚的出現一群人，他們掇臀捧屁，吹牛拍馬，或者以美色為誘，或者以滿足他做有錢大爺的虛榮。這種人是有錢人身邊的幫閒幫鬧，而他們就在那個「冤大頭」撒錢如土的過程中，一方面可以跟著吃香喝辣，另一方面則可搜刮餘瀝。也正因此，「冤大頭」遂經常和攛掇式的欺騙相連。當人們哄騙到一個有錢人自以為得意的掏出大把銀子，即可說這個人是「冤大頭」。

但若進一步查考，或許會發現，所謂的「冤大頭」乃是北方話，而後向全中國擴延。但在上海，縱使到了今日，使用「冤大頭」者仍少，上海的類似說法，據《清稗類鈔》的〈棍騙篇〉所述，有「瘟孫」、「洋盤」、「開辮子」、「壽頭碼子」、「豬玀」、「豬頭三」、「蠟燭飯桶」、「阿土生」、「阿木林」、「戇大」等。

「冤大頭」乃是一個北方方言裡的「複合詞」，藉著同義的「冤」和「大頭」，加以疊用而強化其意義。

首先就「冤」字而言，它由「冤枉」而延伸爲具有「讓人吃虧上當」和「欺騙」之意。在北方語所寫的小說《兒女英雄傳》第三十八回，即有句曰：「祇有華忠，口裡不言，心裡暗想說，我今兒個這趟，八成兒要作冤。」這裡的「冤」即指吃虧上當。民國作家許地山在《狐仙》裡曰：「我不信有什麼狐仙，你別冤我。」這裡的「冤」指欺騙，縱使到了今天，還是有許多人用「整人冤枉」來說讓人被騙上當。

至於稱人「大頭」，它的意思和「冤大頭」沒什麼兩樣。清人胡式鈺在《語竇》裡即稱：「受人紿弄，不惜所費，曰大頭。」由胡式鈺的這段記載，那種有了一點錢就忘了自己是誰的人，一經挑動慫恿，就大把大把銀子像潑水般的被花掉之景象，已很清楚的被定義了出來。對於這種花錢的景象，《二刻拍案驚奇》裡說過好幾個有趣的故事，最生動的乃是卷二十二所說的〈痴公子狂使燥脾錢〉的那一則。所謂的「燥脾錢」，指的是那種人有了錢之後，錢放在身上都好像覺得渾身不舒服，非把它敗光，否則即不甘心。

對「冤大頭」一詞，「冤」字已毋庸贅言，値得注意的是，爲什麼會把這種一經慫恿即不惜所費的人稱爲「大頭」呢？

對此，有兩種說法。它都起源於宋代。

其一，根據宋人筆記，說當時有個程姓富人，他慳吝聚斂，家財無數，卻有一子頭大身小，資質癡呆，用錢散漫，因而身傍宵小成群，以各種名目讓他花錢，因而他的錢遂被稱爲「大頭錢」。從此之後，「大頭」之意就和被騙亂花錢取得了連繫關係，並流傳了下來。

其二，據清人楊愼庵所著《海外全書》裡引錄的〈大頭蝦說〉，「大頭」之稱則起源於「大頭蝦」。該書有這樣一段有趣的記載：

「客問，鄉議不能儉以取貧者曰大頭蝦。父兄憂子弟之奢靡而戒之，亦曰大頭蝦，何謂也。予曰，蝦有挺鬚瞪目，首大於身，集數百尾烹之，而未能供一啜之羹者，名曰大頭蝦。甘美不足，豐乎外，餒乎中，如人之不務實者然。鄉人借是以明譏戒，義取於此。」

因此，「冤大頭」裡的「大頭」，可能始於宋代，但到底是「大頭錢」延伸而成？或是由「大頭蝦」的意象所致？殆已難確定。但無論「大頭錢」或「大頭蝦」，它的脈絡意義則無疑的和後來的「冤大頭」完全相合。今天在台灣的閩南語裡，我們不說「冤大頭」，但卻說「大頭」和「大頭病」。所指的就是一旦發起燒就忘了自己是什麼的現象。閩南語裡的「大頭」與「大頭病」，或許倒可以上溯到宋代。

不過，宋代雖有「大頭錢」和「大頭蝦」之說，但民間有關「大頭」的書面語紀錄似乎極爲鮮見，因而有關「大頭」之說，可能祇在口語中流傳使用。

而眞正比較値得注意的，乃是從宋代開始，江南日益繁榮，因而形容人們賢愚的字裡，除了以前的「騃」、「儓」、「傻」、「愚」、「僢」……等之外，又逐漸出現許多由江南方言音產生，而後取得正當地位的新字如「懛」、「獃」、「呆」等。

例如，陸友仁在《吳中舊事》裡即曰：「吳郡多謂人爲獃子。」而宋本《廣韻》則稱所謂「獃」，指的是「不解事者」。

例如，《七脩類稿》中亦曰：「蘇杭呼癡人爲懛。」

例如，宋代程大昌在《演繁露》裡，特別提到了當時江陵太守郭僻所寫的一首自道詩，詩曰：

我本蘇州監本癡，
與爺祝壽獻棺材；
近來彷彿知人事，
雨落還歸屋裡來。

這首詩非常有趣。可以想像到的是，當時的江南一帶，已由從前的農業社會逐漸的商業發達起來，但許多人的行爲仍然遵循農業社會的那一套標準，甚至連下雨都不知躲避，因而當時遂有一句口頭禪說：「阿懛，雨落走進屋裡來。」這句不怎麼起眼的口語裡，其實已將時代及行爲變化的關係清楚的濃縮了進去。郭儞的自道詩裡將這個句子放了進去，所反映的也是時代的變化。

因此，宋代出現的新字如「懛」、「獃」、「呆」等，它所指的並非賢愚裡的「愚」、「笨」、「蠢」等，這些新字有著一種新的指涉概念，它主要是指人的「不解事」，即「不懂事」，當人們不能用新的行爲準則面對新的社會現象，即會被稱爲「獃」或「呆」。如果要和英語字詞找對應關係，stupid 倒是比較接近。

如果人們有興趣去研究宋代以來的笑話書，將會發現到其中有大量關於獃子和呆子行爲不知變通調整的笑話。在獃子的笑話所反證的，乃是時代和行爲的變化。當人有了錢後，不懂得如何恰當的處理金錢，狂躁的使性亂花，因而變成「大頭」，當然也就是獃及 stupid 的一種表現形式。

因此，有關「大頭」的問題，可能仍然必須放回到宋代有關「懛」、「獃」、「呆」這些新字新現象的脈絡中，始可能加以理解。而除此之外，由宋詞裡也顯示出，那個時代已有了後來的「呆老」和「呆頭」等說法。

如詞人馬鈺在〈滿庭芳〉詞裡即曰：「縱有石崇富貴，這朱顏絲鬢，怎生留得？止是行尸走骨，呆老九伯，侯善淵，黃鶯兒，呆老呆老，幻夢惑造，一生顛倒。」

如詞人吳潛在〈訴衷情〉詞裡曰：「今宵分破鶺崙秋，孤客興何悠，更向雲中邀月，眞個是呆頭。」

在這兩闋詞裡，把「呆老」和「九百」（「九伯」）並提，是個值得注意的對比。明清學者曾經做過研究，認爲在那個時代，「一千」這個整數乃是成熟的代表，而獃的現象則祇有「九百」，意味著不成熟。

綜上所述，我們似乎可以這樣的做出結論，那就是從宋代開始，江南社會變化，因而不合宜、不成熟、愚蠢的行爲增多，因而促成了「懛」、「獃」、「呆」等新字新觀念的出現，而有錢人一經挑唆幫腔及慫恿，即大把大把亂花銀子，被宵小利用的「大頭」現象即告增加，到了後來，並成長爲「冤大頭」一詞，直到如今。在低下層社會，「大頭」和「冤大頭」，並經常成爲棍騙江湖文化裡的一環。而有些「冤大頭」式的行爲，則無疑的是自己不知道隨時代而調整，因而造成亂花錢和花錢不當的愚蠢。這種「大頭」和「冤大頭」，則是不成熟的表徵。

「大頭」和「冤大頭」起源於宋，及至明清和現在。到了現在，我們除了這兩個詞外，還有繼承自近代上海產生的新詞「凱子」，它和「冤大頭」所指的事務完全相同，都是不當的、不成熟的花錢方式。我們一次元首出訪，所花的銀子大約台幣百億；公營行庫奉命清理和承受呆帳，已花掉七百多億，因而所謂的「凱子外交」、「冤大頭行庫」等說法遂告大盛。由「凱子」和「冤大頭」性質的這些現象，它所顯示的，乃是我們那些有權力的人，他們和宋代那個頭大身小、亂花「大頭錢」的獃子相比，到底誰更進步呢？那個獃子再獃，他花的「大頭錢」終究還是自己的；而我們的「大頭錢」，則無疑的將由人民負擔，幾百年兜了一大圈，「冤大頭」所指的，原來就是人民啊！

# 仨：數字變變變

近年來，兩岸往來頻繁，語言文字的相互影響亦多，但相比起來，由於民間互動乃是上海多過北京，因而吳腔滬語的影響遂大於京腔土語。京腔土語在台灣比較被人熟悉的並不太多，諸如「順口溜」、「侃大山」（指人海闊天空的聊天吹牛），罵人「二百五」、領薪水曰「關餉」……就都是京腔土語的代表。

最近，大陸書籍開放進口，進口版由於價格較低，使得取得授權的台灣版權益受損，大陸著名作家及學者錢鍾書妻子楊絳所寫的回憶錄《我們仨》即是例證。該書已有了台灣授權版，而今卻又有人直接進口便宜的原版。兩岸出版的授權又怎能不亂？

除了版權糾紛外，《我們仨》這本書，大概也是「仨」這個字在台灣第一次看到，由這個字可以引申出許多語言學上的有趣話題。

「仨」這個字，讀為 sa 或ㄙㄚ，乃是標準的北京方言字，其他地區少用。它的意思在這裡相當於我們「三個（人）」，因而它是一個單音節的合成字，等於「三」加上「個」這個代表了數量單位的「量詞」而組成。當人們說「仨」的時候，就沒有必要再說「仨個」了。

而說到「仨」，就必須提到「倆」。「倆」有兩種意義和讀法。「伎倆」的「倆」，指的是小聰明，讀做「兩」；而北京人又有一種合成的方言讀法，它讀做 Lea，或ㄌㄧㄚˇ，意思是「兩個」。有理由相信，「倆」與「仨」的同韻，形同一組疊韻字，乃是兩個字經常一起使用所致，例如北京土語說財產很少，以及某種東西並不值錢，經常用「仨瓜倆棗」、「仨窩窩倆棗兒」來形容，「仨」與「倆」的並用，乃是它們同韻的原因。

「仨」與「倆」皆爲北京的方言音，「仨」尤其是個方言字，除了冀魯一帶也使用外，其他地區皆極少用，更少見諸正式的文學作品中。「倆」出現得較早，清代京腔口語小說《兒女英雄傳》裡還有使用，至於「仨」這個字，就祇有在一九四九年以後的言腔學作品裡才可以看到了。當一部重要的著作以《我們仨》來取名，可以想像到它對「仨」這個方言字必然將會有極大的推廣作用。

「仨」與「倆」這兩個方音方言字，在漢語有關「數」的文字使用裡，乃是極爲特殊的兩個合成例子，這時候，我們不妨回頭重看漢字漢語裡有關「數」這個領域的若干有趣問題。

根據古代文字學及算術學的研究，我們知道在殷商甲骨文時期，十進位的數字概念及書寫即已形成，從一到十，甲骨文的書寫方式是：一、二、三、亖、㐅、∧、十、八、ㄘ、｜。到了漢代，其書寫已演變爲：一、二、三、四、乂、亣、ㄘ、八、九、十，它和我們現在所用的一、二、三、四、五、六、七、八、九、十，已非常接近了。除了這些個位數外，我們還知道，在漢末之前，除了個十百千萬億兆之外，古人對更大的數目，都已有了規定的字，分別是：億、兆、京、垓、秭、壤、溝、澗、正、載。漢代的應劭曾經說過，比「載」更大的數目，在地球上已是不可思議的事了。

然而，值得注意的是，雖然從漢代起，一、二、三、四、五、六、七、八、九、十的寫法就已確定，但爲什麼縱使到了現在，人們仍然有另外一組壹、貳、參、肆、伍、陸、柒、捌、玖、拾這樣的書寫系統呢？

對此，宋代程大昌在《演繁露》卷三裡倒是有一段敘述。他的意思是說，記數用比較複雜但同音的字，主要目的是要防止改動造假：

「今官府文書，凡其記數，皆取聲同而點劃多者改用之，於是，壹貳參肆之類，本皆非數，直是取同聲之字，借以爲用，貴點畫多，不可改換爲姦耳，本無義理與之相更也。」

因此，壹、貳、參、肆之類的數字繁寫法，乃是官府文書及民間契約上的專屬寫法，它是一種沒什麼道理的約定俗成，用同音但筆畫複雜因而不易改動的字來代替筆畫簡單的數字。另據清代翟灝在《通俗編》卷九裡的考據，我們還知道在這種約定俗成被固定下來之前，曾經有過用「漆」來寫「七」，用「錄」來寫「六」，用「扒」來寫「八」的例子，但到了後來，則都被「柒」、「陸」、「捌」等所取代。爲了防止數目字容易改動造假之弊，而在重要文件上代之以筆畫較多的字，這乃是人類防僞自衛本能的顯露，在西方社會亦然，今日西方數字書寫以阿拉伯數字爲本，但因其容易改動造假，因而支票、契約、官文書等，仍必須加注繁瑣的正式寫讀字。

漢字在數字上有正體和繁體這兩種書寫系統，這都是正式的數字書寫型態，但在民間社會，卻情況複雜多了，主要可分爲「號碼書寫」及「隱語」這兩個系統。在「號碼書寫」方面，在古代，幾乎每一個社會除了比較高度發達的以記號來表示數字的寫法外，同時也都存在著一種比較簡單直接的表達方式，在中國它被稱爲「籌算」，以小竹棍或木棍的排列來計算。古代的這種「籌算」有直式與橫式兩種，直式的數字排法由一到九，依序爲𝍠、𝍡、𝍢、𝍣、𝍤、𝍥、𝍦、𝍧、𝍨，而橫式的則依序爲𝍩、𝍪、𝍫、𝍬、𝍭、𝍮、𝍯、𝍰、𝍱；例如三七八，即可排成𝍢𝍯𝍧的樣子，這種方法笨了一點，但卻也非常簡單易懂。這種籌算和記載的方式，在民間自行流傳及分化改變，宋代司馬光有鑑於其混亂，曾一度主張應將比較主流的「號碼」確定爲公認的表達方式，其表達方式由一到九，依序爲〡、〢、〣、X、〥、〦、〧、〨、文。這種以「號碼」來表達，其實是民間「籌算」延長而成的記數方法，至今在香港比較傳統的餐廳和中藥舖仍可看到。

而眞正有趣的，則是另一個龐大的數字「隱語系統」了。所謂「隱語」，指的是社會裡某些特定群體使用的自己話，其目的乃是要讓自己人聽得懂，但圈外人卻聽不懂，俾保護自己群體的祕密。這種話有些是特定職業群體所使用的「行號」，但在古代中國，則主要用在土匪、竊盜、棍騙、乞丐、走方郎中、娼妓、幫派分子圈中使用，當這些人講他們的「行話」時，就不稱「行話」，而被說成是「黑話」；這種情況在西方亦然。英語的「俚語」（Slang），最先指的是十八世紀土匪遍地時，土匪們所使用的話，因而它早期的翻譯應爲「黑話」，到了後來始變成所謂的「俚語」，而黑話則用 Cant 稱之；在法文裡，「黑話」則是 Argot，「黑話」乃是「隱語」中最獨特的型態，它和普通民間社會特定正當職業所使用的「行話」，並無本質上的不同，它們都是要將話的意義「隱」藏起來，讓圈外人聽不懂。今天華人社會裡說「一」爲「么」，說「七」爲「拐」，說「九」爲「勾」，它的起源大概就是幫派「黑話」，而後轉變爲軍隊的「隱語」，接著才隨著軍民之間的互動而擴散成普通的說法。

古代的「隱語」裡，變化最多且複雜的，大概就是數目字的說法了。

根據宋代陳元靚所著《事林廣記續集》卷七，我們知道當時盛行踢足球（蹴踘），這種足球團體爲了凸顯自己的身分地位，硬是要把數字說得跟別人不一樣。他們說數目字有兩套說法。由一到十，一套是孤、對、春、宣、馬、藍、星、卦、遠、收；另一套是解數、勘賺、轉花枝、火下、小出尖、大出尖、落花流水、斗底、花心、全場。而這種數字隱語，從明末到民國，一直延續，甚至變成幾乎每一種行業都發展出了自己說數目字的方法，其混亂程度極爲少見。例如，清末民初的若干行業，其說法由一到十爲：

賣巾、皮、李、瓜的爲：留、越、汪、則、中、仁、信、張、愛、足。

開銀樓的爲：錢、衣、寸、許、丁、木、才、奇、長。

棉花店爲：了、敗、川、曉、丸、龍、湯、千、邊、見。

海產店爲：了、足、南、寬、如、龍、青、法、底、色。

而我們都知道，語言乃是個有機體，隱語、俚語、方言、正式語言間也都有著連續性的關係。有些隱語，如部隊裡所說的「厶」、「拐」、「勾」會逐漸演變成一種半正式的語言；有些特定地方的方言字，會漸漸地變成正式的字，例如北方的方言字「氽」（指把東西在滾水裡過一下即可食用），現在大概就已成了正式的字；北方的方言字「您」（讀做凝），現在早已大家都在用了。因此，北京土語所創用的「倆」和「仨」，它原本衹是當地人爲了方便而合成的語言，但因它和其他地方人的經驗並未脫節，因而遂漸漸地普及。至於許多其他說數目的隱語，則因太不具普遍性，難免經過一陣子就自然消失了。

○○

# 訐譙：誰來約束？

在閩方言裡，大聲的指責謾罵曰「訐譙」，曰「誶」，曰「譙讓」。近年來，台灣媒體盛行方言字，許多都是以今音寫古字的方式，想當然地亂寫一氣，但寫罵人的「誶」、「訐」、「譙」、「讓」，則多半沒有寫錯。許多方言音其實都是有本字的，這些罵人的字即是例證。

根據《廣雅》，古代講罵人的字多矣，至少有「數」、「諑」、「謫」、「怒」、「詰」、「讓」、「爽」、「譴」、「誅」、「過」、「訟」、「讙」、「讀」、「卻」、「諯」、「傑」、「倯」、「詾」、「詈」、「罵」、「訐」、「譙」、「誶」，以及諸如「譊」、「譟」、「嗷」等，其中有許多古代的方言字，到了後來已因少用而被淘汰；有些字則在俗化的過程中逐漸改變，如「譙」與「誚」可以通用，「誶」與「啐」也可通用，而「讓」到後來則被新造的「嚷」所代換，但無論如何，許多字畢竟都曾長期地被使用過，不但本字易考，它使用的例證也斑斑易查。

先說「譙」，遠在春秋戰國時代，這個指罵人的字即已存在。《方言》曰：「譙，讙，讓也。齊楚宋衛荊陳之間曰譙，自關而西，秦晉之間，凡言相責讓曰譙讓。」今天閩方言說罵人為「譙讓」，其古老程度由此可見。

罵人曰「譙」，除了是來源古老的方言字外，可以想像到，它由於使用的範圍極大，遍及整個華中和華東地帶，因而遂成了正式的字，其使用的例證散見於古代的紀錄中。

例如，《韓非子・五蠹篇》曰：「父母怒之弗爲改，鄉人譙之弗爲動，師長教之弗爲變。」

例如，《管子・揆常》曰：「譙，責讓也。」

例如，《史記・衛綰傳》曰：「景帝立，歲餘不噍呵綰。」唐司馬貞在《索隱》中加以解釋，即說「一作譙，呵，讓，責讓也，言不嗔責綰也」。由此也可以看出，「譙」也可以寫成「噍」。

再如《漢書・高帝紀》曰：「噲因譙讓羽。」唐代顏師古的注解爲：「譙讓，以辭相責也。」

另外，《唐書・魏徵傳》亦曰：「時上封事眾，或不切事，帝欲加譙黜。」

因此，「譙」指的是罵人的行爲，《廣雅》因而曰：「譙，呵也。」《廣韻》曰：「譙，責也。」後來有些人以事後先見的方式解釋說，「譙」是指罵人罵到對方好像被火烤焦一樣，這種解釋顯然是一種強加附會和硬拗，合理的推斷乃是「譙」是早期的狀聲字，指人在罵人時譙譙有聲，其中的「焦」是罵人時的聲音代表，而不是「烤焦」的「焦」。

而由「譙」被人解釋成「烤焦」的感覺，就想到語言文字解釋上一則值得警惕的軼事。根據宋代的筆記故事，我們知道王安石和蘇東坡乃是政敵，經常彼此較量。有次兩人在一個場合談文字，王安石說「坡」這個字乃是「土之皮」，這當然是望字生義的瞎掰，於是蘇東坡遂反擊曰：「然則，波者水之皮，滑者水之骨乎？」蘇東坡的這招「以子之矛攻子之盾」，當場使得王安石啞口無言，這則故事所透露出來的深意，乃是在文字的解釋上有太多望字形即想當然地附會解釋，這種情況甚至連最古老且權威的《說文解字》都無法完全避免，何況後來的人！

在說過「譙」之後，次曰「讓」。

《說文解字》曰：「讓，相責讓。」

清代古文字學大家王念孫在《廣雅疏證》裡對這個字做了極完整的解釋。他說「讙」和「譙」所指的乃是「責讓」（罵人）之「讓」；而「卻」則為動作式的「攘卻」之「攘」，但最早的時候，「讓」和「攘」乃是通用的字，一個狀聲，一個形容姿勢，因而漢代大學問家鄭玄在注解《曲禮》時遂說「攘，古讓字」，由於「譙」和「讙」的使用地區有別，北燕地區用「讙」，亦作「諠」，因而後來也稱大聲小聲叫為「讓」，至於嘮嘮叨叨的罵人則是「數」和「諯」。根據王念孫的解釋，「讓」這個字也應當是個罵人的狀聲字。

由於「讓」也是極古老的罵人字，在周代時即已存在，因而《周禮・地官》曰：「掌萬民之邪惡過失，而誅讓之。」注曰：「讓，責也。」

另外，《孟子・告子》亦曰：「入其疆，土地荒蕪，遺老失賢，掊克在位，則有讓。」也被注曰：「讓，責也。」

因此，「譙」、「讓」，以及合而稱爲「譙讓」，乃是周末經春秋戰國時代，一直到漢代時的常用語言和字詞，但我們也知道，語言有其生成變化的邏輯，有些多義的字，當它的意義容易矛盾混淆，有些意義就會被析離出去，而漸漸被新造但相近的字所取代，「讓」和到了後來才出現的「嚷」，大概就是根據這樣的邏輯而分化的，於是罵人的「讓」被大呼小叫罵人的「嚷」所取代，「讓」的意義則集中在「謙讓」、「忍讓」等方面，至於最早通用的「攘」和「讓」，則分化得更早了。

至於「誶」，其發展軌跡亦然。根據《說文》：「誶，讓也。」而《玉篇》則曰：「誶，罵也。」它在歷代的使用亦多。

例如，《國語・吳語》曰：「吳王還自伐齊，乃誶申胥。」

例如，《後漢書・黨錮傳》曰：「帝亦頗誶其占。」而《唐書・陳叔達》亦曰：「忿誶不恭。」《金史・石盞女魯歡傳》曰：「軍士有不願者，誶語道中。」

因此，「誶」也是「罵」，唐代柳宗元曾有〈與大學諸生書〉曰：「有凌辱長上，而誶罵有司者。」加上前述的「誶語道中」等例證，我們可以想像到，「譙」和「讓」的罵人，大概以大呼小叫爲特徵，而「誶」則顯然有眾聲喧譁、既暴且急、惡行惡狀的特色，「誶」可能有「群眾罵」的特色，以當今的社會而言，那種罵街式的喧譁及惡毒行爲，大概就可以用「誶」來形容。

而在罵人的字裡，同樣古老但卻比較陰狠的，可能就是「訐」了。《說文》曰：「面相斥罪，相告訐也。」《論語・陽貨》曰：「惡訐以爲直者。」其解釋爲：「訐，面發人之陰私也。」因此，「訐」這種罵，它的意義有「奸」的意涵在焉，它是指揭發別人的陰私而罵之。《漢書・王商傳》曰：「父子相訐。」《漢書・外戚傳》曰：「訐，揚幽昧之過。」所有的這些例證，都顯示出「訐」這種罵與其他罵的不同。「訐」是揭人陰私，或製造陰私謠言的罵，它邪惡陰損，我們今天說「攻訐」，指的就是找陰私而攻之的罵。「訐」與那種粗直的「幹」是完全不同的罵人類型。

因此，閩方言今日仍被普遍使用的「誶」、「訐」、「譙」、「讓」，以及由此而組合成的「訐譙」、「譙讓」、「誶訐」等罵人的話，其實都有其本源可考。古代中國曾不斷地有民族大遷徙，使得閩廣一帶的方言，不僅有唐代的語言痕跡，甚至還有更早的兩漢遺緒，尤其是涉及生活性的語言尤然，「誶」、「訐」、「譙」、「讓」等閩方言都是例證。

不過，在檢視了「誶」、「訐」、「譙」、「讓」等字的起源和效用後，我們或許會發現，這四個我們至今仍在經常使用的語言字詞，都是單純的「罵人字」（Fighting Words），「譙」與「讓」形容罵人的聲勢狀態，「誶」則指其兇惡急暴，「訐」則指其陰損惡毒，我們的罵人勇於比氣勢、比陰損惡毒，單單由這些字即已可看出。

而我們早已指出過，凡人類皆懂得罵，隨著罵這種行爲，語言的粗暴化和陰損化，以及各種類型的骯髒字眼也都會大行。而在西方，有鑑於這種語言的惡質化，從中古後期起，就有過許多文化甚或法律的禁制，目的即在於藉著約束語言而達到約束行爲和思想，將「罵」這種惡意的語言戰爭轉化到「爭論」的方向，罵是你死我活的語言戰鬥，比誰的聲音大，比誰敢用髒字眼，比誰敢揭人陰私，它都必須受到約束。但在我們的社會，則對此從來即未曾有過自覺，或許也正因此，諸如「誶」、「訐」、「譙」、「讓」、「誶訐」、「譙讓」、「訐譙」等遂在我們社會裡被視爲理所當然地見怪不怪了。

## ◎緋聞：連結桃花一片紅

最近，我們有兩個軍種的總司令，都因爲他們的屬下鬧出「緋聞」，而成了新聞焦點。「緋聞」者，今日我們所謂的「桃色新聞」。但「桃色新聞」爲何稱爲「緋聞」呢？這可就牽涉到複雜的色彩記號學問題了。

有關色彩的認知及其意義，乃是近代人類學、哲學、語意記號學的主要研究課題之一。顏色當然是由色素單元所構成，但色彩的被看和被認知，則是由文化所決定，並在文化中被改變。人們對顏色的認知，即是「色彩效果」（Chromatic Effects）。當代重要語意記號學家，也是《玫瑰的名字》和《傅科擺》等小說的作者艾柯（Umberto Eco）遂指出：「文化制約著我們所看到的顏色。」「今天我們在龐貝古城所看到的色彩，已不是龐貝人當時所看到的。縱使顏色的色素並未改變，但色彩所造成的反應卻已不同。」

艾柯所說的前述兩句話，究竟是什麼意思呢？對此，可就二世紀時羅馬百科全書學家蓋流士（Aulus Gellius）和一位哲學家法弗瑞納斯（Favorinus），以及詩人兼文法學家福隆多（Fronto）的對話錄爲證。在對話裡，法弗瑞納斯指出，人類識別顏色的能力大於他們敘述看到的顏色之能力。例如，羅馬人會用簡單的字「紅」（Rufus）和「綠」（Viridis）來說看到的顏色，但實質上眞正的顏色卻並非祇有「紅」和「綠」這麼簡單而已。以「紅」爲例，血液的紅、猩紅的紅、番紅花的紅、黃金的紅，就不是簡單的「紅」色概念所能涵蓋的，於是遂設定了另外許多與紅有關的字，如「火的紅」（Flammeus）、「血的紅」（Sanguineus）、「番紅花的紅」（Croceus）、「金的紅」（Aureus）等。由這些希臘用來說「紅」的字，顯示出「紅」的不準確。而在對話中，詩人兼文法學家福隆多則談得更深了。他指出，在羅馬拉丁文裡，用來說紅的字也極多，如 russus、ruber、fulvus、flavus、rubidus、poeniceus、rutilus、luteus、spadix 等。但 fulvus 這個字指的乃是獅毛的紅，也指紅砂、狼毛色、金色、鷹毛色，以及寶石的紅等。至於 flavus 則指迦太基女王的髮色、橄欖茶色，以及羅馬台伯河灰褐的污泥顏色，而 luteus 則指稀釋的紅、蛋黃色、罌粟花色。

基於這樣的討論，福隆多遂指出，fulvus 雖說是「紅」，其實卻是紅與綠的混合，flavus 雖然也是「紅」，實質則是綠、紅、白的混合。此外，拉丁文用 glaucus 指「青色帶灰圈斑點」的馬，但到後來，則指綠、淡綠、墨綠、灰藍等色；羅馬詩人魏吉爾（Virgil, 70-19 B. C.）用 Caerulus 指「灰」馬，但後來它又變成指天空、海洋、智慧女神的眼眸、西瓜、黃瓜等顏色，甚至用來說黑麥顏色的色調。至於概念上的「綠」（viridis），則指草色、天空、鸚鵡色、海洋、樹的顏色。

因此，有關色彩的名稱和指涉，其實是非常不穩定而且經常變化的，它的意義經常透過具體的事物而做類比的規定，如台伯河污泥裡可能帶有紅土色，這種顏色即成了一種「紅」。儘管如此不準確，但顏色的這種指涉和定義，仍顯示出當人們在用任何顏色的語言字詞時，每個語言字詞，通常都是在指一種「顏色家族」。意思是說，「紅」並非單一的顏色，而有著一個「紅色的家族」。

而除了色彩的指涉和定義不確定，且經常隨著舉例的事物而改變外，每種顏色在各個社會，也經常會被附加上不同的象徵意義，例如，許多國家視紅色爲勇敢的代碼，但玻利維亞視紅爲動物、衣索比亞視紅爲信心、達荷美視紅色爲大地。許多國家視白色爲純潔、和平與希望，但剛果金夏沙卻把藍色視爲和平與希望的符號。

綜上所述，我們已知道在西方的社會裡，顏色名稱可謂完全不能反映出眞實世界的顏色，當眞實的顏色太多，而顏色的名稱、分類和代碼不足，每一種顏色的名稱就變得很籠統，也很分歧。

就以「紅」色這個「顏色家族」爲例，它即有一些被用來當做恥辱不潔的象徵而使用者，如：

「臉紅的紅」（Blush），這種紅代表了羞愧，但它究竟紅到什麼程度，卻無法做出定義。

有一種稱爲「猩紅」（Scarlet）的紅，它在《新約啓示錄》第十七章裡卻被用來指大淫婦袍子的顏色，但它是什麼樣的紅，卻也讓人難以定義，因而遂被譯爲「朱紅」或「絳紅」，根據一六三九年《普萊茅斯殖民地紀事報》的報導，已知當時美國東北部對犯淫的女子已開始逼迫她們在袖子上畫「I」的紅字，「I」指「亂倫」（Incest）。另外，一六七四年英國作家喬塞林（John Josselyn）寫了《兩度新英格蘭遊歷紀行》一書，書裡也指出凡女子自願或被迫與印第安人發生性行爲，都要穿有紅袖子的衣服。這乃是美國早期文豪霍桑所著《紅字》的起源。後來各國各城市把娼妓集中的地區稱爲「紅燈區」（Red light District），都和「紅」的這種色彩認知有關。

而在「紅」的這個「顏色家族」裡，除了難以清楚定義的 Blush、Scarlet 外，還有一種「粉紅」（pink），被認爲是代表了「請來吃我的顏色」，因而有點色情的電影被稱爲「粉紅電影」（pink films）；第二次大戰時，納粹占領區規定同性戀必須佩戴粉紅色的三角徽章。祇是到了近年，同性戀者已將粉紅的意義搶了回來，當做代表了「同性戀驕傲」的顏色。

因此，從「紅燈區」的紅、大淫婦朱紅或絳紅袍子的紅，到「臉紅」及「同性戀粉紅」，這些顯然差距極大的「紅」，遂成了骯髒的顏色。

而這種顏色記號學，在我們社會裡可能就更複雜了。就以紅色這個「顏色家族」爲例，它有「紅」這個簡單的分類範疇，而具體的則用各種事物的比喻來規定，因而遂有：

「赤」，它指的也是「赫」，是太陽的耀眼之色。

「丹」，指的是四川和廣西一帶一種紅色岩石的顏色，可以想像它應是一種赤鐵礦的顏色。

「彤」，指用「丹」這種礦物顏料染過的顏色，如「彤弓」、「彤矢」、「彤裳」等。《詩・大雅・既醉》曰：「昭明有融。」這裡的「融」字，指的就是醉後紅彤彤的樣子。

「朱」，又可被寫成「絑」，指的是純赤大紅。也指染布染到第四次，再也無法更紅的程度。古代用紅色染布，染第一道後有點淡紅，稱爲「縓」；第二道稱爲「赬」，第三道更紅一點稱爲「纁」。

「赩」，乃是「赤色」的古代合成字，與「奭」同，指的都是概括的紅，是紅的形容詞。

「赨」，指的是在植物幼苗上經常可以看到的那種鮮紅色。

「絳」，指的是「大赤」，也就是後來所謂「紅」的前身。在遠古部落時代，抓到俘虜，爲了身分識別的方便，都要在他們身上或衣服上用「絳」色標記，因而可以相信，所謂「絳」，可能與「赭」相近，都是礦物性紅色顏料所呈現的色調。

「䞓」，它指的是魴魚的魚尾紅色，與前述的「赬」相近，因而可以說是一種淺紅色。它也指河邊一種柳樹皮的顏色。

「烊」、「騂」、「騂」、「垟」，在這一組字裡，「垟」指的是一種赤黃的泥土色，凡牲畜帶有這種顏色的即稱爲「烊」、「騂」、「騂」等，也是一種赤鐵礦的顏色，和「赭」可能相近。

「[illegible]」，指的是一種紅到變黑程度的顏色。

「緹」，指的是一種丹黃色，似乎是紅色高粱釀酒之後所呈現的顏色。

「桃」，指的是桃花色，介於大紅與粉紅之間，謂之「桃紅」。

「緋」，《說文》稱之「帛赤色」，它相對而言乃是較晚才出現的顏色定義，而這又和漢代開始職業官僚的形成有著密切關係。漢代乃是官僚制度建立並穩定化，因而品級、等第、規矩也開始複雜化，人民和官吏的衣服顏色的規定趨於嚴格。「緋」因而是官服的顏色稱呼。漢代五品以上大官著紫袍，六品以下則穿緋和綠。到了唐代，三品以上穿紫，四品穿深緋，五品以下爲淺緋，由這樣的脈絡，可以看出「緋」其實就是「紅」的別稱，被用在官僚體系內。

由上述各種古代有關「紅」的顏色稱呼，我們可以看出東西方在顏色的問題上，其思維邏輯其實都是一樣的，大家對顏色的差異都缺乏掌握的能力，因而多半都是用事物顏色的類比方式來說顏色。太陽的紅、泥土的紅、樹皮的紅、植物動物的紅、染布礦物顏料的紅，都被派上了用場。但用具體的這些東西來說顏色，卻有一個大麻煩，那就是沒有見過這些東西的人，他會知道某字指的是紅，但它確切的意義是什麼，大概就很難掌握了。例如由河柳的皮所形成的「赬」，究竟是什麼樣子？由赤土所形成的「赭」，又是什麼樣子？這些同屬「紅」這個範疇的字，彼此之間到底有何差異？由於顏色的確切意義不準確，而且太過依賴類比的原材料，當人們在敘述一幅古畫上的「紅」色時，也就一定無法精準，甚至還可能配不出和它一樣的顏色。

因此，有關色彩的記號學，其實有著太多令人束手無策的難題，這或許也是無論東西方，許多古代用來說顏色的字，到了後來都被丟棄的原因。就以漢字爲例，代表了「紅」的字，如「纁」、「赩」、「赨」、「赬」、「烰」、「緹」……等不就早已消失了嗎？

但無論如何「緋」這個字卻留了下來，這並不是「緋」這個字多麼有意義，而是它和「桃花」連結到了一起，成了後來「桃花意象」中的一環所致。

我們都知道，桃花乃是一種色彩鮮紅的花朵，它介於大紅與粉紅之間，漢唐時官吏衣服的「緋」，大概就和桃花的顏色相近。唐李賀在〈美人梳頭歌〉裡就注解說：「櫻桃色淡紅，不及桃之緋，李之絳。」由此可以看出，在李賀那個時代，比較淡一點的「緋紅」已和桃花聯想到了一起；而李花裡比較紅的那一種則和大紅的「絳」聯想到一起，此外，唐代另一詩人唐彥謙有〈緋桃詩〉，其中有句「短牆荒圃四無鄰，烈火緋桃照地春」之句，可見緋桃的紅豔程度。台灣的人如果沒有見過這種景象，花蓮天祥有座尼庵，外牆遍植桃花，花季之時緋紅一片，乃是台灣少見的花景。

由於「緋」字沾到了桃花。於是，從明代開始，桃花的意象逐漸被下流化，「緋」也開始倒楣起來。到了近代，有「桃花劫」、「桃花運」、「薄命桃花」、「桃色糾紛」、「桃色新聞」、「桃色風暴」等不好的說法，這些與桃有關的，也就被濃縮成了「緋聞」。這是「緋」的文化意象，也是一切與「紅」有關的字裡，它最倒楣的原因。至於「緋」的顏色，確切的應是什麼樣子，大概也很少有人能夠說清楚，它大體上介於大紅與淡紅之間，屬於水紅、粉紅、胭脂紅這個系列。

# 三八：正經不正經

在我們社會裡，凡不正經的人都被稱爲「三八」。《漢語方言大詞典》裡曰：「三八，不正經。西南官話。廣西宜山，這個人兒三八，即這個人兒很不正經哩。」

中國西南官話裡的「三八」，和北京俗語裡的「二百五」，以及江浙話裡的「十三點」，這幾個數目字語言，意義都相同，都是指「不正經」，由於這些話都不見諸典籍，因而其來源皆難查考。例如，《北京傳統文化便覽》在〈詞彙篇〉即曰：「北京把那種說話不得當，行事不合常規的人叫做二百五，起源不明。」

「三八」、「二百五」、「十三點」，皆有地區的特殊性，但到了今天，由於人和語言的流動加速，每個地方的人都已經很習慣於這個語詞了。

對於「三八」，起源已難稽考。一種似乎合理的說法是把它和「三八婦女節」連起來看待，認爲有了「三八婦女節」之後，人們遂藉此把對婦女的歧視轉移到這個罵人不正經的詞語中。問題在於，中國的西南並不是一個與世界掛鉤掛得很密切的地區，國際性的「三八婦女節」怎麼可能有那麼大的影響力？

國際婦女運動，自十九世紀末期開始積極的被推動。一九〇九年三月八日，美國婦運團體在芝加哥大遊行，並宣布成立婦女運動聯合會。翌年，國際婦女大會在丹麥首都哥本哈根舉行，決定把三月八日訂爲國際婦女節。這項訴求立即獲得德、奧、丹麥、瑞典等國響應與認可，在一九一一年三月八日舉辦第一屆婦女節活動，其他國家也都陸續跟進。但因當時中國動亂，無暇及於此，因而第一屆婦女節要遲至一九二四年始告出現，由南方的國民政府在廣州宣布。由「三八婦女節」到來的那麼晚，很難認爲指人「不正經」的「三八」，與「三八婦女節」有關。

這時候，古代敦煌俗民文化裡所謂的「三八」，可能就特別值得注意了。或許我們今日所謂的「三八」，根本就和「三八婦女節」無關，此「三八」非彼「三八」，兩者祇是巧合，眞正的「三八」有另外一個已被人們遺忘了的故事。而這個故事又和佛教影響下的古代生活有著密切的關係。

古代佛教東來，在魏晉南北朝時即已相當興盛。當時的禪刹公開念誦佛經的日子是在三個八日，即每月的八日（上八）、十八日（中八）、二十八日（下八），這即是所謂的「三八」。因而「三八」是佛教生活圈的大日子。東晉時的著名法師支遁（341-366）有〈詠八日詩三首〉誌其盛。在這裡但引其中的第一首爲證：

大塊揮冥樞，昭昭兩儀映。
萬品誕遊華，澄清凝玄聖。

釋迦乘虛會，圓神秀機正。

交養衛恬和，靈知溜性命。

動爲務下尸，寂爲無中境。

由於三個八日乃是寺院禪刹念經開放的大日子，因而「三八」遂成了專有的指涉詞。在「敦煌變文」裡有兩處例證。

一是〈妙法蓮華經講經文〉，這是用口語講解佛經的紀錄。在這篇紀錄文裡指出，想要做一個「善女人」，就必須：

不把花鈿粉飾身，解持佛戒斷貪嗔。

數珠專念彌陀佛，心地長修解脫因。

三八鎮遊諸寺舍，十齋長具斷葷辛。

另外，則是在〈歡喜國王緣〉一文。這是個佛教故事。有個歡喜國，國王是歡喜國王，王后則是大美女有相，他們夫妻恩愛，但有一天發現王后祇有七天可活，於是王后返家向父母辭別，父母要她去山上找大師乞延壽命，但那個佛法大師卻勸她要看開，去追求極樂世界的永遠幸福，而不要戀棧塵世的快樂。後來王后逝世，在西天極樂世界極爲幸福快樂，有一天突然心血來潮，頓悟前生，遂下凡與歡喜國王相見，也勸歡喜國王努力修行，同登西天，她在對歡喜國王的勸告裡，有這樣的句子：

無限難思意味長，速須覺悟禮空王。
三八事須斷酒肉，十齋眞要剩燒香。

因此，所謂的「三八」，指的是佛教誦經、禮佛、吃齋的大日子。

然而，值得注意的，乃是任何事物都會在歷史中隨著情境的改變而出現變化。佛教非常正經的「三八」，到了唐代已出現戲劇性的改變。當時的京城長安已極爲繁榮，並有「平康里」這個娼妓專區，它又稱爲「北里」，在它的南邊有個大寺廟保唐寺，於是每逢「三八」，諸妓就去保唐寺活動，而紈袴子弟，士子文人也爭相去那裡挑情勾搭。「三八」由正經變成了「不正經」。晚唐的孫棨在《北里志》一書裡，對這種情況有詳細的記載：

「諸妓以出里艱難，每南街保唐寺有講席，多以月之八日相牽率領焉。皆納其假母一緡，然後能出於里。其於他處，必因人而遊，或約人與同行，則爲下牒，而納資於假母。故保唐寺每三八日，士子極多，蓋有期於諸妓也。」

而這種盛況到了北宋依然。據孟元老所著《東京夢華錄》和王得臣著《麈史》，可知當時的開封以大相國寺爲最大的集市地點，《麈史》指出：「都城相國寺最據衝會，每月朔望三八日即開，伎巧百工列肆罔有不集，四方珍異之物悉萃其間。」另外，樓鑰所著《北行日錄》亦曰：「相國寺如故，每月亦以三八日開寺。」

以上這些考據裡主要的部分，皆出自杭州大學已故著名學者蔣禮鴻所著《敦煌變文字義通釋》，由「三八」的發展脈絡，可見「三八」這個語詞在晚唐至少已經出現。它最初指的是文人仕女在寺院誦經開放的「三八」日隨喜參拜的嚴肅意義，但後來隨著世俗活動的增強，這些寺院開放的日子已成了萬商雲集，既拜佛，又採購逛街，同時還兼男女冶遊互把的日子。「三八」的這種意義，是否即是後來指「不正經」的「三八」之由來呢？在《塵史》裡，已將大相國寺三八日的熱鬧雜亂歸在「諧謔」項下，顯示出「三八」的意義和早期大不相同，「三八」的負面化，難道就是指它「不正經」的開始嗎？

由近代敦煌學的研究，我們已知道由於唐末的長期動亂、中原鼎沸、鉅變頻仍，甚至包括語詞都出現極大的改變。在《敦煌變文》裡，許多唐代或更早前的語詞和語法，中原到了後來已漸漸消失，反而是在遠離動亂中心的閩粵得以被繼續保留下來。這種例子以前在這個語言專欄裡已舉出了許多個。或許，今天我們所謂的「三八」，也是新增的例子吧！

## ○○ 羅漢：人人需要被保佑的時代？

《紐約時報》報導，從二〇〇一年起，新加坡即出現了「羅漢魚熱」，最貴的一尾甚至可以賣到星幣四萬元，以星幣一元折合台幣二十元計，那就是台幣八十萬元。

所謂「羅漢魚」，乃是一九九七年在馬來西亞藉著人工配種而育成的新觀賞魚種，長約十五到二十公分，魚的頭部高高凸起，非常酷似人們習以爲常的佛教人物裡羅漢的那種造型，因而被稱「羅漢魚」，牠除了頭部凸起像羅漢外，顏色也豔麗多變，沒有兩條魚會有同樣的花紋。由於有些花紋如同阿拉伯數字，嗜賭之人還可以藉著養魚而找幸運號碼。「羅漢魚」可以觀賞，牠的「羅漢」意象可以討吉利，數字聯想還可以用來買彩票，難怪不過兩年的時間裡，新加坡即出現「羅漢魚熱」了。二〇〇二年十一月，甚至還舉辦了首屆羅漢魚錦標賽。由於熱到這個地步，甚至連偷魚都成了熱門行當。

每個社會，都會在一些特定因素湊合下，因緣際會地出現某種「拜物熱」，以前歐洲的「鬱金香熱」、「黃金樹熱」，日本大正時代的「朝顏熱」。台灣以前的「十姐妹熱」、「紅龍魚熱」……等皆屬之。「羅漢魚」剛出現時，人們看到牠頭部隆起一大塊，覺得可笑而醜陋，包括熱帶魚進口商也不看好。但誰也沒有想到，人的知覺其實是易變的，這種醜怪可笑的魚，當牠取了俗名「羅漢魚」，和人們腦海裡早已被嵌進去的「羅漢」符碼相連，原本的醜怪認知遂立即消失，並被立即翻轉成吉祥如意的感覺。魚的頭部原本凸起的那一大塊，讓人愈看愈覺得醜怪，但當眼睛被認知符碼的改變重洗了一次以後，遂開始愈看愈覺得可愛。人的眼睛與認知標準會隨著時間地點而變動。「羅漢魚」會意外地走紅新加坡，但原產地的馬來西亞人卻對牠沒有感覺，這當然是馬來西亞人的認知基因裡，沒有「羅漢」這種「造型語彙」。我們甚至還可以大膽地說，「羅漢魚」縱使讓佛教原產地的印度、尼泊爾人看了，他們也一定不會有特別的感覺，因爲，華人所認知的「羅漢」，其實早已不是佛教原來的「羅漢」了。

研究文化傳播與溝通的學者，早已知道一種外來文化到了某個地方，必然會被這個新地方的人根據它原來的條件而加以消化和重製。這種消化重製，在佛像的造型上最爲明顯。舉例而言，印度原來的佛教人物造型裡，菩薩皆以男身出現，被稱「善男子」、「勇猛丈夫」，有著長長的鬍鬚，但這種造型到了中國後，卻開始逐漸改變。從南北朝開始，菩薩的造型即往女性化的方向移動，到了隋唐，體態衣著等的女性化已告確定，祇在面頰上留下一些蝌蚪形的小鬍鬚做爲男性最後的痕跡。進入宋代後，甚至連這一抹最後的男性遺跡也被抹去。初唐高僧道宣和尚在《釋氏要覽》裡即說過：

「造像梵像，宋齊間皆唇厚鼻隆，目長頤胖，挺然丈夫相。自唐以來，筆工皆端嚴柔弱似妓女之貌，故今人夸宮娃如菩薩。」

菩薩的造型往女性化方向移動，被移動得最徹底的乃是觀音菩薩，這也使得觀音菩薩成了諸天神佛裡在中國最有人氣的一個，其中所涉及的社會、文化、性別關係變遷，都很值得做更深刻的探討。在西方，「聖母崇拜」原本並不存在，五世紀後逐漸浮現，並由邊緣神變成中心神，這種「聖母崇拜」和中國的「菩薩崇拜」，似乎有著相互對應的關係。

菩薩的女性化，是個值得探討的課題，而同樣地，「羅漢」的造型在中國變成了額頭上凸起一大塊，也是個同樣有趣的課題。而追究起來，五代的畫家和尚貫休，應當是個關鍵人物。《宣和畫譜》卷三裡指出，貫休和尚本名姜德隱，婺州蘭溪人，後入四川，被蜀王推崇，號禪月大師，他的畫以羅漢像最出名。

「然羅漢狀貌古野，殊不類世間所傳，豐頤蹙額，深目大鼻；或巨顙槁項，黝然若夷獠異類，見者莫不駭矚，自謂得之夢中，疑其託是以神之，殆立意絕俗耳。」

貫休和尚所畫的羅漢圖已無法見到，但蘇東坡見過原畫，並寫過贊文。由蘇東坡的文章可以看出，我們今天習以爲常地那種羅漢造型，已在貫休和尚的筆下開始了。他所畫的十六羅漢，多半體態古野，額頭隆起，眉骨外凸，眉毛特長，眼睛深陷，鼻子高直。羅漢有個凸起的額頭，從此成了中國人物畫的一種既定文法，後來的人畫羅漢，畫達摩祖師，畫隱逸的高僧，多半會將額頭畫得凸起，即是這種文法的延伸。

而除了貫休和尚之外，五代另一羅漢畫家張元，也可堪爲證。《宣和畫譜》卷三曰：

「張元，簡州金水名城山人，善畫釋氏，尤以羅漢得名。世之畫羅漢者，多取奇怪，至貫休則脫略世間骨相，奇怪益甚。元所畫得其世態之相，故天下知有金水張元羅漢也。」

因此，我們可以說，從五代畫家張僧繇首先畫羅漢像起，到了五代，由於天下大亂，隱逸思想大盛，於是像貫休、張元等人在畫羅漢時，就愈畫愈往古野奇怪的造型上移動，到了貫休和尚，可謂到了最高點。後來的文人畫，差不多都遵循貫休的畫風，甚至民間的宗教裝飾畫，以及佛像雕刻，在涉及羅漢時，也都用額頭上凸起一大塊做爲表徵，「羅漢頭」從此成了中國民間信仰裡的認知基因而留存了下來。

而我們知道，原來的羅漢造型當然不是這樣的，羅漢指的乃是證得阿羅漢果的聖者，在小乘佛教裡，阿羅漢已有究竟果位的身分，但對大乘佛教，阿羅漢不過是「自了漢」，遠在佛和菩薩之下，由於羅漢的位階較低，接近俗眾，到了唐代始被畫家重視，一般人們所說的有四大羅漢，十六羅漢，從十六羅漢增加而成的十八羅漢、五百羅漢、十大尊者等。由於羅漢的身分較低，接近俗眾，因而它從前都是普通人的「影壁式」造型，接近浮雕風格。

而有理由相信，後來隨著佛教的世俗化，尤其是禪宗的興起，與俗民較爲接近的羅漢遂受到較多重視，而五代的動盪、人心的疏離，遂使得羅漢像往怪誕的方向走去。羅漢造型的去神聖化、怪誕化，和諸如中國的寒山拾得、王梵志、濟顚和尚等的崇拜，不能說沒有一定的呼應關係。在造型奇怪，額頭上突起一大塊的羅漢形象世界裡，所寄託的未嘗不是古代亂世文人某種逃避的情懷。佛像的莊嚴、菩薩的女性化、羅漢的醜怪古野化，乃是佛教人物造型在中國人物繪畫雕塑上的特性。

祇是，到了今天，那種額頭上凸起一大塊的「羅漢頭」，它原來的時代意義早被抽離，而成了一種單純的造型語彙和文法，任何人畫羅漢，或雕刻羅漢，總不會忘記那個「羅漢頭」。「羅漢頭」已成了羅漢最容易辨識的標誌。新加坡人一看到那種魚頭上突起一大塊的熱帶魚，立即會稱之為「羅漢魚」，而不會說牠是「大頭魚」、「怪頭魚」，原因即在於「羅漢頭」這個基因符碼的作用。而也正因有了「羅漢魚」的名字，這種魚也就被附贈了吉祥庇護等方面的意義。

目前新加坡的「羅漢魚熱」仍在發燒之中。東南亞的華人，對華人文化元素的保存最為普遍。例如，風水之學，大概就以港星馬等地最盛，而在現代風水裡，代表了水的魚缸即占了重要比重，據稱新加坡家庭中有水族箱的即占了至少四分之一。今天隨著「羅漢魚熱」，幾乎每家的水族箱裡都是羅漢魚，尤其是在這個景氣不振、人人都需要被保佑的時代。祇是，這種奇特的「拜物熱」，都注定會在過熱之後崩潰，如同「鬱金香熱」、「朝顏熱」、「十姐妹熱」一樣，到了那時刻，就是「羅漢魚」也自身難保的時候了。

# 軟腳蝦：人的軟弱無力

SARS當道，游揆要求公共衛生官員：「抗疫，不要做軟腳蝦！」

自從一九八〇年代以來，美國校園俚語中的Wimp透過大眾傳播媒體，而成爲例行的嘲諷攻訐字眼，以前的美國總統卡特，以及老布希都被指責爲Wimp，台灣媒體皆譯之爲「軟腳蝦」，從此以後，「軟腳蝦」這個詞在我們的社會裡也漸趨盛行起來。因此「Wimp」和「軟腳蝦」這一組對照翻譯詞，在英語和漢語裡，都值得做進一步討論，首先就英語而論。

在英語裡，極早就有whine這個狀聲字，用來指小狗那種狺狺哀叫，後來由這個字再延伸出whimper，指的是狗的哀哀叫聲或人的抽噎低泣，但它實在是個非常冷僻的字，很少人認得這個字，更別說使用了。因而，當一九二五年，學問非常淵博、而且喜歡用冷僻古雅字眼的大詩人艾略特（T. S. Eliot, 1888-1965）在名詩〈空心人〉裡，寫出「不是砰的爆開，而是一串啜泣」（Not with a bang but a whimper）這麼深刻的句子時，遂受到極大的稱讚，這個用來形容人類終極命運的句子，也因而成了英美詩裡的名句。

人們永遠無法知道，是否受到艾略特的影響，但由「啜泣」（whimper）這個字延伸而成的

wimp 卻出現了。美國詞語研究專家摩理士（Evan Morris）指出，它於一九二〇年代首先被英格蘭的大專學生使用，用來指「好哭的女生或娘娘腔的男生」。這個校園內的青少年俚語，後來在一九六〇年代走出了校園，到了一九八〇年透過大眾傳播媒體而成了普遍的字眼。美國《波士頓環球報》似乎是這個字被普及化的始作俑者。它有次報導卡特總統不知所云的經濟政策宣告記者會，用了「Mush from the Wimp」這樣的標題，如果將它勉強翻譯，意思是「無能糊塗蛋搞出的一塌糊塗！」

從此以後，wimp 這個字開始紅了起來，它被當做「糊塗無能者」、「軟弱無能者」之意使用，是一個中等程度的攻訐式語詞，《牛津英語大辭典》即稱它是個「代表了蔑視的字」。老布希總統被貼上這個標籤的次數最多。因而美國遂有評論家認爲布希家族後來好戰成性，特別要證明自己不軟弱，乃是對 wimp 這個字的反彈。

當今 wimp 這個字，上述的起源和演變，乃是詞語專家們普遍接受的說法。另有一說也曾被人提到，但接受者不多。那就是從前的《大力水手》（Popeye）連載漫畫裡有個懦弱的角色，名字叫做 J. Wellington Wimpy，因而後來的 wimp 脫胎於 Wimpy。人們不接受此說的理由，乃是它在時間上較校園青少年使用爲晚，是 wimp 這個字造成的結果，但並非原因。

英語有了 wimp 這個字之後，我們將它翻譯爲「軟腳蝦」，原因之一，或許在於這個字的後半截-imp，與英語裡的「小蝦」（shrimp）相同，但若深究，在漢語裡，罵人軟弱無能，從前似乎從未用過「蝦」的意象，我們用的主要意象是「蟹」。英美用 wimp 來說人的軟弱無能，它背後有著明顯的性別意涵，那就是軟弱的人會像女人和小狗一樣動輒哀哀哭泣；而漢語以前用「蟹」的意象來說人的軟弱無能，也是因爲我們的「蟹」和女性的隱喻有關。

古代中國以食蟹爲美食之極致，這種食蟹傳統，最早可溯及《周禮》所記載的青州之「蟹胥」，它指的大概就是今日之「蟹醬」。這種食蟹傳統，一直到今天仍可在吳越一帶的大閘蟹見到。

由近代人汪仲賢所著《上海俗語圖說》，我們已可知在吳越一帶，極早就已經由性的意象，稱女人爲「蟹」，年輕的小姑娘爲「小蟹」，已婚的太太們則是「老蟹」。如果男子對女人毛手毛腳，打情罵俏或亂吃豆腐，即稱「牛吃蟹」。蟹的意象除了泛指一般女性外，還經常特定地用來指娼妓，年輕的娼妓是「小蟹」，年紀大的則是「老蟹」。蟹的這些性意象，使得吳越一帶甚至出現這樣的歇後語：「叫化子吃死蟹——隻隻好」，指的是不加選擇的嫖妓行爲或性行爲。

透過性聯想而將女子物化爲「蟹」之意象，其來源已難稽考，但在明清小說裡，仍可找到相當多的痕跡。

例如，《水滸傳》第二十六回裡，潘金蓮即自稱：「虧殺了這個乾娘，我又是個沒腳蟹，不是這個乾娘，鄰舍家誰肯來幫我！」

例如，《二十載繁華夢》第二十一回曰：「大人又不在府裡，我兩個夫人，沒爪蟹，若有山高水低，怎樣才好？」

由上述例證，女子被物化爲蟹，並自覺爲「沒腳蟹」和「沒爪蟹」，乃是當她們被深鎖在家裡，並變得「脫社會化」，這時候她們就像沒腳沒爪的螃蟹一樣，哪裡也去不得，什麼事也不會做了。接下來，遂進一步淪爲在性關係上被「吃」的螃蟹，當蟹之意象被性化，最後當然被性器官化，這乃是吳越稱女子爲「小蟹」、「老蟹」的最後結果。

因此，在吳越市井方言裡，「軟殼蟹」指的乃是最容易被吃的蟹，也是最容易被吃的女子，並引申爲人的軟弱，這種譬喻的方式，和西方稱懦弱的wimp爲「沒有脊梁」（spineless）相同。

相對比起來，「軟腳蝦」這樣的譬喻，它出現的時間可能就晚多了。因爲「軟腳」一詞，在古代漢語裡另有意義，它相當於今日我們所謂的「慰勞接風」之意，祇有在古代意義的「軟腳」被遺忘後，現代這種手軟腳軟的「軟腳」才告出現，也才有人把懦弱無能稱爲「軟腳蝦」。

我們已知道，「款」、「軟」、「暖」之間有著音義上的同源性，因此，從唐代開始，即普遍有一種人與人之間的禮貌式行爲，那就是當別人出差或遠遊歸來，朋友同僚總會設下慰勞接風的酒宴加以款待。《大唐釋疑》即曰：「郭子儀自同州歸，代宗詔大臣就宅作軟腳局。」《新唐書》〈外戚楊國忠傳〉也曰：「出有賜，曰餞路；返有勞，曰軟腳。」《郭煌變文集》〈捉季布傳文〉也曰：「歸宅親故來軟腳，閃筵列饌廣鋪陳。」

因此，唐代所謂的「軟腳」，等於是「接風慰勞宴」，意思大概是讓遠勞者的腳得以休息之謂。後來過生日的「暖壽」，其實也都是由這種「軟腳」的應酬行爲延伸而成。把「軟腳」當做「接風慰勞」的習俗，從唐代一直延續到宋元爲止。因此，從前的「軟腳」是個好名詞。

「軟腳」當它的古代意義消失，今天這種「手軟腳軟」，代表了膽小、懦弱可欺，腳都站不直的「軟腳」才告出現，在近代紹興戲《血浩蕩》裡有段對白：「王三九是個軟腳蟹，先嚇他一下再說。」它所謂的「軟腳蟹」所反映的，已是今天的意義了，而其時間可能已到了清末或更後。

基於此，我們可以說，今天我們在台灣所謂的「軟腳蝦」，大概是脫胎於吳越方言裡的「軟殼蟹」和「軟腳蟹」。我們似乎是藉著對英文 wimp 的翻譯，而將「小蝦」裡的 shr-imp，翻轉成了「軟腳蝦」，凡是指懦弱、膽小、沒肩膀、沒脊梁、無魄力、無能力，皆可稱爲「軟腳蝦」。「軟腳蝦」是吳越方言經過英文翻譯這個轉折而變成的台灣話。

以前除了吳越方言用「軟殼蟹」、「軟腳蟹」來說人的懦弱無能外，其他地區則少用「蟹」這個意象，以北京爲例，它稱人的懦弱無能，用的是「蛋」的意象，如「軟殼蛋」或「軟蛋兒」。由「軟殼蟹」、「軟腳蟹」，到「軟腳蝦」、「軟殼蛋」，從另外一個角度而言，它其實也顯示出人們的語言，乃是與生活環境密切相關的！

# 六畜：一切事物在簡化中

中國自古即有「六畜」之說，指的是馬、牛、羊、雞、犬、豕等六種極早即被馴化的動物。而我們都知道，人類的語言文字都是生存環境的產物，因此，對於主要仰賴駱駝的阿拉伯國家，它們涉及駱駝的語詞即多達五、六千種。同樣的道理，在漢語文裡，涉及這「六畜」的語言字詞，每一個也都有一個龐大的「字詞家族」。在這些「字詞家族」裡，人們可以找到許多有趣的生成變化痕跡。

例如，在豬的方面，它有一個由「彘」經「豕」，而後到「豬」的過程。上古稱「彘」，漢晉稱「豕」，後漢逐漸往「豬」的方向移動，以迄於今。

再例如，「豕」、「犭」、「牜」、「𦍌」、「隹」、「馬」這六個偏旁，原本都是「六畜」每一個「字詞家族」的個別歸類記號，用來研究豬類的，一定用「豕」這個偏旁，用來說牛的，一定用「牜」這個偏旁，用來說犬類的，一定用「犭」這個偏旁，依此類推，但到了後來，在簡單化的推動下，這種最基本的歸類記號卻被破壞了。於是，原來祇是用來說公牛的「牡」，說母牛的「牝」，竟然可以用來說一切的六畜，甚至包括人和其他動物在內。許多原本應當用「豕」這個偏旁的豬類「家族字詞」，如「豬」竟然變成了「猪」，這等於是把「豬」的身分由「豕」類改歸到了「犬」類。與「豕」類有關的好多字，如「豨」（指野豬）、如「豭」（指發情的大公豬），全都變成了「狶」和「猳」，「豕」類身分在簡寫誤寫中失去，而變成犬類一族，相信「豕」類設若有知，一定懊惱不已。

例如，漢民族在極早即已知道將家畜閹割，可以讓它長得更加肥胖多肉，因而被閹的牛稱為「犗」與「犍」，被閹的豬稱為「豶」，被閹的馬被稱為「騬」與「騸」，被閹的羊則稱「羯」與「羠」……等，但到了後來，這些「家族字詞」全都被取消，衹用一個「閹」字即全部唬弄帶過。設若我們能對這些閹割的字詞多做一些探討，當會是漢民族上古畜牧史的重要材料，歷史經常以一種極其隱晦的方式躲藏在字詞中。

以上所舉的例子，都是「六畜」個別「家族字詞」裡有趣的現象。它顯示出上古選字，在與日常生活有關的事物上，我們的遠祖們，無論在歸類、觀察、依據類型而予以指涉形容，其實都有著非常理性與嚴謹的態度。而正是這種人類普遍的理性態度，始能奠定出後來人類普遍的基本文明。

由於二〇〇三年的農曆春節後，即是羊年，而羊又是上古漢民族最早即被馴化的動物之一，加上羊這種家畜由於體型的大小適中，最適合做為一般祭祀的材料，因此，在古代六畜的「家族字詞」裡，在「羊」的這一族裡，即發展得非常詳盡、確實，而且觀察細膩。

例如，「羊」與「羔」乃是大羊與小羊的最基本總名。「羊」的形成根據的是它的象形。因此，孔子才會說：「牛羊之字以形舉也。」而「羔」字亦然，它是小羊放在火上烤的意象。而有了「羊」與「羔」這種分類的總名之後，接著又在這個「家族字詞」裡透過實用的觀察與分類，發展出其他類型字詞。

例如，羊在不同的時候生，對羊的牧養會有不同的性質。因此，五月生的小羊是「羜」，六月生的小羊是「⿰羊夅」，七月生的小羊則是「羍」。

例如，當羊慢慢長大，一歲大的羊稱爲「⿰羊兆」，三歲大的羊則稱「牂」。

而在公羊與母羊的分類上亦極繁複。一般的公羊稱爲「羝」，一般的母羊稱爲「羒」。此外，公牛爲「牡」，公羊也用「⿰羊土」來稱之，它的那個「士」字邊，在甲骨文的意象上，所顯示的乃是雄性動物生殖器。母牛用「牝」，母羊也用「⿰羊匕」，它們旁邊的「匕」則是雌性動物的生殖器。另外，夏天的公羊稱爲「羖」，夏天的母羊則稱「羒」。

至於在羊的外形上，如羊的肚子有黃毛的稱爲「羳」，黑羊如黑黑的煙，故稱「⿰羊垔」。這種涉及毛色的字詞尚多。

而養羊，在上古不用「牧牛」的「牧」，而是有專屬「ケ」的「⿰羊攵」。既然「⿰羊攵」羊，對各類生病的羊或發育不良的羊，當然也有稱呼，如「羸」、如「⿰羊委」、如「⿱非羊」、如「⿰羊責」等。

在羊的「家族字詞」裡，最有趣的可能是「芈」這個象形暨會意的字，它代表了「芈」的上面出氣，即代表了羊的叫聲，它即是後來「咩」這個字的原型，與代表了牛叫的「哞」屬於同樣思維邏輯的結果。而「羴」、「羴」代表了三隻或四隻羊在一起，羊多之後，其氣必臭，因而這些字都是專屬的用來形容羊臭的字。而「羼」則指羊擠在一起，相互混雜，我們今天所謂的「羼雜」，即是從羊的這種意象所產生。

在羊類一族的「家族字詞」裡，還有許多族繁不及備載的類型字。但有一個與此有關的小類型，由於長期都被無知者亂說一通，不得不加以澄清。那就是古代中國的漢民族，對四周的其他民族都有專門的分類名詞，如稱西戎人爲「羌」、稱南方福建的原住民爲「閩」、稱北方的民族爲「狄」，稱東方原住民爲「貉」，這也就是說等於分別將這些民族歸於「羊」、「虫」（即蛇）、「犭」（指犬）、「豸」（指象），因而遂有人隨隨便便想當然地認爲這是漢民族的傲慢自大，把別的民族都視爲獸類。但若我們能以古代人的理性加以思考，即會發現，這其實與傲慢自大無關，而是一種抽象思維的歸類，上古的閩地區，蛇類眾多，蛇是這個地區的圖騰，因而「閩」遂從「虫」；北方部落以打獵爲生，依靠犬類爲助，因而「狄」字從「犬」；西北一帶以牧羊爲主，故羌人從「羊」；至於方位略有差異的東方，上古仍然象群出沒，因而從「豸」。而且我們也不能忘了，上古之時除了上述對周邊民族的分類稱呼外，對於東邊海島民族皆稱爲「夷」，它是個非常好的字，它從「大」字，指這些地方的人「夷俗仁，仁者壽，有君子不死之國」。因此，孔子遂曰：「道不行，欲之九夷，乘桴浮於海。」也正是上古漢人相信「夷」的長壽，後來才有秦始皇派出三千童男童女浮於海，去找不死之藥的事。由「夷」這個我們認爲好的分類字，恰恰可以否定了所謂上古漢民族傲慢自大的說法。

在「羊」這一族的「家族字詞」裡，除了上述涉及日常生活的經驗觀察與分類而形成的字詞外，更重要的或許是另外一些與古代以羊爲主的祭祀有關的字，這些字的不斷延伸沉澱，其實也形成了很多我們的價值詞彙。

我們都知道古代祭祀，羊是重要的祭物，因此以牛爲祭，遂有「」這個字；以羊爲祭，則有「」這個字，這兩個字可能都是指祭祀前先把牛與羊圈在某一個特別準備的地方。此外，我們也知道上古時代的各種祭祀中，爲祭水神，有將活物投入水中的習俗；爲祭山林土地之神，有將活物掘坑予以埋掉之習俗。因此，祭水神的字「」，即把羊投入水中，即是「沉」的原型；而祭山林土地之神的「」、「」、「」，代表了丟進坑裡的是牛、羊或犬，這些字即是「埋」這個字的最初原型。

由上述這些字，顯示出羊在祭神行爲上的重要意義，因而遂有了由「羊」而「祥」這個字，它的意義應當是指以「羊」向代表「神」的「示」這個符號討好，以祈求平安之意。羊的祭祀功能在被延伸後，即成了後來諸如「吉祥」、「祥和」、「安祥」等意義。而且我們甚至可以認爲「詳」字也可能與祭祀有關，神在被祭祀後藉著各種被人們理解到的訊息顯示出某些神意，這可能即是「詳」的祭祀起源，「詳」有揭示出人們不知道的訊息之含義。

而除了「祥」與「詳」可能脫胎於羊的祭祀功能外，與羊有關的另一個重要的字即是「美」。而對於這個與羊有關的字，究竟是怎麼形成的，迄今爲止似乎尚無定論，經查各家著述，似乎有兩種說法，一是美味說，一是美麗說。

在「美味說」方面，傳統的古文字學家如許愼、徐鉉、日本漢學家高田忠周等皆主張這種觀點。許愼在《說文解字》裡認爲：「美，甘也。從羊，從犬，羊在六畜，主給膳也。美與善同義。」他們都認爲羊肉的那種好味道所給人的好感覺，乃是「美」的形成邏輯。

在「美麗說」方面，似乎當代主要的古文字家差不多都主張此說，包括商承祚、王獻唐、于省吾等人皆認爲，上古食用六畜，每一種都是好味道，因而特別以羊肉的好味道來說「美」，理由並不充分。他們認爲無論從古文字的痕跡，或人類的普遍經驗，上古之人都普遍喜歡在頭上做裝飾，如戴上鹿角或羊角，或形狀類似的其他裝飾品，中間穿插著各色羽毛來讓自己高興。而這種習俗有可能也是起源於古代祭祀時巫師爲首的裝扮有關。因此，「美」可能要用這種說法才更合理。

因此，「美」起源於「美味說」或「美麗說」，或許各有其理，但似乎以「美麗說」較具說服力。「美」與「善」，也應當同源。

「羊」這一族的「家族字詞」，乃是一個龐大的字群，它的語言文字故事，縱使一大本書可能也講不完。而這種與「六畜」有關的「家族字詞」，在牛、豬、犬、雞、馬等方面，也同樣極爲繁複。衹是到了後代，由於生活環境不斷改變，更多與新環境有關的字詞不斷被添加進來，於是，與古老生活環境有關的字詞遂被迫必須自然地被簡化。於是在簡化中原來衹是說牛的公母的「牡」、「牝」遂告泛化，而「豬」這一族也簡化成「猪」，變成與「狗」同宗。一切事物在簡化中，它的原來邏輯會趨於散亂，這種道理在文字上亦然。

# 尾牙：讓夥計們有肉吃

農曆十二月十六日，在台閩地區皆稱「尾牙」或「尾禡」。

《台灣通史》記曰：「二月初二日，爲社公辰，各街多醵資致祭。群聚讌飲，謂之『頭禡』。而以十二月十六日爲尾禡。頭，始也；尾，終也；禡，集也；謂春冬作而初集也，故鄉中尤盛，商賈亦然。……十二月十六日，祀社公，謂之尾禡。工人尤盛，以一年操作至是將散也。而鄉塾亦以上元開課，尾禡放假。外出之人，多歸家度歲。」

而道光年間《廈門志》亦曰：「（二月）初二日，街市鄉村斂錢演戲，爲各土地神祝壽（家造蠣房飯爲供）。……十二月初二日，祭土神，謂之『頭牙』。十六日，商賈皆祭土神，牲醴極豐（晚宴親朋），謂之『尾牙』。」

另外，《台灣語典》亦曰：「祝禡，猶社祭也。仲春二日，農工商各集其侶祭祀會讌，謂之頭禡，季冬十六日復如之，謂之尾禡。《玉篇》——禡，參也。《篇海》：早晚禡參也。是禡有參集之義。」

而日人鈴木清一郎所著《台灣舊慣習俗信仰》則曰：「二月初二這一天，商家都要爲土地公舉行盛大祭典，這就叫做『做牙』。土地公的祭日，是每月的初二和十六兩天，二月初二是最初的『做牙』，所以稱爲『頭牙』，十二月十六日是一年最後的『做牙』，所以稱爲『尾牙』。……不過一般人僅在二月初二、七月初二、八月十六、十二月十六等四天舉行大祭，其他各牙祭之日一概省略不祭。」「此外，『尾牙』這天，一般商家和農家，都要爲神上供祭拜，同時也含有犒勞夥計和僕婢的含意。」

綜上所述，台閩地區做「尾牙」（或「尾衙」）的習俗，可謂其來有自。但除此之外，《台灣舊慣習俗信仰》裡，在談到「牙祭」的由來時，還有一段頗值得爭議的敘述：

「牙」是古時代客買賣賺取佣金的居間人。這種居間人要向政府繳納規費，領取「牙帖」，而牙帖是牙行所領之憑票。例如，賣魚的人稱「魚牙」，賣豬肉的人稱「肉牙」，牙人其領有牙帖者，照例輸稅，叫做牙行稅。牙祭的由來：古人買賣時，規定每月朔、望日，集合在一個地方，互相交換東西，稱爲「互市」，互市之前，商人都要先拜「福神」，即「土地公」，祈願生意興隆，大獲財利，然後設讌招待客人和職工，以連絡顧客的感情及慰勞用人的辛苦。這種行事就是「互祭」，後因唐代把「互」字寫作「㸦」，後人又把「㸦」寫作「牙」，所以稱爲「牙祭」。

在中國古代風俗裡，仲春（二月）和季冬（指十二月）祭拜社神（即土地公），這已了無疑義。據宋代陳元靚《事林廣記》所述，雖然這種祭祀地方農神的風俗習慣早在周代即已形成，但確切的日子卻隨著朝代和君王而變。就以仲春（二月）之祭爲例，它會在驚蟄這天或前後一、兩天做祭，除了皇帝要到南郊祭祀社稷之神外，各地首長也要分別獻祭，將祭物予人分享。有的則在這一天讌飲，或者遊春。唐代的重要宴會「曲江宴」常在這天舉行。而《農政全書》則曰：「仲春二日東作興，俗謂上工日，田家雇傭工之人，俱此日執役之始，故名上工。」既爲上工，當然必須有飲宴招待。

而季冬（十二月）亦然。在律曆上，它是「大呂之月」，因而《呂氏春秋》說它是「數將幾終，歲且更起，而農民無有所使」的月份，因而除了皇帝的祭祀社稷外，他必須趁著年尾的空檔，和公卿大夫爲第二年的政事預做準備，各戶人家也要祭土地神並與宗族役工等飲宴，俾使大家能夠「以篤恩紀，講好和禮」，讓明年合作能更愉快。

因此，仲春和季冬這兩項重要的活動，遠古即已有之。但它演變爲後來的「頭牙」和「尾牙」，卻顯然歷史並不太久。清乾隆年間的《儒林外史》第十八回裡說道：「平常每日就是小菜飯，初二、十六跟著店裡吃牙祭肉。」由此已可看出，當時的商家在每個月的初二及十六兩日，已會替夥計準備好一點的伙食，平常則都是極普通的菜飯。這乃是俗語所謂「打牙祭」的開始。或許正因爲每個月的初二及十六日「打牙祭」，人們遂把二月初二的第一個「牙祭」稱爲「頭牙」，把每年十二月十六日這最後一個「牙祭」稱爲「尾牙」。

由「牙祭」、「打牙祭」，而到「頭牙」與「尾牙」，它的道理可以說不但相關，而且極爲明確，問題在於每月初二及十六店家才給夥計吃肉，並稱之爲「牙祭肉」，它的意義究竟是怎麼發生的？這是指用這種肉來「祭」人們的「牙齒」呢？或者還有其他的道理？對此，則似乎尚難找到令人滿意的答案，但有兩種說法，一是起源於軍營說，另一是起源於市場說。

「軍營說」認爲以前在軍營裡每月初二及十六會殺牲祭旗，而後將祭肉讓官兵分享。由於軍旗又稱「牙旗」，因而這種風俗習慣遂稱「牙祭」，而後才由軍隊轉往民間的商家及農場。這種說法看起來似乎不無道理，有關「牙」這個字的主要用法之一，即是指軍營事務。軍營矗立的「將旗」，稱爲「牙旗」；軍營儀仗官稱爲「牙將」；儀仗官所用的刀稱爲「牙刀」……等。我們大體可以說，在唐代之前，整個中國都是以武力爲尚的時代，因而語言文字的形成，有許多都脫胎於軍營和軍營之行爲，因而古代將軍官署稱爲「牙門」的習慣也擴大到文職部門，行政機關的處所也稱「牙門」，這種習慣到了唐代才開始改變——用「衙門」來取代「牙門」。因而唐代著作《封氏聞見記》遂曰：「近俗尚武，公府爲公牙，府門爲牙門，字義流變，轉而爲衙門也。」在唐代之前，當皇帝出驛入驛，儀仗最前面象徵最高權力的旗子也稱「大牙」，它橫幅寬大，迎風招展，不是巨人，幾乎都不可能當掌旗官。《三國誌．魏志》裡在〈典韋傳〉裡說到大將典韋時，即說他身材巨大，可以一手扛起別人都無法勝任的「牙門旗」！

由於「牙」這個字起源於軍營，後來被轉稱爲「衙」，但唐代以後才出現的這種轉變，並不意謂著所有有關「牙」的字都可以改寫爲「衙」。基於此，《台灣通史》和《台灣語典》將「尾牙」寫爲「尾衙」，並將其附會解釋一通，似乎是有點牽強。而且將「尾牙」一詞的發生，認爲是起源於「軍營說」，雖然表面看來合理，但卻也沒有太多資料可堪佐證。因而它根據「牙」這個字的起源於軍營，認爲「牙祭」是起源於「祭牙旗」，當然祇好姑且聽之。

因此，將「尾牙」和「牙祭」的起源認爲是「軍營說」，不無可能是從早期「牙」這個字而附會出來的一種說法，它似乎合理，但卻證據不足。基於同樣的道理，所謂的「市場說」，也同樣有站不住腳的地方。

所謂的「市場說」，鈴木清一郎所著《台灣舊慣習俗信仰》裡的說法即是代表。這種說法認爲古代的市場互相交換，稱爲「互市」，因而市場的祭祀乃是「互祭」，後來的人將「互」字誤寫爲「㸦」，接著又將它改寫爲「牙」，最後「互祭」就變成了「牙祭」。

將「尾牙」、「牙祭」的說法追究到「互」這個字的誤寫過程，並不是完全沒有道理的，但這種說法卻也並非那麼周延。

首先就「互」這個字而言，根據《周禮》裡面的許多用法，它的本來意義是在指「用來掛肉類的木架」、「一個地方的大門口」等。在「互」這個字的使用過程中，的確也發生過將「互」誤寫爲「牙」的問題，因而明代陶宗儀在《輟耕錄》裡遂說道：「今人謂駔儈者爲牙郎，本謂之互郎，謂主互市事也，唐人書互作牙，互與牙字相似，因訛而爲牙耳。」

因此，後來稱中介商爲「牙人」等，或許存在著「互人」與「牙人」之誤寫問題，但自唐代以後，對所謂的「互市」，已有了明確的定義，那就是凡不同民族或國家間的交易市場才稱爲

「互市」，唐代的安祿山由於自幼即通曉六種不同種族的語言，因而才能做「互市牙郎」這種管理市場的官員。這也就是說，「互」與「牙」的清楚劃分，從唐代開始已趨明確。

因此，「軍營說」和「市場說」，似乎都犯了相同的錯誤。「軍營說」根據「牙」的古代軍營用法，認爲「牙祭」乃起源於「祭牙旗」，再加上「牙」字後來被改爲「衙」，因而「尾牙」遂可以寫成「尾衙」；「市場說」則認爲古代有將「互」誤寫爲「牙」，因而所有的「牙」字都可以還原到市場的「互」字上。祇是如果都要把「牙」字還原到「互」字，安祿山的那個官名可就必須改爲「互市互郎」了！

「尾牙」、「牙祭」的用法，到底是「軍營說」或「市場說」哪一個才對，或者都不對，可能還需要更多的史料爬梳，找到更多語言文字上的痕跡。但毫無疑問的是，「牙」這個字在漢語裡有著極豐富的意涵。它可以指牙齒，可以指有軍營意涵的「牙旗」、「牙將」，也用來指市場行爲的「牙人」。我們根據其中的任何線索追究回去，當然可以牽強附會出一些道理，但卻都難免有證據不足，想像太多的缺陷。或許，「軍營說」及「市場說」都有問題，讓夥計們有肉可吃，祭拜一下他們的牙齒，這種看起來最沒有學問的說法，才是最正確的說法吧！

# ◎抬槓：種族退化現象

中國大陸的北方，很早就殘存著一種習俗，那就是所謂的「抬槓會」——在每年農曆正月十五日元宵節這一天，由身強力壯的人抬著竹槓，上面有轎子，一個伶牙俐齒的小丑坐在裡面。他們抬著竹槓和轎子在人群裡穿梭，圍觀的人則和那個小丑隨機式的比賽鬥嘴，甚至用自認花巧的話來對罵。

這種「抬槓會」，在滿族進入中原後，成了中國人「抬槓」的起源。滿族作家文康在所著的通俗小說《兒女英雄傳》第三十三回裡即曰：

「衹看孟子與告子兩個抬了半生的槓，抬到後來，也不過一個道得個『食色性也』，一個道得個『乃若其性，則可以爲愈矣』。」

而這種「抬槓」，當然不限於清朝的時代，而是被今日的台灣所繼承，並發揚光大，成了「台灣口水」裡最主要的成分，「抬槓」是一種藉著機伶巧詐的嘴上工夫指責別人，而同時也閃避別人指責的文化習慣。「抬槓」是一種沒有任何建設性的口水浪費，它東拉西扯，似是而非。

在最近這段期間，諸如「我是讀法律的，怎會知法犯法」、「我怎麼會爲別人而犯法」、「我們收了玉皇宮的獻金，國民黨也有」……諸如此類的東拉西扯和胡亂放話，都是「抬槓」。

「抬槓」由東北的「抬槓會」而來。如果由人類普遍的語言及文化習慣史來考察，我們即會發現，每一個文明的語言發展過程裡，它很長的時間都是「行動模式」的一種，而非「思考模式」的媒介。而所謂「行動模式」，它最初即是在兩軍對壘的戰爭裡，在互射弓箭及矛槍之前，必然先有兩軍首領及士兵間的相互惡罵。

如果我們看《舊約》，即會發現大衛王打敗巨人哥利亞之前，乃是先有一場隔陣對罵，而後大衛王這個小孩子才抽冷子丟出他的石頭。

如果我們讀中國古代戰爭的章回小說，諸如《薛仁貴征東》、《蕩寇志》……等，當會發現，在兩軍進入廝殺之前，主帥之間一定先有一場叫罵，而後罵輸的一方，立即叫一聲「廢話少說，留下命來」，開始放馬過來相殺。而這種情節絕非小說家的杜撰，正史裡也有這樣的記載。另外，由英國的英雄史詩《貝奧武夫》（Beowulf），我們也可看出，當時的維京人和薩克遜人的「馬爾頓戰役」，兩軍也是先隔著黑水河對罵，而後才開打。

這種場面在莎士比亞的《李爾王》、《凱撒大帝》裡也同樣存在。

耍嘴皮子，用難聽的話對罵，乃是古代戰爭時「叫陣」的共同方式。但隨著人類的繼續發展，這種「叫陣」式的罵，開始被轉化成一種儀式性的嘴巴較量，在特定的時間會被允許，在儀式性的嘴巴較量裡，人必須嘴巴及心術乾淨，不得講髒話，不得胡亂鬼扯等禁忌都告鬆綁。這是

「嘴巴假期」。

在古代希臘，即有所謂的「抬槓」（Logomachy），那是一種「語詞奸詐」（Verbal subtleties）的比賽。在這個時候，人們允許講各式各樣的髒話和亂話。

而在十六世紀之前的英國北方，主要是在蘇格蘭，以及北歐，也有一種儀式性的對罵，它也是「抬槓」（Flyting、Fliting），它由北歐字 Flyta 變爲古英文 Flitan，然後再轉成後來的 Flyting。這也是一種講髒話和亂話的比賽，爲了激怒對方，甚至連造謠攻訐都可以被容許。例如，有個冰島的主教即被罵成是「有九個私生子，但父親卻是他的助理」。這種「抬槓」，在北歐發展出了一種很獨特的「斯堪底亞髒話韻文敘事詩」（Skaldic tirades of abusice verse），從裡面可以找到說髒話亂話的技術。文藝復興時代荷蘭的批評巨人伊拉斯默士（Erasmus），有許多批評文章也用這種罵街的方式所寫，莎士比亞的《馴悍記》裡也有這種抬槓罵街的表達方式。

由西方的發展，因而我們也可以認爲，中國北方的「抬槓會」，應當也是同樣型態的語言比賽和「嘴巴假期」，除了「嘴巴假期」外，由東北的許多地方誌還顯示出元月十五日這天，有些地方甚至於還成了「偷竊假期」——凡偷小東西，在這天都哈哈一笑置之。

而除了上述「嘴巴假期」外，近代的另外一些新研究，還發現許多同樣的情況：例如，文化人類學家湯普遜（Donald F. Thompson），曾對澳大利亞昆士蘭約克角半島的原住民社會做過研究，就發現他們也有「嘴巴假期」的存在。在假期內，人們可以公開地講諸如性生殖器官、大便與尿尿、背叛、亂倫，甚至強暴、獸姦之類的罵人髒話，除了「嘴巴假期」外，在對罵的時候，如果罵得起勁，把自己的器官公開地袒露出來，也不會被人指責。

例如，在美國的黑人社會，也有這種「抬槓」的儀式性競賽。它被稱爲「抬槓」（Dozens）或「髒抬槓」（Dirty dozens）。這裡所謂的 Dozens，並不是指十二個的「一打」，而是「牛鞭」（Bulldoze）字尾的挪用。

美國黑人的「抬槓」，起源於販奴之前非洲的「儀式性對罵」（Tuareg and Galla words-play）。這個習俗隨著他們被販爲奴，而帶進到美國。由於這種對罵習俗裡還包括了相罵之後儀式性的相互鞭打及鬥毆，因而遂將「牛鞭」（Bulldoze）的字尾 Doze 抽離出來，稱爲 Dozens，而後互打的成分減少，「鬥嘴」及「抬槓」的成分增多。至於「牛鞭」這個原來的字，在南北戰爭後意義被轉變。當時美國南方各地普遍出現白人恐怖主義者，他們以種種暴力阻止黑人在選舉時投票，因而被稱爲 Bulldozer，一八七六年這個名稱首次出現。後來推土機被發明，又把這個字搶了過來使用。

綜上所述，由語言文化史的研究，我們已知道語言的使用過程中，有很長的一段時間，無論古希臘、古中國、古代歐洲，甚至非洲和伊斯蘭化之前的阿拉伯世界，語言的挑釁、對罵、詛咒等，都曾是戰爭行爲的一部分。嘴巴是拳頭的延伸，嘴巴的奸巧邪惡加上拳頭的傷害，造就出了野蠻的過去。兩軍對壘，必然在開打前先來一陣叫罵鬥嘴，比氣勢、比兇惡，這乃是嘴巴做壞事的古老紀錄。

而這種戰爭行爲的嘴巴工夫，後來開始以一種文明殘跡的方式，變成儀式性的「抬槓」或「鬥嘴」，甚至還被轉化成俗民生活藝術裡以耍嘴皮子爲樂的活動，如中國的相聲、日本的「落語」（單口相聲）、「漫才」（兩人相聲），以及西方各種型態的「抬槓」（Flyting、Fliting、Dozens、Logomachy），它有的以粗取勝，有的以奸巧見長，有的則以刻薄損人爲特色。在這種儀式性的「嘴巴假期」裡，嘴巴不被當做思考及說理的工具，而是成了「鬥嘴」的「鬥」。

而對這種嘴巴工夫，《紅樓夢》第六十五回裡，倒是有一句重要的話：「三人抬不過一個理字去。」意思是說縱使三個嘴巴奸巧的人在那裡東拉西扯的「抬槓」，它也抬不過一個「理」字。意思也就是說，祇有「理」才是最大，再多奸巧狡猾的嘴，也無法大過「理」。

而問題在於，做爲文明殘跡之一的「抬槓」和「鬥嘴」等「嘴巴假期」的工夫，一般都祇被保存在特定的時間或特定的地點，讓它成爲一種鄉愁式的消遣。但在台灣，由於種種因素的湊合，它卻成了一種文明發展史隔代遺傳所造成的「返祖現象」（Atavism），我們的政治又變回到「抬槓」及「鬥嘴」，它天天都是「嘴巴假期」，每個人都成了東北地區「抬槓會」上坐在轎子裡的那個奸巧伶俐的小丑。

「抬槓」和「鬥嘴」，乃是人類歷史語言行爲裡非常值得研究和反省的課題，對舉島皆被口水淹沒的台灣，由「抬槓會」變成「抬槓」所代表的種族退化現象，或許更值得我們警惕！

○○○○○

# 兒子和公仔：越南語見真章

近年來，由於台灣農村年輕人口加速外流，留下來的適婚年齡青年，擇偶也就愈來愈難，在這樣的背景下，引進外籍新娘遂趨盛行。報載單單台南縣，二〇〇一年與外籍新娘結婚者即達一〇二九對，平均每七．三四對就有一對是與外籍新娘聯姻，而台南縣東山鄉比例最高，每三．一五對即有一對。

外籍新娘日增，語言差異所造成的趣聞當然也紛紛出現。據報紙報導，就有下面幾樁：

例如，越南妻子的「伯父」過世，她告訴台灣丈夫時，被聽成「爸爸哥哥死了」，虛驚一場。

例如，越南妻子叫兒子爲「公仔」，台灣丈夫以爲這是「阿公仔」，心想「兒子豈不是成了我老爸」。

例如，越南妻子稱舅舅爲「猴」，舅公爲「猴公」，差點引起誤會。

例如，越南話的「狗」，發音近乎台語的「祖」，於是小狗就變成了「祖公」，也讓人啼笑皆非。

上述這些情況，顯然都是眞的。在越南語裡，「伯父」被稱爲 bác trai，而「爸爸」則是 ba，「哥哥」則是 anh trai，因此，在聲音相近的情況下，越南新娘是有可能把「伯父死了」誤說成「爸爸哥哥死了」。越南語的「兒子」是 con trai，照音直譯的確有可能變成「公仔」，而被誤認爲是「阿公仔」。而越南語的「舅舅」是 cáu，聲音和台灣話的「猴」確實相近。至於「狗」，越南語是 con chó，其中的 chó 和台灣話的「祖」在發音上的確很像。

越南語從十七世紀後期開始，被法國的耶穌會傳教士亞歷山大・羅德發展出一套具有很多表音記號的法國式羅馬拼音，十九世紀後期隨著法國的征服與殖民統治強化，這套拼音法於一八六二年普遍推行，一八九六年成爲考試語文，一九〇三年被定爲「國語」（quốc ngữ），從此以後，不但中國的漢字在越南逐漸消失，越南人根據漢字的形成邏輯而自行開發出來的所謂「字喃」書寫系統也告消失。漢文明在越南所留的文字痕跡從此被抹除。這乃是今日台灣新郎與越南新娘在語言溝通上會產生誤說誤聽的原因。由上述那些有趣的誤會的故事，就讓人想到明末清初朱舜水（一六〇〇至一六八二）年的越南經驗。

研究日本近現代史的，都會知道所謂的「水戶學」，那是個十七世紀由御三家水戶侯德川光圀（即「國」字的唐代寫法）所建造出來的學派，日本的民族主義尊君思想由這個學派所奠基。而這個學派最重要的人物，即是明末遺民朱舜水。

朱舜水爲浙江餘姚人，生於明萬曆二十八年，拒絕仕進，屢召不赴。明亡之後即流亡海外，試圖進行復明的大業。他遊走過東南亞和日本，最後落戶於長崎，但德川光圀對他極爲尊重，接到江戶供養，後來的「水戶學」因此而萌生。朱舜水也逝於江戶。

根據《朱舜水全集》裡所收的自述長文〈安南供役紀事〉，我們知道他曾流亡越南十二年，住在以前稱爲「交趾」，現在是越南中部古城會安，會安距阮氏王朝首都的順化不遠，當地由於未受戰爭破壞，目前已成了聯合國登錄在案的重要文化資產。朱舜水流亡會安的後期，當時的皇帝對這個中國讀書人有所疑懼，曾下令逮捕並召見。朱舜水在見到皇帝時拒絕下跪，幾乎招致殺身之禍，最後經過幾次交手以及與越南高級官吏互動，終於獲得理解與尊重。他並寫了一篇〈堅確賦〉致皇帝以明志。由朱舜水的那篇〈安南供役紀事〉，我們已可清楚看出，當時的中越之間在口頭語方面雖然已有極大差異，但官吏與皇室的漢語書面語仍是主流，因而在筆談上可謂毫無阻礙，而這時已是十七世紀了。

翻查越南史將會發現，今日越南中部以北的地區，在西元前二〇〇年至西元九三八年的一千多年裡，乃是中國直接統治的領土或屬地，這使得漢語漢字，在越南占有主要的位置，在法國殖民統治之前，漢字在越南也是書寫的主流。越南也有中國式的科舉，也根據《唐律》而制定其法律，帝王的陵寢碑記也都是以古漢文書寫，皇帝們也都能寫漢詩。縱使今天的越南語已變成了羅馬拼音，但痕跡仍存。

例如，越南的「婦女」被稱 phnũ、「進士」稱爲 Tiên sũ、「探花」稱爲 Thàn hoa、「學習」

則保留更古的說法，稱爲「習日」（Têp Viet）、「稻草人」也是更古老的表達方法，稱爲「俑形」（Bù nhĩn）等。

然而，自從脫離中國統治後，大約從十三世紀開始，越南也發展出一套本身基於土著口頭語需要的書寫系統，它被稱爲「字喃」，這是一種以漢字爲基本架構，將漢字形成的形聲、會意、假借法則轉用，而形成的新字。例如，在這個系統下，「兒童」被讀爲con，而寫爲「𡥵」，「豬」被讀爲lóm，而寫法則是「狢」，「捉」被讀爲bát，而寫法則是「扒」，「市場」被讀爲chó，寫法則爲「𢄂」；「水牛」被讀爲trâu，但寫則是「犊」。

因此，越南的語文，應當是一種特別值得漢人去注意的語文系統。由於越南中部以北的地方曾有千年被古代中國統治，後來也長期是漢文化圈的一部分，因而它的語言雖已變爲羅馬拼音，但古代中國對事務的稱呼和發音，仍以一種痕跡的方式被保留在越南語之中，加以今日的越南雖有東京語、交趾語、西貢語之別，但最主要仍是越北河內一帶受過教育者所使用的東京語，這使得古代漢語的痕跡更爲完整，值得人們去尋覓。

而除了受到漢語影響外，越南的源起之一，乃是古代中國南方所謂「百越」之一，它本身自爲的語言也在中國南方一帶被持續地保存下來，例如「老人」被稱爲Lôo láng，這樣的發音不就很值得講閩南語的台灣人去玩味？越南稱丈量田畝爲Do ruông，讓人回想起「度壠」；越南刑罰，以前稱「砍頭」爲「篙頭」，讀爲turg daû，「蒿」字在古漢語裡確實有殺人刑場之意，這當然不是偶然的。至於稱小兒爲「公仔」，這也不是越南如此，嶺南地區亦然，小兒看的漫畫書不是到今天仍被人稱爲「公仔書」嗎？

基於此，對於越南這個古代「百越」之一的地區，無論文化或語言的研究，都值得做更進一步的努力。「百越」是遠古長江流域以南由各種族所居住的廣大地區，它們既和中原交流，而彼此之間又相互影響，例如，閩南稱「人」爲 lang 這個音，大概就和中原無關，而毋寧爲百越一直到越南自發性的語言稱呼。

語言是個交流網，它有如樹枝般相互牽纏，它已不再是誰說誰「南蠻鴃舌」，而是舌頭間的互相交換。由於越南的獨特歷史經驗，它的複雜語言應當更值得研究。如果不是因爲台灣新郎和越南新娘間出現稱「兒子」爲「公仔」的誤會，有誰會想到它其實是有字的，雖然那個字「㜷」現在已變爲羅馬拼音而消失了！

# 越南方言：奇奇怪怪都有歷史典故

越南在被法國殖民統治後，改採法語式的羅馬拼音。在此之前，越南一直是漢字文化圈的一員。除了正統的漢字外，越南爲因應本身方言音的需要，也根據漢字會意和形聲的法則，自製出許多稱爲「字喃」的越南式漢字。

例如，「兒童」的越南方言音讀爲con，寫成「𡥵」，「豬」被讀爲lón，寫做「狢」；「捉」被讀爲bát，寫作「扒」；「市場」被讀爲chó，寫成「𢄂」；「水牛」被讀爲trâu，寫爲「𤛠」。

上述這些越南式的漢字，就整個漢字文化圈而言，都屬於方言字，也可以說是一種俗字。這種現象除了越南，也存在於漢字文化圈的其他成員，如韓國、日本、東南亞的華人社會，以及中國本身的各個方言區。它的道理就像是英語專家把洋涇濱英語、黑人英語等視爲英語的方言一樣。

例如，日本的漢字裡即有許多自製的方言字，如「圓」變成「円」、「廣」成「広」、「實」成「実」、「圖」成「図」、「澤」成「沢」、「驛」成「駅」、「賣」成「売」……等即屬之。

例如，在韓國的漢字裡，有「法」被寫成「⿱亼止」，「聞」寫成「⿱龹耳」、「師」成「所」、「國」成「⿱或王」、「壹」成「壱」、「釋」成「釈」……等。

例如，在東南亞星馬華人社會裡，「準」被寫為「平」、「魔」被寫成「庢」、「家」被寫為「⿱宀人」……等。

因此，任何主要語文系統，它的境外和境內的方言字，都是一個值得研究的有趣課題。境外和境內比較邊陲的地區，由於文字的規定性較弱，人們就容易自行根據方言音或簡化文字的需要而自製出新的方言字。這些字多半有它的地域流通性，但有些卻也會透過語言文字的傳播而擴大使用地區，甚至變為漢字裡的正字。

例如魏晉南北朝的會意複合方言字「甦」，後來即成了正字。以前「塵」被簡寫為「尘」這個俗字，也在大陸文字簡化後成了正字。

各種方言字或俗字，它的出現方式有許多型態，有的是簡化，有的是改邊（如改變其中的意符或聲符），有的是透過字的組合，讓兩個字變成一個字，這個新字有的用來取代原有筆劃較多的單字；有的則合兩字為一字，並根據會意和形聲法則給予它新的字音。

例如，「⿱不長」這個廣西的俗字，可能就是因為「矮」的筆劃太多，因而合「不」、「長」而代替，但聲音仍從「矮」；例如湖廣有「⿱未⿰成人」這個俗字，它合「未」、「成」、「人」三字而成，用以代替比較冷僻的「崽」字，但聲音仍從「崽」。

例如，在吳方言裡，有個將「勿」與「要」合成的「覅」或「嫑」；在閩方言裡，有個將「勿」與「會」合成的「𣍐」或「𣍑」，這種字在合成時也給予它方言音，它已不是單純的俗字，更適合稱爲方言字。

因此，所謂的地區性之俗字或方言字，有著相當大的重疊性。它們都是語言規定性較弱的邊陲地區自造的字。

有關此類地域性的俗字和方言字，它的記載從宋代以來即已相當地多，包括范成大的《桂海虞衡志》、周去非的《嶺外代答》、莊季裕的《雞肋篇》，一直到清代屈大均的《廣東新語》、鈕琇所撰《觚賸》、徐珂《清稗類鈔》皆有所記。《嶺外代答》卷四〈風土門，俗字〉一節記曰：

「廣西俗字甚多，如𨱽音矮，言矮則不長也；𡘫音穩，言大坐則穩也；奀音勧，言瘦弱也；𤯰音終，言死也；𧗽音臘，言不能舉足也；仦音嫋，言小兒也；𡛕徒架切，言姊也；閂音攛，言門橫關也；𥔂音磡，言岩崖也；氽音泅，言人在水上也；氼音魅，言沒人在水下也；𣬹音鬍，言多髭：砏東敢切，言以石擊水之聲也。」

而《清稗類鈔》的記載就更詳細了：

「各地通行之俗字頗多，今略舉之。京師人所用者如下：ち，音近砌，陋也；您，音近凝，義似爾、汝，施之於較己爲尊者也。衡州人所用者如下：閫，音鑽，閫林，地名，產茶葉。蘇州人所用者如下：覅，勿要切，不要也，朆，弗曾切，勿曾也。廣東人所用者如下：亞音阿，阿俱寫作亞；奀音茫，弱也；⿱不高，音矮，人不長也；閄，音或，隱身忽出也。𥑮勘，巖洞也；泵，音聘，水中磯也；⿺辶水，音泔，蓄水爲池也；圳，音浸，通水之道也；乪，音囊，水之屈折也；不，音墩，截木作墊也。冇，音磨，無也。⿰牛筋，銀去聲，牽扯不斷也。⿱巛本，去聲，拙也。廣西人所用者如下：⿱大坐、閪俱音穩，穩也；⿱不長，音矮，矮也；⿱不高，音呆，矮也；奀，音動，弱也，與廣東異；⿱不行，音臘，足不能舉也；⿱不生，音終，人死也；𥑮，音義俱與廣東同。⿱不交，音近某，假父也。仦，首嫋，小兒也。⿰女大，音大，女大爲姊也。⿱从土音近陳，舊產也。⿱癸生，音近產，假子也。⿰犭兑，音近滿，謂最少也。亞，音阿，阿字俱寫作亞，與廣東同。」

另外，明代陸容所撰《菽園雜記》裡也還指出：「廣東謂晚生之子曰孻。」這也是個會意的方言字，謂兒子生到這裡就停（盡）了下來。

而根據近代潮汕的方言研究，我們還知道潮汕方言裡表示肯定及否定態度的語法性能較強，因而像表示肯定的「會」、「愛」、「有」，以及表示否定的「⿱不會」、「⿰勿愛」、「冇」等方言字也使用得特別多。閩方言裡的「𣍐」或「⿰勿會」，吳方言的「覅」或「⿰勿要」，也都可以用這種表示否定態度的助動詞觀點，或許始能合理的解釋。

漢字裡，各種簡寫的，改變聲符和意符的，以及合兩字爲一字的，其現象至爲普遍，而且並非始於近現代，而是從漢魏晉以迄宋代，即一直存在。舉例而言，早在宋代初期，一個當時由遼朝僧侶釋行均所編的字書《龍龕手鏡》裡，就已收錄了許多奇怪的俗字和方言字，如⿱不少、歪、甭、孬、⿱有心、⿱止上，卡……等。這顯示出我們今日有些地方仍在使用的俗字和方言字，其實是大有源頭的。

而這種現象，其實並不難理解，如果我們回溯古代的文字制度和物質性的歷史，或許即可找到答案。

古代中國雖然自秦代起即「書同文，車同軌」，但這種「書同文」的程度究竟到多少，卻大可懷疑，理由是：

（一）古代的政治控制相當粗放，它可能有武力的征服與大體上的統治，但像文字這種微細構造的問題，在民間社會可能即難以周全。

（二）從秦代到宋代，漢字由小篆而隸，然後又楷，文字的變動極大，而且多經波折，由漢隸到唐隸即多反覆。因此已可看出文字變革的艱鉅。加以從魏晉南北朝到五代十國，天下變亂頻仍，這對文字的統一必生枝節。

（三）而就物質性而論，中國古代直到宋代皆無大量生產的印刷品，因而文字的傳承主要都依靠抄錄，造紙的出現使得抄錄行爲增加，各種謬誤和簡寫，以及在抄錄中增刪的現象遂告難免；再加上東漢以後佛經的翻譯大增，爲了翻譯的方便而造的新字也開始出現，而佛經輾轉抄錄，脫誤與省寫也當然大增。從漢代開始，主要的朝代都會刻石經，其目的無他，就是藉著刻石經，而讓重要典籍有「標準本」可循。但除了石刻九經之外，其他方面的抄錄沒有標準本，即難免脫誤、簡筆，民間自造新字等現象紛出。由近代出土的敦煌抄本，就可以印證這種現象，例如抄經的人爲了省事，將「菩薩」這兩個字簡寫成「𦬇」，「涅槃」則寫成「卌」或「𠦃」，而「菩提」則寫成「𦬇」。如此極端的文字現象都會發生，製造出其他的新俗字或方言字，當然也就算不了什麼。我們今天所看到的俗字和方言字，有理由相信多半都是南北朝至五代十國這個歷史階段所出現的。

（四）綜上而述，各種俗字及方言字，可以說乃是有了造紙術，但活字印刷大量生產尚未出現前這一段時間的必然現象。紙的發明使得抄錄普遍化，但因缺乏大量印刷所帶來的文字規格化，文字遂難免在抄錄中被改變。而這也可以說明從東漢到北宋這段期間，中國知識分子的著作裡，糾正文字錯誤的書極多的原因。古代的字書裡，前面所舉的《龍龕手鏡》，乃是那個時代的俗字及方言字蒐羅最多的一本，這些字的來源，多半也都出現在佛經的抄本裡。

基於上述的討論分析，或許我們可以說，今天我們在台灣的方言裡，有些語言，其實是有另外的方言字的，「𣍐」或「𣍐」是一個，「嫒」和「孬」可能也同樣地屬之！

# 佛：反映文字生命秩序

一九六七年，上海嘉定縣的農民，自一座明代古墓中挖掘出一批明代成化戊戌年（一四七八）印製的刻本《說唱詞話》，等於是當時說唱藝術的腳本。經過復舊整理後，發現其中有一本《石郎駙馬傳》，說的是唐末石敬塘造反的故事。

在《石郎駙馬傳》裡，有一段寫道：「東趕日出扶桑國，西趕彌陀仸存國。」在這裡有個非常值得玩味的字——「仸」。這個字由「人」與「天」合組而成，由它的脈絡及想像，可以知道這個字即是「佛」的俗寫。

除了明代《說唱詞話》裡的「仸」外，據當代俗字專家張湧泉所著《漢語俗字研究》和《漢語俗字叢考》，目前在浙江義烏市有個佛堂鎮，當地的市招與標誌，多半都寫成「仸」。因此，合理的推斷，這個「仸」，乃是「佛」的長期訛寫所致。

將「佛」字寫成「仸」，取義於「人」與「天」結合，代表了佛的至高，這是俗民階級的會意式想像所造之俗字，可以看出它曾在江南一代頗爲盛行。

而以「仸」來代表「佛」字，這並不是首例。《漢語俗字叢考》及《漢語俗字研究》裡，尚有如下之寫法：「仏」，這種「佛」字的俗寫，到了今天仍在被日本使用。除了在敦煌抄本裡普遍見到外，宋代司馬光等所纂輯的《類篇》裡也予以收錄，稱之「仏，西域聖人，有六通也。」金朝的韓道昭在《改併四聲篇》這本字書裡也加收錄。甚至明代字書《正字通》也未遺漏。由敦煌抄本裡使用「仏」極爲頻繁，足見日本將「佛」寫爲「仏」並非自創，而是有所本。「⿰亻⿳西域哲」、「⿰亻⿳西大明」、「⿰亻⿱西國」，這幾個「佛」字的另類寫法，被收錄在清代吳任臣所編之《字彙補》裡。「⿰覺自」，也是「佛」字的另類寫法，被收錄在《改併四聲篇》裡。

在上述有關「佛」字的寫法裡，諸如合「西」、「域」、「哲」、「人」這四個字爲「佛」，合「西」、「大」、「明」、「人」這四個字爲「佛」；以及合「西」「國」「人」這三個字，加上被變形的「弓」這個「弗」的一半而組成「佛」；以及合「覺」「自」爲「佛」，這些合成字被稱爲「合文」，它們都是道教把文字符篆化之後的產物，因而這種「合文」式的「佛」字，可以不必深究，眞正値得注意的，或許乃是「伕」和「仏」這兩個字。因爲這兩個字都是俗字，它們都涉及文字正俗生成辨證的關係。

語言文字乃是一種有生命的文化機體，因而字的形體和意義總是會隨著時代而變異。一個字要成爲主流的正字，必須各種條件的配合，除了字形字義本身的邏輯外，還需要有來自體制的強制或非強制性力量加以輔助。因此，有些原本的正字，會淪爲非主流的俗字；有些原本非主流的俗字，則可能後來成爲正字；有些字在被別的指涉意義搶奪走了之後，不得不讓位。例如今日所寫的「姉」、「姐」，更早的正字可能是「姊」，因爲小篆的另一半爲「𠂔」，在改篆爲隸後，「市」的形狀更相似。但「姉」這個形聲字在聲音的提示及聯想功能上卻不如「巿」和「且」，於是，漸漸地，「姉」反而少用，被「姉」和「姐」所取代，甚至消失，衹被保留在日本使用的漢字裡。同理，「恥」和「耻」，似乎也是「恥」爲正，「耻」爲俗，但也因「恥」的聲音提示功能不足，遂被在聲音提示上較強、以「止」爲邊的「耻」所逐漸取代。

至於「佛」這個字，在佛教東來之前，它指的當然不會是今日所謂的「佛」，《說文解字》說它的意思是指「見不審也」，意思指的大概是「似乎」、「類似」、「彷佛」之意。古時候有一種蟲叫「仿偟」，它有兩個頭，蠕動的動作及痕跡非常不明確，讓人難以捉摸，有可能這乃是西漢時代「仿佛」一辭的起源。《史記》的〈司馬相如傳〉，以及楊雄的〈甘泉賦〉裡皆有「仿佛」一辭。基於此，今日的「佛」，乃是後來佛教引進，將 Buddha 的音占用了「佛」這個字而成，隨著佛教的體制化日益強大，「佛」這個字的原意遂日益退讓到「佛」的裡面去了。

不過，一個外來詞的穩定化，卻也不是一個容易而短暫的過程。中國知道佛教這種信仰，可以推到春秋戰國或更早。但由《漢書・霍去病傳》、《漢武故事》、《魏略》等之記載，可知當時 Buddha 之音譯爲「休屠」，而後又有過「佛陀」、「浮陀」、「浮圖」、「浮頭」、「勃陀」、「勃馱」、「部陀」、「母陀」、「沒馱」、「步他」等。由於一個詞的音譯如此不統一，它至少顯示出下列兩點意義：

其一，任何國家的外來語翻譯，從各人翻各人的，最後到定於一尊，這都需要漫長的時間，尤其需要該外來語所代表的文化能夠取得相當支配性的成就，始克臻之。由於「佛」這個今日意義的字的發展，可以做爲例證。

其二，佛教東來的這段時期，也正是中國動盪幅度加大的時代，漢末之後是魏晉南北朝，唐代之後又是五代十國的長期混亂。由於時代紛亂，加上那個時代又是漢字由小篆而隸，由隸而眞的階段。當語言文字沒有統一的行政力量來統一，秦代之初那種「言語異聲，文字異形」的情況再度出現。當年許愼著《說文解字》，即是對文字不統一，各種「詭更正文，鄉壁虛造不可知之書，變亂常行，以燿於世」的現象蔓延，深有痛感所致。南北朝時《顏氏家訓》也對當時「專擅造字，猥拙甚於江南」深感痛惡。由此可見由魏晉到六朝的文字混亂，和由春秋戰國到秦漢的文字不統一，可謂十分相似。因此，「佛」這個字的翻譯及書寫混亂，這一方面是外來語的本質現象，同時也反映出時代混亂，語文統一力量鬆弛化的結果。

這時候，敦煌抄本的重要性遂顯示了出來。近代出現的敦煌抄本，大體抄寫的時間都在魏晉以迄宋初之間。這個階段的文字統制力量鬆動，又因紙被發明，抄寫普遍。於是，文字上各寫各的現象遂告出現，並極爲普遍。除了「佛」被寫成「仏」外，佛教的「菩薩」則被寫成「卄」，「菩提」則寫成「莀」，「涅槃」則寫成「卅」，由這些字，我們可以想像到，這是當時人爲求書寫方便，而將字「記號化」的一種寫法，當然這也可說是偷懶，否則寫「菩薩」、「菩提」、「涅槃」，多累啊！

而文字控制力鬆動，甚至衰退的時代，它固然使得亂寫的俗字大量出現，使得俗字在動亂中產生，並強化了動亂的後果。但俗字的亂寫，其實並不是眞的亂寫，而是另成一種邏輯，因而一旦重新出現秩序，俗字裡有些比較不離譜的，就可能升格爲正字。據張湧泉所著另一本《敦煌俗字研究導論》，我們即可發現，今天許多人們習以爲常的字，無論是正體或簡體，在當時都已出現。抽樣來說，即有：

「尨」，這是「龍」字的簡寫。

「兴」，這是「興」字的簡寫。

「看」，這是「看」字的簡寫。

「麦」，這是「麥」字的簡寫。

「皈」，它由「歸」變爲「皈」，再變爲「皈」。

「国」，它由「國」簡寫爲「国」，再加點而成「国」。

「断」，是「斷」字的簡寫。

「礼」，是「禮」字的簡寫。

「甦」，是「蘇」的另一種俗字，合「更」「生」而成，是一種新的會意字。

「帋」，是「幣」字的簡寫。

「笋」，是「筍」的俗字。
「宝」，是「寶」的簡寫。
「趋」，是「趨」的簡寫。
「继」，是「繼」的簡寫。
「崗」，原本的「岡」字意義不明確，加「山」使明確。
「凸」，乃是改「突」而成的俗字，是新的象形字。
「凹」，乃是改「穴」，及「窪」而成的俗字，也是新的象形字。「凸」及「凹」後來都成了正體字。

由上述這些敦煌抄本裡的簡字及俗字，再回過頭來看今日的漢字書寫，就更能肯定敦煌抄本的價值了。它是近代漢字轉變過程中留下的最大遺跡，不但今天日本漢字裡的「仏」、「姉」、「国」等都可找到源頭，許多我們今日的漢字書寫，也都可以在敦煌抄本裡找到痕跡，而這種痕跡是在印刷品裡不一定能看到的。

語文是個有機體，既然是有機體，當然也就難免會有所謂的「命運」。有些俗字的命運較好，如「仏」字即成了日本佛的正字，而在中國，它卻無法在後代成爲主流的正字，敦煌抄本有些字在後代得以出人頭地，但像「甭」（「罷」的俗字）、「朢」（「聖」）字的俗字），「斈」（「學」字的俗字）等，卻沒有那麼幸運了。「甭」字仍舊祇能算是個方言字，「朢」和「斈」則早已消失。

由「佛」，以及它的俗字「仸」和「仏」，再談到敦煌抄本裡的俗字痕跡，已很清楚地顯示出書寫文字正俗辨證的生命誌及它的命運。這時候，我們或許就能明白，爲什麼法國的「法蘭西學院」，要那麼在意法語的純正性，定期的整理新字，排除文字上的異端。它的目的衹有一個，那就是要讓法語的生命誌，更有秩序！

媒體時代我們所看到的惡劣情況，

包括責任政治的凋蔽、政治語言的墮落，

以及一切壞事在遺忘中反而成長……

要拯救這些壞的現象，

人們必須恢復價值與道德上的固有堅持。

# 第四卷：語言不再是語言

## ○○○白手套：時代黑暗的隱喻

人們在使用語言時，都會從日常經驗裡尋找「隱喻」。於是，有些具有很大聯想性、對比性，以及延伸性的事務，即會成爲「隱喻」的主要來源，在千變萬化的使用中，日益複雜和豐富。

近年來，台灣的政治日益受到權謀和金錢的污染，政治的乾淨已愈來愈難得，反倒是明暗兩手的作風成了主流。於是假「善意」、眞「挑釁」；假「清廉」、眞「受賄」等情況遂告層出不窮。搞權術的人爲了掩飾眞的「挑釁」，必須找人來扮演「善意」的角色，這就是「白手套」；同理，收賄的政客爲了掩飾收賄的行徑，也總會找個中間的人出面，把受賄合理化及合法化，這也是「白手套」。手套的哲學在台灣已被高度的發揚光大。

世界的任何事務都有它的「性質」，這是該事務能與其他事務區隔辨識的特點。於是，圍繞著這種「性質」，我們可以對它進行各式各樣的想像與思考，於是，由該「性質」裡，就可以延伸出許多新的「隱喻」。

以「手套」爲例，它是一種東西，被用來套在人的手上，讓手被保護遮蓋，以免它被弄髒或受到不欲之傷害。而在手套的使用歷史上，早期最主要的乃是騎士們所用的護手套。

法國巴黎第十大學著名的史學家 Frarcois Billacuis 在名著《決鬥：它在現代初期法國的興起與沒落》中，詳細地敘述了中古的歐洲騎士們拔劍決鬥的歷史和決鬥的習俗等。該書指出，早在十五世紀之前，騎士們就發展出了一種習俗，他們視手套爲手的延長。因此，把手套摘下來丟到別人面前，就等於是在用手指向別人挑戰一樣。因此，摘下手套甩到別人面前，即是向對方挑戰決鬥。中古時代的騎士看不起「鬥毆」（Brawl），那是粗人叫囂喧鬧的不入流行徑，赤手空拳的「鬥毆」是沒有尊嚴的行爲。騎士們必須雙方都手持著劍，雙眼互瞪，鐵著心，冒著汗，以劍維護自己的尊嚴，而在這樣的行爲也等於向對手付出應有的敬畏。

於是，中古的這種決鬥習俗裡「手套」的象徵性意義，遂產生了許多後來與「手套」有關的語言。

例如：「甩下手套」（Throw down the glove），即是「當面向別人挑戰決鬥」。

例如：「撿起手套」（Take up the glove），即是「正式接受決鬥之挑戰」。

例如：「摘下手套」（Take the gloves off）、「拿掉手套」（with the gloves off）、「不戴手套」（without gloves）等之類的說法，都等於是「鐵了心，要給對方厲害」。

中古歐洲的決鬥文化裡，「手套」是個重要的象徵，這種當著別人面甩下手套的挑戰行爲，一直延續到手槍出現後。「手套」的這種象徵意義裡，當然也就意謂著當一個人戴著手套時，是個平和溫文的紳士，脫下手套時即成了鬥士。手套的這種意象，遂產生了另外的想像和隱喻，例如：「絲絨手套」（velvet gloves）或「絲絨手套裡的鐵手」（Iron hand in a velvet gloves）即指一個人「外柔內剛」，「看起來溫和，其實則仍有霹靂心腸」等含意。

因此，由中古決鬥文化裡的手套意象，它除了形成與決鬥有直接關係的語言概念和用法外，手套這種東西所造成的雙面性也同樣地呼之而出。戴著手套時，人是一種模樣；把手套脫掉，人就顯出了更赤裸的眞面目。手套做爲「掩飾」的意義，也就因此而出現。「手套」具有「假象」的意涵。西諺有曰：「躲在手套裡的貓抓不到老鼠。」（A cat in gloves catches no mouse）它的意思就是說，當一個人怕把手弄髒，他就得不到什麼成果。意思也等於是太潔身自愛，什麼鍋都不想沾，最後一定是什麼鍋都輪不到。在這樣的脈絡下，「戴手套」（Gloved），和「遮掩」（Muffled）、「戴口罩保護」（Muzzled）等，也就有了相同的意涵。

或許因爲現在的人已變得比古人聰明，也更加懂得「躲在手套裡的貓抓不到老鼠」，因而我們遂進入了一個大家都拚命玩著「手套遊戲」的文明新階段，玩「手套遊戲」還嫌不夠，更玩起「白手套遊戲」。前面已經說過，「手套」本身即已有「遮掩」、「僞裝」等方面的含意，因而它其實並無另外加上「白」的概念來加以形容。今天卻把「手套」加上「白」來形容，這乃是一種反諷式的修辭，它一方面反諷現在的人在搞明暗兩手時更加普遍與高竿，另方面也在反諷現在的人愈來愈道德敗壞，由「手套」升格爲「白手套」，顯示出現在的人在玩「手套遊戲」時，已比古人高明了許多，更懂得修飾漂白的詭謀。

「白手套」是一種反諷式的修辭，這其實也並非什麼特別。在語言的形成過程中，「反諷」經常是重要的模式之一。「白」的概念被拿來當做反義而使用，即有許多例證。最有名的，乃是《新約》裡〈馬太福音〉第二十三章第二十七節裡的「白墳墓」（White sepulchre），該節如是說道：「你們這假冒爲善的文士和法利賽人有禍了，因爲你們好像粉飾的墳墓，外面好看，裡面卻裝滿了死人的骨頭和一切的污穢。」「白墳墓」即「粉飾的墳墓」。

眾所周知，在差不多的文明裡，「白」都是重要的正面顏色。它通常都指純正、和平、貞潔、光明、智慧等性質。由於「白」無所遮掩，難以隱藏，它因而也代表了天眞無邪和眞理。「白魔法」是做好事的魔法，「白」也是「神聖」的象徵，希臘羅馬及塞爾特、德意志的「白馬」皆聖馬，東南亞的「白象」爲「聖象」。「白」色的百合由於沾到了白色的邊，因而是純潔的象徵，也是聖母瑪利亞的代表，白玫瑰也同樣是純潔無邪的代表。「白」的正面意義難以窮盡。

由於「白」是正面意義極多的概念，因而利用「白」的刻板形象，遂成了一種常規。電影還沒有聲音的默片時代，好萊塢即很懂得這個道理，西部片裡，因而「白帽」（White hat）即成了「好人」的同義辭，「黑帽」則代表了壞人，某種基於好意而說的謊言，也成了「白色謊言」（White lie）。

但正面「白」有著這樣的意涵，在眞實的世界裡，「白」也就變成掩飾的工具。

就像用「立可白」把寫錯的字塗掉一樣，人們從很早就懂得假扮聖人來掩飾惡行，當黑道都懂得「漂白」（Whitewash），「白」的純正莊嚴也就到了它可以成爲「反諷式的修辭」的時候。「白」開始走到它的反面。「反諷式的修辭」之所以形成，乃是眞實世界裡，正與反，黑與白，眞與假等總是一線之隔這種道理的投射。

以前的人，用「戴手套」就已說明了明暗兩手的虛矯行爲，不必用「戴白手套」這樣的字句，「白手套」因而是晚近的產物，它顯示出現在人由於狡猾的程度增加，「戴手套」已不足以表達，因而遂再加上「白」這個概念。「白」是粉飾，「手套」也是虛假，「白」加「手套」是修辭的強化，反映了現在人的惡行也的確在強化中。

近年來，台灣政治風氣日益惡質化，權謀式的「白手套」，貪瀆式的「白手套」都告大行。這是個大家都知道「躲在手套裡的貓抓不到老鼠」的時代，於是大家都拚命亂抓亂撈，然後用「白手套」來掩飾一切，「白手套」愈多，時代也就愈黑暗，這不正是今日的寫照！

# ○藍：二〇〇三年度字眼

「顏色的語言」，在隱喻的使用裡是一個最複雜多變、最分歧而又極端，也最撲朔迷離，以至於讓人完全束手無策的神祕國度。

而顏色的語言之所以難纏，當然有著它的客觀性。在光譜上，可見的顏色終究祇不過是紅、橙、黃、綠、藍、靛、紫等七個顏色，縱使加上另外一些補充性的顏色歸類，如琥珀色、墨綠、天青、鵝黃……等，它的項目仍極有限；而人類的經驗、感覺、聯想等卻無垠無涯，於是，當人們在用顏色來隱喻感覺和心情時，以有限對無限，同樣的一個顏色即會繁衍出龐大而分歧的意義，而每個顏色的那一群意義，我們即稱之爲「意義叢」（A Cluster of meaning）。

由於任何一種顏色都有一個龐大的「意義叢」，因此每個顏色的語言裡都勢所難免地會因爲該顏色所造成的直接生理和心理反應，該顏色在語言使用中由於種種因素而被附加上去的想像等，而產生各式各樣的豐富意義。以紅爲例，它即可指涉熱情、勇敢、眞誠，但也可指涉野蠻、殘酷、危險、重要、緊急、健康……等。由紅可以連接出無限的可能性，其他的顏色語言亦然。「顏色的語言」所顯示的不是「顏色的呈現」（color-rep），而是傳達出各式各樣的「顏色的感受」

（color-feel）。

而在各種顏色裡，與二〇〇三年最有關係的乃是「藍色」。今年一月，美國聯邦參議院通過一項決議，宣布二〇〇三年爲「藍調之年」（Year of the Blues），這實在是非常高竿的洋幽默。因爲，在參議院的提案裡，宣稱二〇〇三年是「藍調音樂」的百年，因而需要特別紀念和慶祝。問題在於，「藍調」之所以會用「藍」這個字，它所反映的乃是十九世紀最後二十年美國南方，尤其是密西西比三角洲一帶黑人被奴役的憂鬱和絕望心聲，因而「藍」這個顏色遂有了憂鬱、悲傷、絕望等指涉意義；而非常湊巧的，乃是二〇〇三年美國及全球景氣不佳，儘管復甦論被天天在唱，但實質上則是有每下愈況之勢，因而報章雜誌上也充斥著「藍」這個字，如「在美國，一月份很藍」（In USA, the Jan. Blue）之類，它指的是一月份經濟表現不佳，因而人心都很憂鬱。在這個人們憂鬱的年份，卻又把它訂爲「藍調之年」，用此藍來呼應憂鬱的藍，因而人們遂說這是參議院「非故意的反諷」。由於二〇〇三年已被訂爲「藍調之年」，正式的紀念活動已於二月七日在紐約市立音樂廳揭幕，「藍」這個不但「雙關」，而且可以說是「多關」的「顏色語言」，已注定將成爲年度字眼。

藍這個「顏色語言」，在所有的顏色語言裡，乃是一個指涉及延伸意義極爲豐富的典型例證。它和其他顏色語言相同，都有自然寫實，在語言使用的歷史中被鑲嵌進獨特的價值符碼；以及在被「雙關化」之後成爲具有獨特情色意義的話語。在自然寫實上，由於經驗的直觀，人們會用它形成「藍天」、藍色的「深海」或「遠洋」（Blue-water）、「藍莓」（Blueberry）、「藍色牛仔褲」（Blue jeans）……等。這種自然寫實，乃是一切語言使用的開始，從這裡，它在使用歷史中所產生的其他符碼意義就會被附加進來。而在「藍」的範疇裡，最值得強調的附加符碼意義，厥爲下列幾種：

其一，乃是它在使用中，藉著歷史因素的連結，而成爲一種「身分語言」，有許多例子。

（一）「藍血」（Blue blood），中古時期西班牙曾被黑色摩爾人統治了五百年，而後西班牙卡斯提爾的貴族階級興起，他們由於比黑色摩爾人的皮膚白皙，看得見手上的藍色血管，而黑色摩爾人則不能，因而他們遂自稱「藍血」（Sargre azul）。這原本祗是一種直觀的分類，但後來被歐洲貴族借用，「藍」開始「身分化」，成了一種代表了「高尚」的符碼。例如，英國人稱兩所最佳學府牛津和劍橋爲「藍磚」（Blue brick）大學。例如，早年美國盛行鬥雞，人們相信藍母雞所生的小雞一定是好的鬥雞，這種小鬥雞即稱「藍母雞所生小雞」（Blue hen's chicken），而後這種血統身分符碼被人借用，美國獨立戰爭時，勇敢的德拉瓦州士兵表現優異，遂被稱「藍母雞所生小雞」，擴而充之，最後是每個德拉瓦州的在地居民都被用這個詞來稱呼；再例如，一七五〇年左右，英國婦女文士伊莉莎白・蒙塔古（Elizabeth Montagu）學習法國沙龍，也在自己家裡設置了沙龍。當時的赴會者均穿黑絲襪，祇有史蒂林福里特（Benjamin Stillingfleet）穿家常的藍襪赴會，於是後人遂將「藍襪」附會成「上流社會的女文士」，「藍」也成了高尚文人的身分顏色。

而「藍」做爲身分的符碼，更著名的乃是「藍帶」（Blue ribbon, cordon bleu）。十四世紀英王愛德華三世創設騎士最高的「嘉德勳章」（Order of Garter），由於 Garter 指的是「吊襪帶」，因而又稱「吊襪帶勳章」，該勳章的飾帶是鑲金的藍絲絨帶，用來綁在左腳膝部。「藍帶」的法語，到了今天仍在使用，許多名酒裡最好的都被稱「藍帶」。

（二）但非常弔詭的，乃是「藍」雖然有身分高尚的上述含意，但十八及十九世紀的歐美，窮人階級多半都祇能穿灰藍色的衣服，包括娼妓和工人階級皆如是，因而就在「藍」代表了高尚的同時，它也和低下卑賤掛上了鉤，所謂「藍外套男子」（Blue Coat Boys）即是工人階級的泛稱。而美國東北部那些整天暴露在寒風中工作，鼻子被凍得泛藍泛紫的伐木工及漁民，則稱「藍鼻子」（Bluenose），祇是到了後來，「藍鼻子」被借用來指波士頓後灣區那些生活一本正經、板著臉孔的清教徒世家。

其二，除了上述由於歷史因素而使得「顏色語言」變成「身分語言」外，「藍」的雙關性，也使它形成了龐大的情色「意義叢」。例如，十九世紀初有一系列色情故事書即被稱「藍書」，它之被稱爲「藍」，乃是娼妓著藍色衣服的延伸。而在「藍」的情色語言裡，一四四〇年法國性虐待子爵里茲（Gilles de Rotz）把先後七個妻子裡殺掉六個，他的事蹟後來被童話作家佩羅（Charles Perrault, 1628-1703）寫成〈藍鬍子〉（Bluebeard）的故事；以及色情電影稱爲「藍電影」（Blue Movies）、取締「藍電影」的「藍法律」等都是例證。不久前，美國主要作家兼學者威廉・

藍斯（William Gass）寫成《藍：一個哲學探討》一書，該書已有中譯，它所探討的即以藍與性的感覺問題爲核心。

其三，乃是「藍」與「憂鬱」之間的「顏色語言」關係。到了今天，諸如「藍色的憂鬱」這種語言早已司空見慣，甚至都還成了陳腔濫調，但若細究，「藍」色的這種「顏色語言」，它出現得極晚。一八〇七年，當時的美國詩人、散文及短篇小說家艾文（Washington Irving, 1783-1859）寫了一篇故事，有「藍色惡魔」（Blue devil）的角色，「藍」做爲鬱悶不振的意義首次出現，演變到今天，「藍」的這一部分後來居上，已成了它顏色語言裡最重要的成分，舉凡形勢低沉、心情鬱卒，都可用「藍」來代表，此刻的台灣政經氣氛，除了「藍」之外，大概就沒有其他顏色語言可用來形容。「藍色惡棍」、「藍」、「藍眼睛」（Blue-eyed）、「氣色如藍」（Blue around the gills），也都被用來形容酗酒者的樣子，因而「氣色如藍」應譯爲「氣色灰敗」。今天我們所謂的音樂上的「藍調」，它最早的起源是在非洲今天的馬利（Mali），而後被黑人奴隸帶到美國南方的鄉間，成爲黑人奴隸表達憂鬱悲傷的最主要媒介。由於它是美國南方黑人社會的民間音樂，因而它在十九世紀末期初興之時，乃是「有實無名」的音樂。

當北方白人發覺時一問，被答覆說是「憂傷調」（Blues），時在一九〇二年。到了一九二〇年八月，第一張由黑人演唱女歌手貝西・史密斯（Bessie Smith, 1894-1937）所灌錄的唱片始告出現。「藍」這個字與憂鬱、悲傷等心情故事的連結關係，開始藉著大眾文化而被固定了下來。

「藍調」的「藍」，也開始成爲一種心情的「顏色語言」，歌手湯米・強生（Tommy Johnson）有這樣的歌詞，可見「藍」與「憂傷悲哀」的雙關性：

太陽某一天將會照到我家後院
風將吹起，帶走我的憂傷悲哀（Blues）。

「藍」與「憂鬱」、「悲傷」等心情語言固定連結，「藍調音樂」當然是最重要的原因，甚至「藍調」的準確翻譯都應當是「憂傷調」。但除了音樂外，文學也扮演著極重要的角色。在二十世紀裡，重要詩人差不多都有過這方面的作品。美國重要詩人艾希貝瑞（John Ashberry, 1927- ），曾寫過一首當今世界讓人充滿無力憂傷感的〈藍之定義〉，其中有句曰：

而今它已向下沉淪，或漂動不定
藍色氛圍揚起在身邊經過
在這不會變得更好的冥府世界
每天你在自己造就的現況中醒來
終將發現它的存在。

另外，大詩人奧登（W. H. Anden, 1907-1973）甚至有一首〈喪禮藍調〉，有這樣的句子：

而今星辰已無必要，把每一盞熄掉
把月亮打包，把太陽拆了；

抽乾大海，除去樹木

因爲沒什麼會帶來更多益處。

從二十世紀後半期開始，在所有的顏色語言裡，「藍」的悲傷憂鬱這一面，已日益突出，到了現在，每天打開外國報紙，總是免不掉會遇到這個字。股票下跌，連「藍籌股」也更加發藍；世局不穩，也讓人心變藍；美國參院提議「藍調之年」，這是藍上加藍，這不是另類嘲諷，又是什麼？

# ○紫：顏色政治記號學

一九九三年是「顏色政治學」的關鍵年，一個由十五人組成的「讓愛滋被看見」（Visual AIDS）組織，設計了一款倒「V」字形的紅色圖案，掛在胸前，以示支持那些因愛滋而死的人。他們的這個標誌出現後，居然大賣，許多名流都別上這種形狀的胸針。

繼紅色倒「V」字形的胸針圖案後，緊接著，其他顏色也開始登場，主要的有：粉紅色的「乂」型飾帶圖案，婦女把它做成胸針，藉以表示對乳癌患者的同情和支持。除了被用以表示對乳癌的關心外，粉紅色也被用來當做同性戀的顏色。一九三〇年代希特勒征服全歐時，曾勒令所有的同性戀者必須繡上粉紅色的三角形標誌。到了近代，這個標誌已被轉用，變成同性戀者自我肯定和爭取權益的記號。維尼拉（Tony Vellela）在《新聲音：一九八〇和九〇年代學生政治運動》一書裡就指出：

> 「當今大專同性戀學生，已將納粹的同性戀標誌，視爲一個他們要求在各方面都能平權的符號。他們佩戴這個粉紅色標誌，是要表示他們對過去想要消滅同性戀的歷史已極熟悉，任何人若想回到過去，他們都將奮戰到底。」

另外，則是紫色的倒「V」圖案，它被用來支持那些「由於社區惡化而生存環境艱困的青少年」。紫色的「顏色政治學」有許多不同的角度，「尊嚴」是其中之一，因而這種紫色標誌，它的意思乃是主張要給那些青少年起碼的生活「尊嚴」。

在「顏色政治學」裡，紫色一向是個較爲少用的顏色，主因乃是在遙遠的古代，紫色的礦物顏料最爲稀少，因而它遂成了最昂貴的顏色；其次，則是直到現在，凡愛美的人都知道，紫色在裝扮上乃是非常難以討好的顏色，它太難和其他的顏色搭配，除非是眞正的美女，否則穿了紫色，反而會顯得難看，也正因此，從古代開始，紫色的「顏色政治學」都與「高貴」這個範疇有關。

有關紫色的「顏色政治學」，在西方，它最有系統地展開，乃是在中古時代。中古騎士時代，以武力爲尊，無論君主和諸侯王公都出身騎士，必須披掛上陣，但因騎士的裝備乃是全身鎧甲，整個頭部都被籠罩在頭盔裡，讓人看不到容顏，於是爲資識別，騎士盾牌和衣飾的圖案，遂成了重要的指標，它代替了臉孔，成爲人們辨識的符號，這種識別圖案，即是紋章家徽的起源，「顏色政治學」的複雜化也從這裡開始。古代的紫色，在龐大的「顏色政治學」架構裡，具有如下的意義：

在天體上，它代表了水星。

在礦石語言裡，它代表了蛋白石、紫水晶或風信子石。

在德行上，它指的是節制和愼思。

在星座上，它指人馬座和雙魚座。

至於月份，它指十一月和二月。

在每週，它指星期三。

在花卉上，它指紫羅蘭。

在五行成分裡，它指水和土。

在四季方面，它指冬季。

在體質性情的神祕構成上，它指的是黏液質但帶有一些膽汁，用白話來說，就是冷淡裡帶有一些火氣。

在數字上，它指的是六與十二。

在金屬上，它指的是錫。

因此，綜上所述，紫色在古代的「顏色政治學」裡，可以說是一種高尚的顏色，它由於比較內斂，無法與金色這種搶眼的帝王主色相比，因此，會有金碧輝煌的宮殿，卻不可能出現紫氣騰騰的庭堂。但紫與金具有相同的價值位階，紫是一種配對式的高貴，則不容否認。因此，從希臘羅馬時代開始，紫色祇有帝王、諸侯和將軍才用得起，吉朋（Edward Gibbon）在《羅馬興亡史》裡也稱紫色爲「帝王紫」，這乃是西方直到今日，仍將「生而爲紫」（born to the purple）比喻爲出身豪門，它比「藍血動物」這個指人家世良好的比喻還要再高一點。

因此，紫的「顏色政治學」具有威儀、尊嚴、光榮、權力等象徵，從希羅時代到中古騎士時代，都沒有什麼變化，祇是騎士時代將紫色那種配對式的高貴性複雜化而已。而在紫色的「顏色政治學」複雜化的過程裡，有另外兩個因素則發生了重要的作用。

其一，乃是隨著教皇制度的強大，爲了合理化宗教的世俗權力，遂將帝王的紫色挪用到耶穌基督身上，認爲紫由紅加藍而成，代表的是「愛」和「眞理」交融，這是一種使人新生的力量。在這個意義上，紫所代表的「新生」，大過綠所代表的「生命」，因而在「顏色政治學」裡，紫大於綠。這種基督教界的「顏色政治學」系統裡，因而把紫色由帝王手中搶來，賦予了耶穌基督，認爲紫是一種赦免、贖罪、哀悼、復活的顏色。以前教廷並規定過，在基督降臨節的第一個星期日，以及四旬齋節等與基督復活降臨有關的日子，都要用紫色來裝扮。這也就是說，帝王輝煌的紫變成了基督受難痛苦的紫，雖然象徵意義有變，但轉了一個彎，它眞正的高貴性並未減少，而是變得更豐富了。

而另外值得注意的，乃是從中古騎士時代到浪漫主義時代，乃是男子們對婦女極力歌頌的時代，藉著讚美后妃貴婦，而將兩種性別、兩種價值的系統加以奠定。在這樣的時代背景下，於是高貴的紫，除了帝王輝煌的紫、基督受難悲憐的紫之外，又多了一重婦女貞淑高貴的紫。這種婦女高貴貞淑的紫，非常清楚地顯示在對紫羅蘭這種草花的解釋上。人們認爲紫羅蘭乃是一種從貞女墓地上長出的花朵，代表了純眞無邪；紫羅蘭弱質蕙心，代表了善良謙卑；紫羅蘭嫻靜雅秀，是那種悠遠綿長而深情款款的愛情代碼，因而大詩人濟慈（John Keats, 1795-1821）遂稱之爲「嫻靜的女王」。

因此，由於時代的轉折，在西方，紫的意義因而變得極爲豐富，它是帝王紫、皇后紫，也是耶穌基督紫，但無論它所指的是哪一種類型，高貴則無疑的是其共有的特性。由於這三種意義並存，遂使得紫所隱喩的價值裡有著很大的綜合性，它是威武與嫻靜的整合，是權力和悲憐的折衷，是暴烈的愛與深情的愛的交融。

因此，由紅與藍等量混合而成的顏色，在世俗西方人的觀念裡，遂等於是狂烈的紅被深邃的藍所馴化的結果。在塔羅牌裡，第十四張是一個天使，雙手各持一個裝了液體的容器，他永遠不停地把容器裡的液體倒來倒去，這兩個容器裡所裝的，就是紅與藍，它形成的就是紫，紫是混合，是新生。

紫的「顏色政治學」，在西方由於帝王、皇后、耶穌這三種不同價值系統的交纏而變得較爲複雜，但它指涉的是各種層面的高貴性則一。而在東方，我們知道遠自春秋戰國時代開始，紫就已是高貴的帝王色，延伸而成功名富貴色。當大官叫做「金印紫綬」、「紫衣狐裘」、「懷金垂紫」；帝王之宮殿稱「紫庭」、「紫宮」，延伸而出後來的紫禁城、紫光閣；有帝王之相則稱「紫氣東來」、「龍騰紫霧」等等，紫色在我們的「顏色政治學」裡，乃是權力的極致，因而遂曰

「紅得發紫」。而這也是我們的政治不把紫視爲折衷，而把它看成絕對權力的緣由。

古代的「顏色政治學」有古代的脈絡，而到了近年來，新型態的「顏色政治學」又告興起。那就是美國社會學家戈夫曼（Erving Goffman）在一九七一年著作《公共間的關係》裡所謂把顏色當成一種次級政治學裡的「同心符號」（Tie-symbol）而使用。

戈夫曼指出，不同的時代，人們在各類公共行爲上，總是會藉著手勢、動作、穿著、儀式或顏色來尋找認同，營造出人群相互連結的符號或記號，這就是所謂「同心符號」或「同心記號」（Tie-sign），前面所述的粉紅色指關心乳癌和同性戀，紫色指關心凋敝社區的青少年，都是這種顏色的「同心符號」的運用例證。

而這種以顏色做爲認同符號的現象，並非始於今日。早在十九世紀，紅色代表社會主義，白色代表極端資本主義，黑色代表無政府主義，就已出現並成爲人們習慣了的政治顏色符號，直到今天，黑色的無政府青年在歐美仍然極多，近年來諸如西雅圖、熱那亞等地的反對全球化大示威，人們都可以看到大約一千名黑衣黑褲、黑色面罩的青年，他們腳踩滑板，行動非常敏捷地在街上與鎮暴警察打城市游擊戰，他們就是「無政府青年組織」的戰士，沒有高強的滑板功夫，根本不會被這個組織接受。

而這種舊式的「顏色政治學」，從一九八〇年代多元文化興起後，由於既有的顏色分類已裝不下更多新的綠色、粉紅色、紫色，以及其他顏色所代表的課題。這意味著「多樣性」（Diversity）

已成了新政治必須考慮的課題。當今美國多元文化婦女領袖史黛爾（Emily Style）指出，以前那種把大家都變成一個樣子的「熔爐式政治」（Melting pot）已到了應結束的時候，應當開始一種大家保持本色，但卻共存的「沙拉碗政治」（Salad bowl），她所指的就是「多樣性政治」。

而這種「多樣性」的政治，不祇理論家們關心，從事政治活動的人更加注意。以美國爲例，過去十餘年來，大多數的白種人在政治上已被共和黨集中了起來，其他如勞工、環境生態主義者、窮人、婦女，以及少數族裔、同性戀者、各類有障礙者，卻都被排斥在外並被邊緣化，因此，如何將這些高度異質的邊緣人群整合，已成了民主黨最重要的課題，這也是美國民權領袖傑西·傑克森（Jesse Jackson）近年來念茲在茲、致力於「彩虹聯盟」（Rainbow Coalition）的原因。二〇〇四美國大選，共和黨布希挾帶著反恐愛國還有金主大舉捐獻，以及媒體一面倒的優勢，民主黨想要取回政權，殊爲不易，如何形成新的「彩虹聯盟」，也因而成了當今主要課題之一。

因此，從一九九〇年代迄今，在「顏色政治學」上，美國人所關心的，乃是一種新的顏色，即各色並存的彩虹色，彩虹是並存、是包容、是多元文化的最佳顏色表徵。不過，彩虹在顏色上看起來繽紛美麗，但要將不同的各種次級群體整合在一個「彩虹」的旗號下，卻困難重重。由許多報導和研究都可看出，美國的「彩虹聯盟」至今仍空談多過實際。

由美國多元異質的「彩虹聯盟」仍然問題重重，台灣的「顏色政治學」上突然要由「泛藍」、「泛綠」之外，再跑出來一個「泛紫」，這個「紫」的「顏色政治學」取名取得即有點失準。此外，一群異質團體相混，難度也極高，我們一個小小的台聯，成員沒有幾個，卻都鬧得出大新聞，這也顯示出「多元性」在理論上或許是個好題目，但要落實，卻難題重重。

# ○公：沒有羞恥沒有是非

讀古代書，常常會發現從前儘管物質條件不如現在，但廉恥之心卻未必不如於今。

廉恥之心最正的時代，或許即是漢代，那個時代的公卿大臣有極強的自尊自重之心，當犯了錯或失職，甚或受到侮蔑，都會選擇以自殺的方式來表示知恥，或用自殺來證明清白。西漢時自殺的大臣計有御史大夫趙綰、郎中令王臧、廷尉（最高法院院長）張湯、丞相莊青翟、名將李廣、丞相李蔡、郡守勝屠公、太子太傅蕭望之、丞相朱博、大將軍竇憲……等。或許正因公卿大夫都普遍有這樣的風懷，才造就得出那種盛世，否則當大官的失職犯錯，仍然恬不知恥的詭辯硬拗，大家都把精力浪費在口舌上，時代要不沉淪也怪。

也正因此，劉泰英案遂成了最讓人側目，也最讓人懊惱的黑色政治反道德劇，劉泰英雖然算不上是「黑金教父」，但卻無疑的是「黑金教父」旗下的「黑金大檔頭」。他財大勢雄，手上供他在玩的金錢多達數十百億，因而多年前對台大學生做「最崇拜的人物」意向調查，劉泰英即赫然在首選之列，台灣社會的「權勢崇拜症」由此可見，而其玩法弄權，若不是被人一路咬著不放，在官官相護的積習下，大概也不會有人動其一根毛髮。而今他因涉及弊案十餘起，中飽七億餘，在被羈押調查四個多月後，檢察官求刑十六年，而他本人則以六千萬元交保釋回。

他以重罪待審之人的身分，諸般表現，仍然權臣模樣，委實讓人爲之側目。

例如，他以六千萬元交保。在台灣，小老百姓大概沒幾個人見過六千萬元長得什麼模樣，它大概要好多個麻布袋才裝得完，也可能要好幾個壯漢才扛得動。但劉泰英和他的朋友們，卻硬是能在晚上短短的時間裡就抱六千萬繳到法院。這些人的家裡沒事放著大把錢的架式，怎能不讓人傾倒！

除了依然財大勢雄、一呼百諾外，劉泰英交保獲釋後，仍繼續揚言「要爲台灣拚經濟」，意思當然是在說他仍將繼續掌控所擁有的金錢權勢。別人說「爲台灣拚經濟」或許還無所謂，當劉泰英說「要爲台灣拚經濟」，卻的確讓人捏把冷汗，他「拚經濟」都已十幾年，一切都拚進了荷包裡，因此當他又說要「拚經濟」，大家難免要嚇得說「謝謝」了。

而最讓人不可思議的，乃是劉泰英交保釋回，其架式更雄壯了，不但徒眾圍著泰公長、泰公短的喳喳不休，甚至在媒體上，「泰公」也都上了標題。以重罪待審之人、以「黑金大檔頭」的身分，而仍有「泰公」之勢。雖然說判決未定讞前，不得視之爲有罪，但劉泰英的案子涉及貪污腐化，縱使不自裁以謝國人，但至少也應低調一點以示知恥，但在我們社會裡，當事者不知恥、媒體也無「恥」的覺悟，由「泰公」這個稱呼，台灣社會的缺乏羞恥感，不已非常明顯了嗎？前幾年，義大利爆出政治貪腐大醜聞，涉嫌的政商高幹大約有十人左右用自殺來挽救他們良心最後的防線——即羞恥心，而在我們社會卻依然「泰公」聲一片。在台灣，「公」不值錢到這樣的程度，的確讓人感慨，當劉泰英都能成爲「泰公」，以後的人被稱爲「×公」，大概也沒什麼好高興的，劉泰英而成爲「泰公」，對台灣社會早已氾濫得失去任何敬意的「×公」這種稱呼，說不定眞的會有瓦解之效。

宋代洪邁在《容齋隨筆》卷十五裡，引述了一段蘇東坡談「公」這種稱呼的話：「凡人相與號呼者，貴之則曰公，賢之則曰君，自其下則爾汝之。雖王公之貴，天下貌畏而心不服，則進而君公，退而爾汝者多矣。」

蘇東坡的這段話，其實是非常重要的社會習俗觀察。他指出，人對人的敬稱，雖然說祇是一種禮貌，但在禮貌中卻也必須講究起碼的名實相副，以「×公」這種敬稱而言，被稱爲「×公」的人，如果太沒個樣子，就難免讓稱呼者心裡無法平衡。宋代的時候，稱呼大官爲公，稱呼賢能的人爲君，對普通人則稱爲爾或汝，但因許多「公」實在沒有「公」的樣子，除了有權勢外即一無所有，這時候，人們當面會用「公」的稱呼來應付，演演禮貌假戲，但假戲演完後，就不稱「公」了，仍逕予稱之爲「爾」或「汝」。由蘇東坡的話，已可看出古人雖然在稱呼「×公」的問題上有時難免必須虛僞一下，但在虛僞下，大家其實仍有不虛僞的價值標準在焉，祇是在今日的台灣，甚至連這樣的標準也都蕩然。有權時，沐猴而冠，惡形惡狀，可以被稱「×公」，縱使違法亂紀，祇要仍有惡勢力，仍會被稱「×公」；「公」在台灣早已不值一文錢。

以「公」爲敬稱，在漢文化裡，乃是最浮濫的一種稱呼，在上古時期，「公」基本上乃是君主的另一種稱號。及至君主以「王」、「帝」等爲稱呼後，「公」這種舊稱遂被轉讓給了年高德劭者使用。我們都知道周代後期有所謂的「三公」，但「三公」是名稱、是地位，卻非職銜。「三公」取義於古代鼎的三足，代表了國之三大棟梁，它也取義於日月星三光。隨著古代官制的改變，「三公」的定義皆不相同：周代後期以太師、太傅、太保爲三公；秦代以丞相、御史大夫、太尉爲三公；漢初以秦制爲本，後來改以大司馬、大司徒、大司空爲三公，而太師、太傅、太保則爲師傅，又稱上公，魏晉稱爲三師。這種三師三公之制，而後即一直延續了下來。

由古代的「三師」、「三公」，我們知道後來的「三師」即早期的「三公」，它是「老人政治」及「道德政治」的根本，沒有一定的道德本錢，根本當不了「公」。因而清代大學問家趙翼遂曰：「公者，仁德之正號。」在漢代初期，「三公」不負責例行的行政領導工作，而有「謠言奏事」的責任。所謂「謠言奏事」裡的「謠言」，當然不是今天我們所說的「謠言」，而是指人民反映痛苦心聲的「風謠俗言」，古代民困極多，百姓經常會把痛苦濃縮成類似今日「順口溜」一樣的風謠之言，「三公」由於地位和道德崇高，而且人民容易接近，加以他們閱歷較豐，可以判斷民瘼之所在。因此，「謠言奏事」乃是一種極大的權力和權利，衹有「三公」這種地位者能夠擁有。《荀子》裡所謂「三公總方而議，則天子恭己而已矣」，所謂「總方而議」和「謠言奏事」相當，談的都是國家總體性的大方向。

古代無論「三公」或封建制度下公侯伯子男的五等爵秩，以「公」爲名，皆取義於它的「公平正直」。但值得注意的，乃是「公」做爲國家最高道德形象人物的這種制度，隨著古代的封建和割據制度的浮濫而愈變愈不值錢。到了唐代，甚至連縣都會出「縣公」這樣的封爵。當舉國的官爵秩等裡「公」太多，「公」也就俗化成一種禮貌話，衹要碰到官比你大的，送一句「×公」總是錯不了的拍馬屁規矩。在此可以舉各種有趣的「公」。

例如，「相公」在早期的時候，指的是丞相，因爲出任丞相都必然要封公，因而遂稱爲「相公」。到了後來一直俗化，妻子稱丈夫也爲「相公」。更離譜的，廣東人最先稱男妓爲「老相」，後來也加上公，使得「相公」也成了男妓的另一種稱呼。

例如，撐船的渡手在福建被稱爲「梢公」，原因是渡船行業乃是一種被稱爲「士梢」的下階層人士所從事的行業，他們世代皆以此爲業，術有專精，遂稱「梢公」。

例如，由漢代的契約，我們也發現到今天台灣把做墓地工作和生意的稱爲「土公」，早就開始了，而從魏晉南北朝起，和尚也可被稱爲「公」，例如慧遠即被稱「遠公」。蘇東坡也說過，和尚稱公，通常是用法號第二個字加公而成。

因此，清代趙翼曾感慨地說「公」這個稱呼，乃是隨著歷史變遷及名稱的俗化，浮濫得最厲害的一個。一個社會有幾個道德形象的標竿人物，可以讓人見賢思齊，可以維持住最低限度的羞恥之心，但這種「公」字號的人物，卻在「公」這個字號日益浮濫下也告蕩然無存。

因此，「公」這個稱呼，有著三階段的劃分：

第一階段，「公」是道德標竿人物的敬稱，是德治時代的樣板。成爲「公」，就會有「公」的分量和樣子，阿貓阿狗當不了「公」。

第二階段，乃是長期的「公」這個稱呼氾濫化的過程，祇要官大就必被稱「公」，最後氾濫到連「土公」、「相公」、「梢公」等都告出現。不過儘管「公」已愈來愈不値錢，但其道德影像卻仍然存在。因而誠如蘇東坡所說的，大家遂明暗兩套，公開時說「公」，私下或背後則竊竊私議。

第三階段，那就是今天的台灣了。「公」的殘餘道德影像已在「權勢崇拜症」之下剝落殆盡。不管好人濫人，祇要錢大權大就是「公」，長袖亂舞時是「公」，違法亂紀的A錢也仍是「公」。以貪腐黑金而待審之人，仍私下公開地被「泰公」來「泰公」去的風風光光圍住，甚至連媒體的標題也都稱之「泰公」而不名，沒有羞恥，沒有是非，或許這才是「泰公名稱語言學」所透露出來的可悲信息吧！

# 婦人之仁：沒有理由找理由

阿里山小火車由於人爲疏失而出軌翻覆，救難過程中，卻出現「救人的反被人救」的二度災難。救難直升機因爲超載而無法升空，最後搖搖晃晃地跌了下來，飛機也告墜毀。駕駛員自稱他是「婦人之仁」。

把飛機超載而墜毀，說成是「婦人之仁」，這實在是非常奇怪的修辭。駕駛員開飛機，一定有標準的駕駛操典，飛機的最高載重量是幾個人，也一定寫在操典之中，但這些基本的規定，卻在這次救人行動中被丟到了腦後，因此，如果要正確地形容直升機墜毀事件，最中性的修辭應當是「駕駛員判斷錯誤」，或「現場混亂，機上被送來太多傷患，駕駛員被迫鋌而走險」等，但無論如何，這都和「婦人之仁」沒什麼關係。因此，駕駛員使用「婦人之仁」這種譬喻來當做修辭，遂成了很值得討論分析的課題。

有關語言的使用、譬喻的選擇，以及修辭的展開，它都不是一種平白無故的行爲，而會被社會及文化的價值所穿透，也會被過去的語言習慣所影響，所有的這些因素，即是語言使用上的「脈絡」（context），而這種「脈絡」又會顯露在修辭展開後「上下文」（con-text）裡，也正因此，我們遂說包括了語言環境的「脈絡」，以及語言使用「上下文」的 context 這個字爲「語境」，而語境的探討乃是語用修辭學裡最爲重要的成分。

而「婦人之仁」這樣的譬喻進入中國文化及漢語的修辭之中，本身即是一個非常有趣的課題。根據《史記．淮陰侯傳》，我們知道淮陰侯韓信曾如此評價西楚霸王項羽，他說：

「項王見人恭敬慈愛，言語嘔嘔，人有疾病，涕泣分食飲；至使人有功當封爵者，印刓敝，忍不能予，此所謂婦人之仁也。」

而類似於韓信對項羽的這種評價，在那個時候，顯然並非少數。例如，漢高祖劉邦在項羽敗死後得到天下，他曾在洛陽置酒招待列侯與諸將，席間問他所以得天下、項羽所以失天下的原因，據《漢書．高祖本紀》載，當時高起和王陵即做了這樣的回答：

「陛下嫚而侮人，項羽仁而敬人。然陛下使人攻城掠地，所降下者因以與之，與天下同利也。項羽妒賢嫉能，有功者害之，賢者疑之，戰勝而不與人功，得地而不與人利，此所以失天下也。」

由《史記．項羽本紀》，我們知道項羽乃是被秦朝名將王翦所殺掉的楚將項燕之後，他身材高大，「長八尺餘，力能扛鼎，才氣過人」；而劉邦則祇是個混混型的農家子弟，「常有大度，不事家人生產作業，及壯試爲吏，爲泗水亭長，廷中吏無所不狎侮，好酒及色。」這兩個出身背景和性格能力完全不同的人，無疑的項羽才是推翻秦朝的最大角色，而劉邦則是總結動亂並收割到全部成果的最後勝利者。因而，這種歷史變化過程中的蒙昧及混沌特性，遂使得人們對項羽的失敗，多少都有點最後的同情，並在對項羽的同情裡，反映出他們對劉邦那種過分權謀化的性格之排斥。對於那些同情項羽的論調，明代王夫之在《讀通鑑論》裡，倒是有相當不錯的評論。他說：

> 「若夫項羽之所以失者，非吝封爵之故。信（指韓信）之說不如陳平之言之允也。陳平曰：『項王所任愛，非諸項，即妻之昆弟，雖有奇士不能用。』故羽非盡不知人，有蔽之者也。瑣瑣姻亞，踞膴仕，持大權，而士惡得不蔽，雖然，亦有繇爾。羽以詐興者也，事懷王而弒之，屬宋義而戕之，漢高入關而抑之，田榮之眾來附，而斬艾掠奪之，積忮害者以己度人，而疑人之忮己。輕殘殺者大怨在側，而怨不可狎。左顧右盼亦唯是兄弟姻黨之足恃爲援，則使輕予人以權。……從之於大敗之餘者，三十餘騎，而兄弟姻亞不與焉。懷慝求援，而終以孤立，非刓印不與者甚已而賊之，其親戚之叛已久矣。」

因此，王夫之認爲，項羽的失敗乃是他自恃己力，任用私人，多猜忌而又嗜殺所致，說他「婦人之仁」、「仁而敬人」，將他的失敗歸於不肯對有功者封爵鼓勵，都是搞錯了問題。由王夫之的論點，也顯示出那些人對項羽有點肯定，的確是某種最後的同情。

因此，「婦人之仁」這個譬喻的出現，它所透露的，乃是某種在沒有理由處找理由的曖昧心態，而後在這種心態的縫隙間穿插進難以言宣的同情與辯護。用白話文來說，「婦人之仁」這樣的話，好像就等於是在說：「他是犯了錯，不過他的心還是好的啦！」

因而，「婦人之仁」這樣的「語境」，乃是代表了「記號——情境」（Sign-Situation）的一種詭異修辭學。人們可以藉著這種「婦人之仁」的修辭，在不可辯護處找到最弱而且也最勉強的辯護基礎，而後用那一點點剩餘的感情，把它插進「理」的縫隙中。我們之所以必須注意「語境」問題的研究，乃是祇有透過「語境」的分析與理解，始可能對某項修辭，它的邏輯，尤其是隱含在其中那未被言說出來的部分，加以掘發重建。

由《史記》和《漢書》等記載裡的「上下文」，我們可以說「婦人之仁」這種譬喻式的修辭，乃是在無可辯護處找辯護的最後基礎，藉以表達那不能言宣的最後同情，而當這樣的修辭被固定下來，它就變成了一種辯護詞，甚或成爲一種對立式修辭的極端。當人們將自己的失敗說成是「我是婦人之仁」，他就可以在最低限的基礎上把「失敗」和「仁」拉上了關係，失敗也就因此好像變成了可以接受或容忍的失敗。而當「婦人之仁」被定型，它同時也就成了「大夫丈——婦人家」對立兩橛的一端，《東周列國志》八十四回裡就說道：「吳王有婦人之仁，而無丈夫之決。」

因此，由「婦人之仁」的形成及其使用，另外一個語境上的問題或許才更值得注意。那就是當初爲何要說「婦人之仁」，而不直接說「項羽式的仁」，或諸如「小丈夫之仁」、「老翁之仁」，項羽故鄉「楚人之仁」，以及任何其他的譬喻呢？「婦人」是在哪個地方得罪了韓信，硬要把不相干的「婦人」扯到項羽頭上？

而這就涉及另一個更大的「社會語境」——即指語言的社會或歷史環境問題了。

中國古代社會和其他社會相同，都有著一個由母系社會轉化爲父系社會的過程，而隨著這樣的轉化和父系社會的強化，婦女的身分、地位、權力，以及言說的自然權利，也就想當然地被一點點地剝離。《大戴禮記》在替「婦人」做定義時即曰：「女者，如也；子者，孳也。女子者，言如男子之教而長其義理者也，故謂之婦人。」由這樣的記述，可知在那個時代，「婦人」的附庸地位即已被固定了下來。由古代有關「禮」的方面之著作以及社會價值和風俗紀錄，也早已證明那是一個婦人「去重要化」的過程。而這種「去重要化」到了最後，乃是變得婦人完全不再重要。「婦人」是沒有見識、沒有能力、祇懂得瑣碎的小東西、小價值、小情小義、小仁小愛的渺小一族。「婦人之仁」與「丈夫之決」的兩極對比，其實早已一點點地被形成，「大丈夫」與「小婦人」的對比，乃是後來諸如「婦人之見」、「婆婆媽媽」、「三姑六婆」……之類語言形成的「社會語境」。

在這樣的「社會語境」下，「婦人之仁」這樣的修辭會在漢代出現，當然也就無足訝異了，它是婦人在被褫奪了言說權利後的自然結果，婦人不能說自己，而祇能被說，在被說之中被編排、被歸類。婦人不是沒有仁，但那是一種不同的仁，那是一種理性程度較低的仁，它是失敗者的原因。延續著這樣的「社會語境」，《明史》裡遂出現當時治家名人鄭濂這樣的故事：

「太祖問治家長久之道，對曰：謹守親訓，不聽婦言。」

因此，婦人言說權的被褫奪，愈到後來其實已愈嚴重，項羽那個時代至少還有「婦人之仁」，到了後來，由「不聽婦言」甚至蛻變出「不聽婦人言，家和萬事興」的社會條件與社會價值。婦人已由「不重要化」變成了「喑啞化」。伊拉克女詩人，曾留學普林斯頓大學的娜齊克・艾瑪萊卡（Nazik al-Malãikah）曾有一首〈一個不重要的婦人之輓歌〉，很可以替普世婦人的「不重要化」做注腳：

當她死去，沒有哪個臉色蒼白
沒有嘴唇顫抖，房門間也無人談論
悲傷的屋也不爲她打開門簾
沒有眼睛看著她的棺木消失在路的盡處
在模糊記憶裡，祇有一個矇矓影像
穿過這長長的巷道。

「婦人之仁」因而是個非常獨特而詭異的譬喻式修辭，當有人在阿里山烏龍事件裡忽然脫口而出，它也就顯得更爲詭誕，摔了飛機就摔了，把「婦人之仁」拉來湊數，除了讓人興起「這是什麼跟什麼嘛」的慨歎外，好像那個龐大的「語境」也突然之間到了眼前！

# ◎賄賂：漫長的歷史演進

最近，新瑞都案和高雄市正副議長賄選案，都鬧成近年來罕見的超級大醜聞。顯示出儘管現在已到了二十一世紀，但我們的政治社會仍極封建、極古老，眞應了唐代韓愈在〈永貞行〉裡所說的：

一朝奪印付私黨，懍懍朝士何能爲，
狐鳴梟噪爭署置，睗睒跳踉相嫵媚；
夜作詔書朝拜官，超資越序曾無難，
公然白日受賄賂，火齊磊落堆金盤。

韓愈的〈永貞行〉，說的是政治混亂、秩序蕩然的時代，任何人一旦有了權力，即無所不爲，賄賂大行的景況。他在詩裡把賄賂的金銀珠寶形容爲「火齊磊落堆金盤」，足見其場面大，但我們買一票即用近千萬，縱使以兩千元紙鈔來堆，一個大盤子可能都嫌不夠，足見今人一點也不輸給古人！

由人類普遍的政治史或權力史，我們已知道無論哪一種社會，都有過漫長的「公私不分」、

「用權力換金錢財貨」的階段。在那種階段，權力是至高無上的範疇，它祇被極少數人所享有。在那種時代，國家還沒有發展出有效的管理和集稅能力，因而官吏的俸祿不高，大家憑著權力去搞錢，遂成了天經地義的手段，甚至於各級官吏層層地向上位者賄賂，竟然成了一種變相的賦稅手段，整個統治機器因此而得以運轉。

因而，每一種古老的文明都有著根據自己的想像而設定出來的字眼，用來說「賄賂」這樣的行爲。由於早期的「賄賂」乃是一種習慣，一種理所當然的制度，因而指涉這種行爲的字眼並沒有貶低的意思，而是一種中性的詞，一直要到了人們的道德意識提高，認爲這種行爲不對，這種詞的貶義才被慢慢加進來。等到人們的價值及法律標準更高，賄賂這種行爲減少，而且「拒絕賄賂」成了新的天經地義行爲，這時候，如果有人突然再出現這樣的行爲，它多半就不會再被認爲是「賄賂」，而會用更嚴厲的「腐化」（Corruption）稱之。這也就是說，「賄賂」這種行爲和語言字詞間，有著一個複雜的語意學脈絡。

以古羅馬爲例，當時賄賂這種行爲乃是習慣，任何具有公共性質的職位裡，賄賂這種行爲都天天公開地在進行。古羅馬史家塔西脫斯（Tacitus, 55-117）就這樣記載過：

「在習慣上，士兵們皆賄賂其長官，俾減輕勤務。因此，若長官收了錢，經常可以看到整個師團裡，會有大約四分之一的士兵在營中懶散或在村裡閒逛，而士兵們的錢則來自偷竊和行搶，或買賣奴隸。如果一個士兵恰好出身富家，長官一定會打他或課以更多勤務，直到他乖乖拿出錢來。」

古羅馬時代，貪腐是習慣，是沒有人會質疑的天經地義行爲。不但軍隊裡賄賂；朝廷大官也要送錢給皇帝而後再向下屬及人民討回來，縱使最基層「保甲」（Miltia，這個字後來變成了「民兵」），也都賄賂及受賄公所。古羅馬政治家及修辭家西塞羅（Cicero, 106-93 B. C.）當某個省份的總督，一年依靠賄賂，即可賺進大約百萬以上的財富，他即說過：「總督致富是到參議院元老之路。」

那個時候有賄賂的行爲，沒有「賄賂」這種帶有貶義的字，那麼，當時是用什麼語言字詞來說這樣的行爲呢？主要的有：

Sportula，由「柳條籃子」（sporta）延伸而成，指的是裝著一籃子的禮物送人。

suffragia，這個字乃是今天所謂「投票權」（Suffrage）這個字的起源，但在古羅馬時，卻顯然應翻譯爲「收了當事人好處後將他推薦爲官」，意思等於是「賣官」。

Stephanos，它的字面意義是「王冠」或「花環」，今天我們稱白蘭科植物爲stephanotis，即由此而來，指白蘭花等植物的花形似冠。用這個字來指送禮，可以想像爲它或許是在指小人物圍著大官，拜託他收下禮物的樣子，它主要是指在下者對在上位者的「貢獻」與「賀儀」。

古羅馬時代有賄賂的行爲，但沒有今天這種指「賄賂」爲不好的語言字詞。這種情況在古代的鄂圖曼帝國亦然。小民對官員必須貢獻，這是他們俸祿之外的「小錢」，而非正式的大錢，給他們喝酒作樂之用，這種實質上即是賄賂的錢，稱爲Bakšīš，它也是一種習慣，一點也不奇怪。

因此，我們可以想像，把「賄賂」這種行爲視爲不正當，乃是人們價值標準提高後才形成的新思維。而這種新的價值標準，差不多要到文藝復興時代左右才出現。當我們今天回頭重讀文藝復興史，讀得愈深入，將愈會發現它和文藝的復興其實並不重要，重要的是從那個時代起，人們在價值標準上有了一次飛躍的進步。

因此，今天我們所使用的指「賄賂」行爲，而且在意義上皆明白的將其非法化的語言字詞，差不多都要追溯到十五世紀左右。

「賄賂」（Bribe、Bribery），它由古法文的 Briber、brimber 延伸而來，原意是「偷」和「索求」，把爲了有所求的不當利益交換從可以被接受變成不可以接受。

「小錢」和「小帳」（Baksheesh），它由前述的鄂圖曼帝國所謂的Bakšīš轉用而來，指不當的受賄收入。

「強行索賄」（Extort），由古拉丁字「用力拗扭」（Extortus）延伸而來，指用暴力或權勢之力要取得不當之賄賂。

「不當餽贈」（Gratuity），它由古拉丁字的「友情餽贈」（Gratuitas）等轉用而來，灰色地帶的賄賂可以用這個字來稱呼。

因此，由賄賂這種行爲的出現和字義的變化，的確可以說在漫長的歷史裡，有很長的一段時間，都把這種事視爲稀鬆平常的習慣，能把這種事看成是不當的行爲，在語言上加以貶低，當走出了這一步，而後文明即進入另一個漫長的階段，一點點將這種習慣取消，並藉著新的法律予以懲處。而這個反賄賂的戰爭，要到功成之日，仍遠得很吶！

在西方，今天我們所謂的「賄賂」，在語意發展上有它的字的變化過程，而在中國亦然。古代漢語權威學者王力教授認爲，「賄賂」這兩個字變成今天這樣的意思，乃是唐代時始告底定的。他的說法雖然引起過爭論，但卻大體上能夠講得通。

從古漢語演變至今，與我們今日所謂的「賄賂」有關的字有四個，分別爲「賕」、「贓」、「賄」、「賂」。

先說「賕」字，《說文解字》曰：「賕，以財物枉法相謝也。」段玉裁注：「法當有罪而以財求免，是曰賕。」《韓非子・八經》裡說道：「故下明愛施而務賕紋之政，是以法令隳，尊私行以貳主威，行賕紋以疑法令。」《漢書・刑法志》亦曰：「吏坐受賕枉法。」

因此，「賕」是中國最早有關賄賂這種行爲的字，從戰國時代開始，法家興起，講究行爲的法律化，但在價值標準仍相對低落的時代，其他的賄賂行爲仍普遍盛行，祇有在司法權力這個事務上特別講究，因而要求司法吏治清廉，於是「賕」遂祇限於司法吏治的層面，禁止用金錢來脫罪。

「賕」是「貝」這個金錢的代碼，加上有所求的「求」而組成，既可會意，又唸「求」的聲音。而有「賕」，自然也就有「贓」，它是指把非法所得的金錢「藏」起來。由古代早期的記載，我們可知涉及「賕」與「贓」的，都是「吏」這個階層。《漢書・酷吏傳・尹賞》曰：「其羞辱甚於貪污坐贓。」《後漢書・桓帝紀》曰：「贓吏子弱，不得察舉。」《三國志・魏志・武帝紀》曰：「長吏多阿附貴戚，贓污狼藉。」

因此，我們可以說，古代中國政治，至少在司法吏治上，比起古羅馬已進步得太多也太早。早在紀元前好幾個世紀，中國即已知道司法吏治必須有其客觀性，不能被金錢污染。「賕」這個字的出現，代表了司法吏治上價值觀的大進步。

問題在於，古代中國畢竟仍是封建社會，其他的政治領域仍然見怪不怪地盛行金錢交易，單單要求下層的吏治清廉，當然也就成了不可能的任務。因爲，在唐代之前，「賄」與「賂」這種行爲，和古羅馬相同，也都普遍被視爲習慣，而不被認爲有什麼不正當。在「賄」與「賂」都被認爲是正常的社會，單單要禁止司法吏治上的「賕」，當然達不到目標。

所謂「賄」，最早指的就是「財貨」，因而《周禮・天官・大宰》有曰：「……商賈，阜通貨賄。」《儀禮・聘禮》亦曰：「賄用束紡。」由古代漢語的發展脈絡，我們可以說它主要是在指「布帛」，由於「布帛」在古代通常也是貨幣的代用品，因而它也可以指「金錢」。因而自秦以後，它遂用來指金錢的私下相互餽贈，早期的「賄」並沒有太強的貶義，顯示出在那個時代，「賄」這種行爲的確是被認爲是一種習慣而流傳著。

而「賂」字亦然。在字義上，它右邊的「各」，脫胎於「路」，因而有送金錢和禮物以打通門路之意。而由古籍裡有關「賂」字的使用脈絡，也的確可以看出，對「賂」這種行爲的貶義並不太強。

基於此，從語意發展的歷史觀點來檢視，或許可以得到這樣的概括結論：

(一) 古代雖已有「賄」、「賂」、「賕」等字眼來指金錢與權力間的交換行爲，但除了「賕」字明確指司法吏治上交換不當外，「賄」與「賂」並未明確化，許多脈絡顯示出其貶義不強。

(二) 然而，儘管如此，「賄」與「賂」終究是在往貶義的方向移動，愈到後來，尤其是唐代以後，貶義已成了固定下來的唯一意義。這至少已顯示出唐代的確是個進步性極大的時代。從更廣泛的政治史也可看出，唐代乃是古代中國第一個意圖藉著文官考試制度要將政治客觀化，而不再是皇親國戚、統治世家壟斷的領域。至於這種政治爲何無法貫徹，那就是另外的問題了。

(三) 在字詞發展的過程，同義連用乃是漢語的基本特徵，因而諸如「賄賂」、「賕賂」、「贓賄」、「賕賄」等語詞遂相繼出現。有關「賄賂」一詞，最早似乎見諸《左傳・昭公六年》所記：「亂獄滋豐，賄賂並行。」在那時，司法吏治的「賄賂」和「賕」一樣，已見貶義，但仍是私下偷偷摸摸的進行，但到了《隋書・刑法志》記曰：「憲章遐棄，賄賂公行。」可見那時吏治敗壞，「賄賂」已是公然行之了。

古代中國從極早即有了指涉貪腐的「賕」、「賄」、「贓」、「賂」等字。語言文字通常反映現實，但也經常藉著概念的形成替未來打造更好的價值基礎，當人們在價值上認爲「賄賂」不對，即應努力透過立法、司法、教育，而讓字義裡所承載的價值期望得以實現，而這也是台灣要戮力以赴的目標！

# ○○○淡與弄：失去原來的味道

「一一二三與農共生大遊行」時，農漁民沿路唱歌。其中最有趣的，乃是改編民謠〈天黑黑〉曰：「阿輝仔要煮鹹，阿扁仔要煮淡，兩個相打弄破鼎，弄破鼎。」

在這裡，「淡」或許應寫為「饏」，「𩜳」、「澉」、「䬸」或「𩞾」，而「弄」則可能應寫為「𢷶」或「揖」。這些字或許才是它的「本字」，而我們今天所寫的「淡」與「弄」，則衹不過是用演變之後的今字來假借昔日的古音古字。

所謂「本字」，乃是考據訓詁學裡的重要概念。古代的著作裡，經常由於以訛傳訛或輾轉抄謄等種種原因，而出現因襲的別字或借用來的其他字，因而訓詁學家遂「因聲求義」，找出這種字，並查出它應有的本來字，這時候即可更準確的理解古書的意旨。因而清代大學問家王引之在《經義述聞》卷三十二裡遂曰：

「至於經典古字聲近而通，則有不限於無字之假借者，往往本字見存，而古本則不用本字而用同聲之字。學者改本字而讀之，則怡然理順。」

而這種「本字」的問題，除了存在於經典古籍上之外，它同時也存在於方言之中，而方言裡的「本字」就更複雜而高難度了。

中國古代多方言，有些方言與主流漢語連繫得較緊密，而另外有些則較鬆弛，而就在這種鬆緊之間，有些方言遂和書面語的關係拉遠。有些方言淪爲純粹的口頭語，有音無字；有些則自行設定出衹在該言區內流通的「方言字」；有時候則會用方言音讀主流漢語裡的字。種種情況難以一一舉述。因而研究方言時，查考方言與北方中原漢語分化的痕跡，盡可能地根據「尋音」、「覓字」的原理原則，找回那個曾經存在過，但後來卻在脫節中被忘掉的字，遂成爲重要且艱難的基本工作。否則方言裡那種「言」、「文」分立，大家都任意亂寫的混亂情況即難以阻遏。

而在閩方言裡，它和古漢語的關係其實曾經是相當緊密的。由於有著這層緊密的過去關係，閩方言裡的「本字」就更值得去查究了，而我們通常所謂「鹹淡」的「淡」字，乃是後來漢語發展由繁雜而單純化所造成的結果，在以前，它有著多個可以算得上是聲音相近但寫法不同的「本字」，包括了「⿱灊食」、「⿱暫食」、「⿱聻食」。

先說「⿱灊食」這個字。

《集韻》曰：「⿱暫食，⿱灊食，子冉切，嘗食也。一曰⿱暫食⿱任食味醨。」又曰：「子取切，湬，⿱暫食，無味也。」

《廣韻》曰：「⿱灊食，食薄味也，子冉切。」

另外，《廣韻》又曰：「⿱灊酉，⿱灊酉⿱任酉，味薄。」

再說「⿱漸食」這個字。

《玉篇》曰：「無味曰⿱暫食。」

《廣韻》曰：「澉，⿱暫食，子敢切。」

由上述記載，可知「⿱漸食」、「⿱暫食」或「饏」，都是同音但寫法不同，意思則是指口味的「清淡」。而這並非特例，在古漢語裡，「漸」這個字經常被賦予「淡」的含意，因而以「漸」為元素的組合字裡，都因此而有了「淡」的內涵。舉例而言，在閩粵方言裡有「⿱漸酉」這個字，《集韻》即曰：「⿱漸酉，色弱。」因此，到了今天，人們遂說「⿱漸酉色」為淡色，「⿱漸酉黃」為象牙色，「⿱漸酉青」為「鴨蛋青」。「⿱漸酉」和「⿱漸食」的發音相同，祇不過是一個指色調，一個指口味而已。

因此，「⿱漸食」和「⿱暫食」都是指「淡」的異寫字。其次，再說「饏」這個字。

《集韻》曰：「饏，杜贄切，……食無味。」

《玉篇》曰：「饏，無味也。」

《廣韻》曰：「澉，饏，無味也。」

再加上《集韻》和《廣韻》也都指出「澉」和「饏」相同，都同音且指「無味也」。而《說文解字》曰：「啖，噍啖也，從口，炎聲，一曰噉。」因此，由「噉」與「啖」互通，也顯示出「澉」與「淡」的相同。

除了上述「⿱漸食」、「⿱暫食」、「饏」、「澉」等同義之字外，尚有另外一個字「飷」。

《集韻》曰：「飷，子野切。音姐。食無味。」

綜合上述之記載，今日閩方言裡所說的「淡」，應當是有「本字」的，聲音相近的「⿱漸食」、「⿱斬食」、「⿱取食」、「澉」、「飷」等字，應當都是「本字」的候選。

而《聊齋誌異》作者，福建泉州出身的蒲松齡在《日用俗字》裡也指出：「市用豆油為假果，鹹來⿱取食淡黃㰦㰦。」他所謂的「⿱取食」也就是「淡」。

除了閩方言裡有關「淡」這個主流漢字的表達，有著「⿱漸食」等「本字」之外，近年來，閩方言在本土化的潮流下，人們都努力的意圖將其「再書面語化」，但因準備工作做得不夠，許多閩方言的新書寫方式，都是從主流漢語裡尋找聲音相近的字，假借為之，所謂的「弄破鼎」即是個例證，而它當然是明顯的錯誤。因為，閩方言在講東西被撞破時，其實也是有「本字」的。

《說文解字》曰：「擃，推擣也。」

《集韻》曰：「揖，匿講切，與擃同。」

《集韻》曰：「擃，匿講切，搦上聲，撞也。」

基於此，當我們說「呷緊弄破碗」時，更精確的說法或許應為「呷緊擃（揖）破碗」；而「弄破鼎」，可能應當寫為「擃（揖）破鼎」，因為鍋子不是被弄破的，而是被撞破的。用「弄」這個假借來的字，其實已等於是把它原來的意思弄擰了。

民謠〈天黑黑〉裡，人們用「淡」這個主流中原漢字來寫閩方言 tsiag 這個音，這是一種在聲音上不正確，但意義則正確的假借；而用「弄」這個字來寫閩方言的 Lung 這個音，則又是聲音相近，但意思卻又不對的另一種假借，根據訓詁學者的研究和找到的「本字」，或許分別用「⿱漸食」及「撓」倒可能更適當一些吧！

○○○○

# 政權改變：完全操之在我

「總統和他的閣員，以及新聞祕書，在他們如何使用英文中，顯露出他們對美國人民有多尊重。說得更明確一點，他們如何濫用英文，也顯露出他們是如何不尊重美國人民。」

「所有的總統都說謊，這點我們早已深知其詳。但若一個說謊的總統對美國人的智力還稍有顧慮，他在說的時候也還會有點不同，他們縱使說謊，也會說得比較老練，讓人難以識穿手腳。」

「但若一個總統及他的手下，認爲美國人祇不過是一群白癡，他們的這種心態就會反映在說話中。這種說謊，單單祇看表面就已奇蠢無比。說的人把對象都視爲無知的兒童。他們講話的樣子，好像認定了別人根本記不得他們昨天說過的話——甚至十分鐘前的話都已忘光。」

「布希政府在不尊重和濫用語言上已創下紀錄。它讓人勞累不堪，因爲我們並非全部都是白癡。」

以上這幾段話，出自美國評論家瑞奇曼（Sheldom Richman）的評論文章〈對語言的不尊重和濫用〉。瑞奇曼是知名的自由放任主義者，在「自由的未來基金會」擔任資深研究員。他著有《被拘束的公民：廢止福利國家的時候已到了》。他的這篇文章最近被發表在「賴特瑞德報系集團」

的媒體上。

二十世紀英國最傑出的記者和評論者裡，伯納・列文無疑地是個代表。他曾經指出過，說謊；見人講人話，見鬼講鬼話；今天這樣說，明天又那樣說，這些現象都早已不是特例，而成了常態。因此他遂建議新聞記者和評論家們，一定要把政客們所說的話留下完整的紀錄，每當他們胡言亂語，就把這些話和以前說過的拿來對比參照。在政客們愈來愈懂得藉著人們的「遺忘」而耍弄權術的不誠實時代，記者和評論者就愈來愈必須用保留「記得」，做爲批判的基礎。「遺忘」會掩護說謊、奸詐，無能等政治疫病，衹有「記得」能將它克服。

而瑞奇曼顯然很懂得「記得」做爲批判武器的三昧，因而他遂把布希在伊拉克問題上前前後後的各種談話一一排比對照。

他指出，布希政府在伊拉克問題上的談話，一直反反覆覆地玩著各種語言詭計。在最早階段，他們以推翻海珊爲說辭，即所謂的「政權改變」（Regime Change），在「九一一」後這種語言攻勢更趨凌厲，但美國內外的人都發覺到這種攻擊必將讓伊拉克人民慘遭兵燹，甚至還會有極大的後續災難，因而反對聲浪日增。

於是，布希政府知道此計不可行，遂立即改變說辭，將一切推給「我們的盟邦」，並改說「解除武裝」，因而九月份布希赴聯合國演講時，已不再提藉著外部及內部力量推翻海珊之事。於是，以前叫囂很長一段時間的「政權改變」就突然消失了。而他連個說明與交代都不必。

而就在最近，布希到辛辛那提又再發表演講。這時他的說辭又變了：「政權改變，但並不意味著海珊一定要下台。」但這是什麼意思呢？布希提出一系列對方不可能完全接受的要求，當對方無法完全接受，「政權改變」的定義就可以完全操諸我手。這是語言伎倆，但談不上是政策。沒有任何國家會把說得不清不楚的語言當做政策。

而就在布希說不清不楚的話之後，國務卿鮑爾在接受NBC訪問時，試著要把話講清楚：「所有我們所關心的，乃是解除大規模殺傷的武器之解除。」

但他的話是眞的嗎？美國對伊拉克提出一系列與解除武裝無關的要求，那些要求又怎麼了？鮑爾以前也說過，「除政權改變外沒有別的選擇」，他的這句話又跑到哪裡去了？他想要把布希的話說清楚，事實上則是變得更不清楚，等於把球又踢回給了布希。布希又說：「如果海珊符合聯合國所開的條件，就意味著他的政權已改變。」因此，這是否意味著美國政策改變了呢？當然不，布希從不認爲海珊會解除武裝，因而他所謂的「政權改變」當然也就代表「推翻」。而就在這種「政權改變」和「解除武裝」間糾纏不清之際，白宮發言人傅雷雪（Ari Fleischer）倒是說了白話：「我們的政策就是政權改變，不管它被如何定義！」

因此，白宮新聞祕書發言人傅雷雪所說的才是唯一的眞話：從頭到尾，布希政府就是要推翻海珊，在過去一段時間裡從布希到鮑爾，把話躲來閃去地說，都祇不過是障眼法而已。那些話都故意模糊，其目的乃是要讓自己永遠有機會把模糊的部分當做自己的工具。這也就是說，當美國爲了控制伊拉克的石油而決定進攻，無論全世界怎麼反應，無論海珊如何應變，它都避免不掉被攻擊的命運——因爲，傅雷雪的那句：「我們的政策就是政權改變，不管它被如何定義。」

因此，傅雷雪的那句「however it is depend」，其實和柯林頓被問及「你是不是和她發生性關係」時的答覆如出一轍：「這要看『是』被如何定義。」（It depends on what the definition of『is』is！）

因此，瑞奇曼的這篇〈對語言的不尊重和濫用〉，其實已很清楚地指出了當今政治語言使用的許多問題。語言的使用在於表達和溝通，因而它必須務求清晰明確。然而到了近年，人們的奸詐狡猾程度日增，愈來愈懂得操控語言的使用，並運用權力硬是把黑說成白，於是，語言的濫用和不尊重日盛，有權力的人對任何事情都企圖藉著語言的硬拗，而將它重新做出自己的定義。當傅雷雪說：「不管它被如何定義。」這句話時，他真正的意思其實是：「我愛怎麼說就怎麼說。」語言在他們手中，已成了一種野蠻的工具。

因此，最近這段期間的各種含糊的說辭，如「政權改變」，它們都沒有確切的定義，它們的模糊乃是有權力的人可以憑藉權力，將它愛怎麼定義就怎麼定義的彈性空間。寫《愛麗絲夢遊仙境》的路易士．卡洛（Lewis Carroll）的筆下有個「矮胖子」（Humpty-Dumpty），他能夠把任何話都說成是他所想要的。

因此，所謂的語言濫用和不尊重，所指的乃是當今的語言早已失去了它的客觀性，話語已不再有任何意義，祇有權力能使它產生意義，因爲語言已到了開始被權力重新定義的時候！

## ◎IN：惡意讓語言不再是語言

當代歐洲主要思想家哈伯瑪斯曾經很感慨地說過，當今的政治最大的麻煩，乃是「公共政策」變成了「公共關係」，而「公共關係」最後則變成了「公共形象」。於是，如何塗污別人，遂愈來愈成爲一種常態性的手段，口水多過茶的政治口號與政治標籤，也就取代了能力，而成爲某些人自以爲是的萬靈丹。

不過，某個政治口號對有些地方可能有用，但換了另外一個地方，卻可能反而變成會倒打到自己的回馬槍。最近被台北人當成笑話在談的「台北ＩＮ起來」，似乎就是個極標準的案例。這個口號很像是一個人對著別人吐口水，但卻算錯了風向，於是這一堆口水反而卻吐到了自己的臉上。

眾所周知，語言本身乃是一個鬆散、分歧、多孔隙的結構體，因而在每一個語言系統裡都存在著各式各樣的語言遊戲。有的可以在語言文字的字形上隨意聯想；有的則可以在聲音上東拉西扯，營造出意義的扭變或雙關的意象；有的則可以藉著拼湊和接枝，讓不相干變成相干。各式各樣的語言文字遊戲，小孩們會玩，搞廣告的會玩，當然政客們更會玩。這也就是說，語言本質上即有的曖昧、含混、多義，以及可聯想性，乃是語言文字遊戲的源起。

然而，政客們固然有玩語言文字的權利，但玩得程度如何卻仍有高下之分，而這種程度的高下，其實又和心態及人品的高下密切相關。

就以二〇〇二年的台北市長選舉爲例，由於現任市長在任內的表現尚稱良好，挑戰者沒有什麼大題目可以作文章。由最近這段期間的種種動作，已可研判到它的打擊主線將會集中在兩個方面：

其一，乃是繼續使用四年前的「省籍牌」和「族群牌」。稍早前陳水扁所謂的「香港腳」和「香港路」之類的隱射式攻擊即屬之。它和從前的「土狗與貴賓狗」、「新賣台集團」等如出一轍。但對台北市民而言，這種扣帽子式的攻擊，以及抹黑式的隱喻，究竟會有多大的作用，卻委實值得懷疑。以前民進黨在野，急於出頭天而用抹黑策略，儘管不被人接受，但至少還可以理解。而今民進黨已是執政黨，卻依然重施故技，即難免予人格局短淺，不見長進的印象。

其二，乃是在馬英九的「魄力」上作文章。由於這已儼然成了挑戰者的主軸，於是「台北IN起來」的口號遂告出現。

對「台北IN起來」這個口號來做語言符號及其聯想的解釋，其意義不外：

（一）在聲音以「IN」，來呼應李應元的「應」。

（二）在聲音上以「IN」與「硬」的相關性，來隱射式的抨擊馬英九的「軟」和沒有魄力。

（三）「IN」這個英語單字，除了是個正式的副詞和介系詞外，它同時也是俚語的口頭語裡被常用的字，在青少年裡，這個字可以當做「新潮」與「流行」來解釋。例如，「這種東西（事情）現在很流行」這句話，即可說成「This kind of thing is in now」，而台灣青少年則把它說成：「這個東西很IN喔！」。因此，用「IN」這個字，有討好青少年選民之意。

（四）據說，在設定「台北IN起來」時，他們還自己附會地認爲「IN」這個字乃是「國際」（International）的縮寫，他們自己這樣以爲當然可以，但就英語而言，卻未免太扯了一點。

把「IN」做這樣的解釋或附會，當然是他們的自由。問題在於，當人們用了一個字當口號，並選擇性地攫取它的部分意義，但這卻不能使這個字所沒有選擇的意義消失，於是，「台北IN起來」這個口號，對別人而言，即有了另外完全不同的意義。

舉例而言，在美國青少年裡，吸食毒品到進入精神恍惚的狀態，也用「IN」來述說。因此，「他很IN」這句話，也等於「他吸毒吸到進入了狀況」。照這樣的用法，一個老外看到「台北IN起來」，豈不等於全台北的人都吞了搖頭丸？甚至他還以爲這是個主張毒品合法化的運動口號呢！

這就是語言的陷阱，當人們自以爲聰明地選擇了一個字來當口號，他料想不到的其他意義就會跑出來成爲免費的贈品。

而「ＩＮ」這個字除了有吸食毒品藥物的意思外，其他的意義還多著啦。對英語略知一、二都必然知道，像IN、UP、Off、Into……之類的常用字，由於它的使用時間久遠，並在不斷的口語化過程裡被添加新的駢枝意義，使得這種字的意思多到難以盡舉的程度。就以「ＩＮ」爲例，它即具有動作、位置、方向、狀態、關係、情境、地點……等種種意義。在有關「動作」的這個部分，當然難免和色情掛上鉤。除了「ＩＮ」有色情化的含意外，它的諧聲「硬」不也亦然？許多人一聽到「台北ＩＮ起來」，就笑得很曖昧，所反映的即是它的色情化聯想，台北市勞工局局長鄭村棋說，這個口號好像指「台北市有很多男人都是陽痿」，所反映的即是許多人聽到這句口號後的反應。

因此，「台北ＩＮ起來」，乃是一個意義失控的口號，而這種意義的失控乃是這個口號一形成，就已注定地被鑲嵌進了這個口號中。「ＩＮ」、「應」、「硬」這三個同音字所造成的聯想，已使這個口號變成了一則笑話。它是聰明反被聰明誤，本來要抹黑別人，一不小心卻讓自己滿面豆花。

其實，任何的語言文字遊戲都有懈可擊。如果人們有足夠的時間與耐性，都可以藉著胡扯蠻纏，去把每一個語言文字遊戲兜轉成一則則的笑話或鬧劇。以前，語言文字遊戲之所以還能得逞，最主要的原因乃是別人對它懶得理會，遂使得它變得有機可乘。但由這次「台北ＩＮ起來」，卻已顯示出，這種語言文字遊戲，已到了黔驢技窮的時候。

也正因此，語言文字遊戲式的政治口號，已經可以休矣。當一個對手無論在人品、風格與能力上都遠遠地超過挑戰者，這時候，挑戰者無論怎麼去鑽語言文字的縫隙，大概都找不出一個眞正會有致命殺傷力的口號。最新的民調即顯示，儘管綠營大舉動員，將它的黨國機器全部發動用以打馬，而且還拉拉扯扯地把別的縣市議員也弄進來藉機生事，但愈打愈烈的結果，卻反而造成馬英九氣勢在逆境中上揚，圍毆、扣帽子、語言文字遊戲式的隱射，最後都已證明它的邊際效果已快速遞減，甚至造成自傷。

二〇〇二年的台北市長選舉，綠營仍試圖用以往那種語言文字遊戲的招術，藉著莫須有的二分法來扣人帽子，貼人標籤，大概已很難會再有作用。在「台北ＩＮ起來」這個自以爲得意的口號上，他們原本意圖藉著「硬」、「軟」這種隱喩的使用，把別人說得軟弱無能，自己則精明強悍，但這種二分法現在已不再有效，關鍵的原因即在於整個民進黨所掌控的中央政府已證明了他們自己才是無能的一方。台灣經濟正加速地惡化，社會治安也更趨崩壞，失業數字也一再創下新高，當精明強悍的帽子戴不到自己頭上，軟弱無能又無法扣得準別人的腦袋，這種「台北ＩＮ起來」的口號，就好像對著看不見的目標所射出的箭，它在空中亂跑，最後是射到了自己的身上。

因此，「台北ＩＮ起來」這個口號失靈，最後淪爲笑話，這並不意味著這個口號多麼地愚蠢，而祇能說它是一個不誠實的口號，由於不誠實，它才扣不準。基於這樣的緣故，綠營如果眞的還想要有作爲，恐怕是選市長的人要讓自己的箭，對準自己的中央政府，當民進黨的中央政府停止搞語言文字遊戲，切切實實地面對台灣的問題拚經濟、拚治安，而不是拚帽子、拚口號，這時候選市長或許還會有一線希望。如果還是在「IN」上做那莫須有的口號式文章，或在「香港腳」上隱射，那麼全台灣都難免會很快地「IN」不起來，或得到台南縣那可怕的「烏腳病」，連站都站不起來了！

亞里斯多德曾經說過，所謂的「隱喻」（Metaphor）乃是用另一件事情來比喻這件事情。因此，用「軟」或「硬」來說人的能力，即是一種「隱喻」。由於任何一件事情都不能自己說自己，因而語言的使用裡，「隱喻」遂成了最核心的部分。但也正因此，語言也就注定了它無法準確的特性。可是儘管語言無法準確，但眞正肯嚴肅面對問題的人，還是會盡量以準確的態度來使用語言文字，以免它在惡意的使用中，使得語言不再是語言，而祇淪爲口號或標籤。由「台北IN起來」已變成一個會讓人曖昧得笑起來的笑話，或許台灣的政客已該學到教訓了——那就是對政治還是誠實一點比較好，少搞口號！

# 權：等待胡搞瞎搞

古代士大夫飲酒的套數極多，《韓詩外傳》因而說道：「夫飲之禮，不脫屨而即序者謂之禮。跣而上坐者謂之宴。能飲者飲之，不能飲者已，謂之醧。齊顏色，均眾寡，謂之沉。閉門不出者，謂之湎。故君子可以宴，可以醧，不可以湎。」

在「禮」、「宴」、「醧」、「沉」、「湎」這五種飲酒的方式裡，「湎」是一個人關在家裡喝悶酒，「醧」是雖然大家共飲，但各喝各的，會的多喝，不會的可以不飲，「沉」則是每個人都喝得一樣多，至於「禮」，則純屬儀式，因而祇有「宴」裡的飲酒有樂趣。在「宴」中飲酒，大家脫了鞋子而席上坐，可以玩酒令比機智才華，可以猜枚行拳。既然有這種比賽，當然就必須有人當裁判。在唐代的時候，飲酒時的裁判即稱「酒糾」或「錄事」，主掌罰籌。因而唐代詩人朱灣有〈奉使設宴戲擲龍籌詩〉以誌之。詩曰：

今日陪樽俎，良籌復在茲，
獻酬君有禮，賞罰我無私；
莫怪斜相向，還將正自持，

一朝權在手，看取令行時。

除了朱灣的詩之外，另據清代趙翼《陔餘叢考》卷四十三，以及錢大昕《恆言錄》卷六，「一朝權在手，便把令來行」這個句子也還出自崔戎的〈酒籌詩〉。

因此，不論後來的人把這個句子寫成「一朝權在手，便把令來行」、「一朝權在手，看取令來行」、「一朝權入手，看取令行時」……等等，這個句子都和以前的飲酒規矩有關。而由這個句子，或許我們已須從「權」這個字談起。

「權」，《說文解字》說它指的是「黃華木」，《爾雅》的〈釋木〉及〈釋草〉裡，也說它是指「黃英」及「黃華」。因而「權」的最早本義指的是一種植物，它是怎麼變成今日我們所謂的「權」，由於其痕跡業已消失，無法推測。但可以確定的是，今日所謂的「權」，乃是這個字被借用到古代度量衡制度之後的延伸產物。

在遠古時代，度量衡制度即已漸次成形。由《禮記．月令》：「仲春之月，……，日夜分，則同度量鈞衡石，角斗南，正權槩。」在這裡，「權」指的即相當於今日的秤錘及砝碼。《漢書．律曆志下》亦曰：「權者，銖、兩、斤、鈞、石也，所以稱物平施，知輕重也。」這裡的「銖、兩、斤、鈞、石」，即是古代的「五權之法」，其進位爲二十四銖爲十兩，十六兩爲一斤，三十斤爲一鈞，四鈞爲一石。

「權」是古代度量衡制度裡，有關「衡」——即重量方面的基準。因而由此衍生出來的語詞，如「權衡」、「權量」、「權宜」……等，所代表的意義裡，都有著斟酌、平衡、仲裁等內涵。《禮記・王制》曰：「凡聽五刑之訟，必原父子之親，立君臣之義以權之。」《莊子・胠篋》曰：「爲之權衡以稱之。」《國語・周語》說：「權輕重以救民。」《孟子・梁惠王》曰：「權然後知輕重，度然後知長短。」所有的這些例證裡，「權」的意義裡都有著平衡、仲裁的內涵。

由「權」這個字所代表的仲裁、平衡等意涵，回頭去看朱灣那首詩裡，「一朝權在千，看取令行時」這個句子，它的意思指的是在宴飲行酒令的時候，在席間擔任「酒糾」或「錄事」的人，他的功能即在於權衡飲酒時的秩序，做出仲裁，俾讓酒令得以順利進行。但由「一朝權在手，看取令行時」這樣的句子，亦可看出縱使衹是在喝酒的場合，擔任「酒糾」的人，由於具有仲裁懲罰的合法身分，也頗有一點躊躇滿志的味道。

「一朝權在手，看取令行時」這個詩句，在唐代之後似乎很少人繼續使用。但值得注意的，乃是南宋陸游的《老學庵筆記》卷四裡，倒是有一則這樣的敘述：「今世所道俗語，多唐以來人詩。……一朝權入手，看取令行時，朱灣詩也。」

由陸游的敘述，我們已可知道，在南宋的時候，「一朝權入手，看取令行時」這個句子，已逐漸俗化，成了人們習用的俗語。到了明代，「一朝權在手，便把令來行」，更到了極其普遍氾濫的程度。在明代俗文學雜劇裡，如徐復祚的《紅梨記》、徐元的《八義記》、顧大典的《青衫記》、許自昌的《水滸記》、汪廷訥的《種玉記》和《義烈記》、沈采的《千金記》、朱鼎的《玉鏡台記》、無名氏的《異夢記》……等作品裡，這個句子都頻繁的被使用著，這種俗語並一直使用到清代以迄民國。

「一朝權在手，便把令來行」這個句子，在明代雜劇裡的使用脈絡及其意義非常值得注意。例如，《八義記》裡如此敘述道：「承顏順旨，權寵過一國之公侯，順吾者高官晉爵，逆吾者滅族亡身，正是：一朝權在手，便把令來行。」在這個句子裡，「一朝權在手，便把令來行」，指的是一個人一旦靠著諂媚奉承皇帝而有了權勢後，就立即的作威作福起來。例如，《義烈記》裡如此說道：「一朝權在手，便把令來行。我葛大尉奉詔來捕張儉，聞得他仍藏匿在孔褒家中，左右，快把孔家圍了。」這句話也是在說一個小人，靠著寅緣出入而享有了權力之後，便立即張牙舞爪起來。

將明代雜劇裡「一朝權在手，便把令來行」，與唐代朱灣原詩裡的「一朝權在手，看取令行時」相比較，或許可以發現到它雖然句子相似，但意義卻有了極大的不同。原詩所說的衹不過是個飲酒場合的事，但到了明代已被抽象化和普遍化成了一種普遍的社會及政治現象，原詩裡所謂的「權」，本質上仍相當接近「權」這個字的原義，因而它有仲裁、平衡等含意。但到了明代雜劇裡，「權」這個字已被概念化，成了代表了倖進大官們愛怎麼搞就怎麼搞的任意權力。這也就是說，從唐代到明代，由於歷史及政治的改變，「權」這個字的意義業已完全不同了。

「權」由唐代的「仲裁」及「平衡」，演變爲明代所代表的「絕對而任意行使的權力」，這當然而且必須是有解釋的：

在唐代，儘管它有它的問題，但它卻無疑的是古代中國在政治上極力開展「客觀性」的時代，例如它的官吏皆經由考試產生，公卿豪門出將入相的傳統被根絕：加以去古未遠，因而它的政治運作皆多半以古代的理想爲師。因而官吏的「權力」遂比較接近古代「權」的概念。我們所謂「漢唐盛世」，其實從政府及官吏角色「客觀性」與「進步性」的角度而言，唐實優於漢。至於唐代的藩鎭及黨派之鬥等，則是另一個問題了。

但明代則不然，明代自開國之初，它即將「權」推到了極端化的「絕對權力」的境地。但因皇帝不是聖君，而且也不可能成爲聖君，因而明代的權力行使，乃是「合理性」最低的一種型態。官吏的貪腐、酷虐、作威作福，尤其是太監及特務之濫權，更是歷歷在目的被記載於史冊上。明代是東方專制主義的最壞階段，儘管明代的經濟在那時已有了不錯的開展，但在那種「權」被絕對化與任意化的時代，這種開展亦不能阻擋住那個時代的殞落。

因此，明代雜劇這種平民化的文學裡，充斥著頻繁而大量的「一朝權在手，便把令來行」這個句子。由這些句子可以看得出，它們幾乎都是被當做反諷句在使用著，有時候甚至還是劇作者所加注的變相式旁白。這個句子幾乎毫無例外的都在表示倖進者一旦取得了權力，就開始臉色一變的胡搞八搞起來。這個句子裡濃縮著「權」成爲「絕對權力」，並被「任意」施爲的那個時代之背影。

因此，「一朝權在手，便把令來行」儘管看起來稀鬆平常，但這個句子裡所濃縮著的深刻內容，卻不容低估了。「令」是一個國家的法令、規章、規範，甚至還是基本的標準，它有些必須與時並進的調整，但在「一朝權在手，便把令來行」的時代，有了「權」才是眞的，其他什麼都是不重要的，於是遂「一朝權在手，便把令來行」的胡作非爲起來。這種「一朝權在手，便把令來行」的事，最極端的乃是徐復祚的雜劇《紅梨記》裡的這一段了，因爲「一朝權在手」即是整人的時候到了：

「李綱，李綱，若得一朝權在手，少不得摘下你這顆驢頭！」

「一朝權在手，便把令來行」這個句子起源於唐代，而後逐漸在明代大盛，成了人人朗朗上口的俗語，並一直延續到清代與民國，它不但是注解明代權力政治最重要的一句話，隨著時間的累積與話語所造成的價値內化，它甚至型塑出了我們的集體意識，每個人都在等著「一朝權在手，便把令來行」的時刻。我們似乎都忘了權力不能祇是一種「便把令來行」的快樂。權力必須是平衡，是義務的更大道理。

「一朝權在手，便把令來行」是明代的俗語，是那個時代被濃縮出的不堪記憶，但記憶卻又經常會內化成認知，讓不好的記憶被詛咒得重複出現。因此，在我們社會也愈來愈有「一朝權在手，便把令來行」這種癥兆的時候，或許我們已需對這句話好好的思考、批判並揚棄了！

○○○

# 抱大腿：權力樂趣的高潮

連日以來，「抱大腿」突然成了媒體上的熱門語詞。「抱大腿」不是閩南方言，如果要鄉土一點，比較正確的說法，應當是「捋羼脬」。而無論「抱大腿」或「捋羼脬」，它都是我們社會裡最卑賤的品質之一。

在人類的行爲裡，每個人如果都像刺蝟，這樣的社會必然爾虞我詐，於是，社會裡遂出現了一種被稱爲「奉承」的行爲模式。它指的是人與人的相互馬屁。這種拍馬屁如果是雙方在平等的基礎上，相互表達善意和對別人的欣賞，倒未嘗不是很好的人際關係潤滑劑，以此爲基礎而相互回饋，祇要不太離譜，仍可用「互惠式的利他關係」來加以解釋和容忍。

而在「奉承」裡，最可悲的仍是德國哲家黑格爾所謂的「奴隸意識」，它是一種沒有了自我的意識狀態，一切的喜怒好惡、判斷準則，都交給了主子，主子之好惡即他的好惡，而其回饋，則是自己再也不必爲自己的問題傷腦筋，一切丟給主子後，自己祇要侍候主子盡心一點，就再也不會有煩惱。奴隸意識是一種拋棄了自我主體及應擔負的責任而後形成的廉價意識。由於當奴隸其實是比較輕鬆的選擇，這也顯示出在整個人類歷史上，爲什麼古代奴隸和現代奴隸能夠存續那麼久的原因。

而「奴隸意識」，也就是所謂的「抱大腿意識」。它比諸如「奉承」、「阿諛」、「拍馬屁」等已嚴重了太多，可以說是這種行爲最極端的形式。它指的是一面倒地靠向強者，以期沾到強者的光彩。在以前，它被叫做「抱粗腿」，大概開始於元代。當時朝代更迭，動盪不安，有權有勢者當道，奸猾僥倖之徒大興，他們都深諳投靠之道，有權有勢者在他們眼中當然腿也比別人粗壯得多，於是「抱粗腿」這個隱喻遂告出現。

「抱粗腿」的說法，歷經元明清三代以迄於今，在北方都極盛行，有例可證。

例如，元代高文秀在《誶范叔》的劇本第一折裡即曰：「放鷹的，則不如去放鵰；調大謊，往上鑽，抱粗腿，向前跳，倒能勾祿更官高。」在這裡，「抱粗腿」指的是投靠有權有勢的人，功名利祿就一切都沒有問題。

例如，明末《醒世因緣》第四十四回裡曰：「還有把那家中使喚的人，都說他欺心膽大，抱粗腿，慣炎涼。」在這裡，「抱粗腿」指的也是向權勢投靠，藉機作威作福之謂。

例如，明清說部《三俠五義》第七十六回曰：「剩下些渾蟲糊塗漿子，渾吃渾喝，不說理，順著馬強的竿兒往上爬，一味地抱粗腿，說得惡賊一天愁悶都拋手九霄雲外。」這裡的「抱粗腿」，同樣是指趨炎附勢。

而由「抱粗腿」，就讓人想起另一個更早的隱喻——「抱佛腳」了。一般認爲，「抱佛腳」

起源於唐代詩人孟郊的〈讀經〉詩，其中有句曰：「垂老抱佛腳，教妻讀黃經。」他自我調侃說，他自己是到了垂老之年才開始讀佛經，因而無法進入狀況。他率先使用的「抱佛腳」這個隱喻，此後即一直流傳下來。明代張誼在《宦海紀聞》中就說過一則故事，有人因爲犯罪當被處死，情急之下，眞的跑到廟裡去抱佛腳，因而人笑之曰：「閒時不燒香，急來抱佛腳。」

有關「抱佛腳」的使用例證，可謂舉之不盡，由於「抱佛腳」的說法出現得極早，因此後來的「抱粗腿」是否由此延伸而出，這倒是個值得探索的課題。但值得注意的，包括廣東、香港和台灣，卻都不作興說「抱粗腿」，而是說「抱大腿」。在語用的變化上，「抱大腿」可以說是「抱粗腿」這種說法的優雅化，說「大」比說「粗」，感覺上似乎好得很多。

但眞正的閩南方言裡，卻沒有「抱粗腿」或「抱大腿」這種說法，而是說「捊𡳞脬」，有些想當然的俗寫，則將它寫成「扶卵泡」或「扶卵脬」。

首先說「𡳞」，根據明代梅膺祚的《字彙》：「𡳞，良愼切，音吝，閩人謂陰也。」因此，可以知道它乃是個會意及形聲的方言字，指的是福建人對男性生殖器的說法，其中的「尸」是身體的象徵記號，而「粦」則是它的聲音記號。在《福建通志・方言志》裡也說「男陰爲𡳞」。

至於「脬」，《說文解字》曰：「脬，旁光也。」古代的人經常對體外的睪丸和體內的膀胱搞不清楚，遂誤此爲彼，將下體全部稱爲「𡳞脬」，因而把有權勢的人「𡳞脬」當成寶貝一樣的「捧」（捊）著，這種「捊𡳞脬」的行爲，也就和諂媚逢迎的「抱粗腿」有了異曲同工之妙。

用「捋屭脬」來指人的極端諂媚逢迎，其實也非沒有先例。明代王錂在雜劇《春蕪記》第十二齣裡，就有句曰：「尖頭會錯刺，嘴長會呵脬。」這裡的「脬」，或許就應做「捋」來解釋，意思是說，一個人長得小頭銳面，就是一副鑽營逢迎的樣子；一個人嘴長舌滑，就專幹捋人屭脬的諂媚之事。

無論任何型態的社會，都有一種傾向，那就是人們的罵人話裡，有許多都圍繞著泄殖器官打轉，不但語言如此，眞正的下流行爲也如此，它顯示出人們衹有在泄殖器官相關的最不堪行爲中，始能達到貶低自己、逢迎別人之諂媚目的，而眞正有權勢的人，在別人如此自賤的逢迎裡，才會眞正享受到權勢的樂趣。《莊子・列禦寇》裡記載了一則古代的故事：「秦王有病召醫，破癰潰痤者，得車一乘，舐痔者，得車五乘。」另外，《史記・佞倖傳》裡也說了漢文帝手下佞倖之臣鄧通的故事。漢文帝長瘡，鄧通硬是忍著噁心的髒去吸吮它，因爲他的自我卑賤化，漢文帝始能享受到權力眞正的樂趣，從而大大地賞賜，使得鄧通後來得以富可敵國。這也說明了絕對權勢的古今君王，必然與絕對自我卑賤的小人成對成雙的道理。沒有人卑賤到替自己吸長膿的瘡，舐自己長了痔瘡的肛門，怎麼可能享受到權勢眞正的癮頭？

而「抱粗腿」、「吮癰舐痔」、「捋屭脬」，這種類似的行爲和語言在西方亦然。在英語罵人的話裡，Ass-Kisser，指的就是親別人的屁股，拍馬屁的小人；Ass Wipe，則指卑顏屈膝的人；Kiss someone's ass則指親某人屁股，以求倖進的小人。上面這些句子裡，把Ass換成另一個指屁股的俗字Butt，意義也全相同。

因此，無論「抱粗腿」、「抱大腿」、「捊羼脬」，或者「吮癰舐痔」，以及西方的kiss someone's ass、kiss someone's butt，它們都共同指出了一個基本的人間權力現象。那就是儘管當代有些人在那裡東一句、西一句地喊著「主體性」，但這種口號其實祇不過恰恰是在自我卑賤化之後，由於早已喪失了主體而不得不空口唸著以求壯膽的態度。如同有人走夜路，怕鬼怕得要死，逼迫自己吹早已不成調的口哨來證明自己不怕鬼一樣。語言有時候是用行爲否定著語言本身，自我卑賤化後的所謂「主體性」即是典型的例證。

而無論如何，在權力這個領域裡，由於自我卑賤化的確有效，而它也就注定將永遠的長存。眞正有權勢的人與組織，無論它多麼地金光閃閃，但終究還是會有一些不堪的東西，例如縱使上帝大概也會有排泄物及排泄器官——這也是爲什麼歐洲中古神學家會花了許多時間來論證上帝沒有肚臍眼，沒有肛門，不會吃東西，以至於不需要排泄的理由。不堪的東西，乃是所有權勢者無法自我面對的問題，那是它偉大之外的殘缺，這時候，如果有願意自我卑賤地歌頌它的這些不堪的東西，這就等於諂媚者以他的自我卑賤讓有權勢的人終於覺得自己是眞正的圓滿無缺點。有權勢的人和組織其實是非常需要有人來「抱大腿」及「捊羼脬」的，他們會用一種奇怪的感謝心情來對待自我卑賤者。這也說明了「主子——奴隸」間有著某種卑賤上的共依共存關係。我們可以試想一下，當一個國王放了臭屁，自己實在有點懊惱，忽然有個拍馬屁的臣子深深地吸了一口，然後大叫「好香哦」，他用他的自我卑賤解除了國王的懊惱與尷尬，國王的無缺點，甚至連屁都是香的，這一點因而被確定了下來，當國王的人對這樣的自我卑賤者，又怎能不格外要加以賞賜呢？權力的本質裡有一塊特別陰暗的地帶，它要用自我卑賤者來填滿，然後才會有權力樂趣的高潮。有一種性變態特別要在對方的屎尿裡做愛才會滿足，也是這種卑賤的另一側面。「抱大腿」和「捋㞗脬」因而是有用的。

不過，話也要講回來，當人們以自我卑賤化做爲一種價值和手段，這意味著它其實已變成了一種意識上的奴隸，它的自我也就因而有了巨大的破洞，必須要別人用另外的自我卑賤化來填滿。漢代的鄧通在漢文帝及漢武帝之前是自我卑賤者，但轉個身，他回到自己的豪宅，就把舉宅所有的女人都視爲卑賤物而折騰。抱人大腿者，捋人脬者，因而永遠需要別人來抱他的大腿及捋他的脬，蓋祇有如此，他的內在始能勉強平衡。這也注定了「抱粗腿」、「捋㞗脬」乃是一個無休止的循環圈。這種行爲模式，除了可以用奴隸意識、卑賤理論等來解釋外，也還可以用自虐理論來分析，但總而言之，它和堂堂正正做人做事並無關聯。這也是儘管「抱大腿」及「捋㞗脬」有時眞的有用，正人君子總是不屑爲之！

## ○○○○指責遊戲：顯露自我的錯亂

北京大學中國經濟研究中心主任林毅夫返台奔喪案，鬧得沸沸揚揚，其顛倒、錯亂、荒誕、詭譎之程度，簡直令人歎爲觀止，所謂的「台灣認同」，也愈來愈讓人啼笑皆非。

我們都知道，所謂的「認同」，它既是一種「實在」的東西，但同時也有其虛構性和想像性。凡「實在」愈低者，它的「虛構」和「想像」部分就愈多，這也意味著它的「語言糾纏」愈甚。

兩岸自一九四九年由於內戰而分裂，這種「分裂性」很快的由於冷戰時代到來而被凝固，於是，在過去很長一段時間裡，台灣最主要的思想乃是「冷戰意識型態」。台灣的「冷戰意識型態」乃是一種混合體，它有古代「正統論」之下「漢賊不兩立」的成分；也有日本右翼那種由於資本主義體系相對較爲富裕，因而蔑視社會主義體制的「勝共論」之內涵。這種「冷戰意識型態」在台灣存續了半個多世紀，早已成了一種思想基因。

除了「冷戰意識型態」之外，在過去那個冷戰時代裡，由於國際因素的撥弄，台灣也由「冷戰意識型態」裡衍生出一種「台灣認同論」，它意圖將省籍問題本質化，而使之成爲政治問題。

於是，「省籍」和「統獨」遂成了兩根切割台灣的軸線，這兩根軸線並被道德化，藉著道德性的排他，「外省」和「統」被畫上等號，那是一種邪惡，而後使得「本省——獨」儼然有了道德的正當性。這乃是所謂「台灣認同」的源起，在過去長期以來，每逢選舉，民進黨必然萬變不離其宗的要在這個題目上作文章。「本省——獨」被定義爲「愛台」，「外省——統」則是「賣台」。由於省籍統獨的糾葛和不斷被動員，甚至連「中華民國——台灣」也都被拉扯得成了兩個對立面，因而在李登輝時代，遂出現了一種不知所云的「中華民國在台灣」新的準國號。

不過，托庇於冷戰時代和冷戰意識型態的，當時代成了過去，而世界結構也開始重整，加上台灣本身也政治改變，這時候，思想的脫序即告出現。

舉例而言，民進黨在野時，它可以把兩岸經貿視爲簡單的「賣台」，或者根本就拒絕理會這個問題，但當它執政，即不可能不面對大陸經濟崛起和台商加速外移，以及外移產業在規模及技術等級等方面也升級的情形。於是，遂有了另外的切割方法，那就是外省即是「聯共又賣台」，宋楚瑜和張忠謀等屬之，本省即是「聯共但不賣台」，如王永慶、高清愿、張榮發等屬之。民進黨自稱是在「蠕動」，「蠕動」者，歪歪扭扭的匍匐行走之謂，他們的這種自述，倒是在誤打誤撞中把自己的包袱、錯亂，清楚的說了出來。

因此，目前的台灣仍在「蠕動」中。正因爲「蠕動」，所以必須一方面要說「強化兩岸關係」，但另一方面卻也要同時說「台灣是主權獨立國家」、「沒有九二共識」之類的話。「蠕動」

也就注定了「聽其言，觀其行」將一直繼續下去。然而，儘管「蠕動」，那根深柢固的「省籍」卻仍然必須維持下去，因爲這乃是民進黨內部的虛構敵人，它必須靠著這些虛構的敵人做廉價箭靶，從而維持自己的動員能力。從古到今，搞政治的都一定需要敵人，尤其是廉價的敵人，它的道理就和布希需要賓拉登一樣。「台灣認同」最核心的主軸乃是「省籍」，藉著這個主軸而將別人妖魔化，從而能使自己覺得很道德。設若沒有了省籍這個軸線，它現有的「台灣認同」，以及由此而延伸出來的一切認知與判斷都將解體。

因此，我們遂可以說，民進黨本質仍是冷戰意識型態的產物，它除了冷戰意識型態的標準外，再加上了以省籍爲主軸的二分邏輯，形成了目前這種「蠕動」起來非常困難的包袱。

然而，民進黨有意識型態包袱，兩個在野黨不也一樣？國民黨在冷戰時代，有那種「正統」、「漢賊不兩立」、「反共」的意識型態。但隨著冷戰時代的結束，以及大陸經濟的崛起，它除了被民間自然的趨勢拖著走外，並沒有新的思想來面對這種新的形勢。國民黨和從它分離出來的親民黨，甚至包括新黨在內，無疑的都主張三通，但三通之後又如何？經濟往來擴大後對政治會有什麼影響？而他們的長程選擇與規劃又是什麼？他們是否能站在歷史的高度上思考這些問題？所有的這些問題，民進黨是在那裡「蠕動」，而其他政黨則是「隨波逐流」，而他們的思想深處，所殘留的則仍是冷戰時代的那一套。

由於在朝的民進黨和在野各政黨，在面對兩岸問題時都沒有思想，沒有視野。一個帶著尾巴在那裡「蠕動」，另一些則是帶著冷戰殘餘在那裡「隨波逐流」，於是，一旦碰到像林毅夫這種高敏感、本質上極具歷史性格的問題時，各式各樣的顛倒錯亂以及荒腔走板遂告出現。

對民進黨政府而言，台灣人出身的林毅夫能在大陸走紅，而且是朱鎔基的主要智囊；林毅夫如果是外省人，一定會被罵到臭頭，而今由於他是本省人，於是，民進黨那種省籍情結遂告發酵。問題是，這個本省人林毅夫又是個最統的統派，這點又難以被他們接受。因而它最原始的腹案，乃是讓林毅夫悄悄的來，悄悄的走。

這乃是典型的「可以做，不可以說」的遊戲，但這種兩面手法的「蠕動」一旦公開，其矛盾就暴露了出來。讓林毅夫回來是「人道」，但他過去的「叛逃」則是法律，仍要究辦。「叛逃」的概念乃是冷戰意識型態，也是「漢賊不兩立」的殘餘價值。在林毅夫問題上，人們清楚看到了民進黨政府，一方面要講漂亮空話，但又被省籍和冷戰意識型態殘餘拖曳著，在那裡「走一步，退兩步」的「蠕動」窘態。

民進黨的省籍情結和冷戰心態在林毅夫案上表露無遺。就像是背著大包袱，使得它走路的步伐顯得顛顛倒倒一樣。

但其他政黨在這個問題上就表現得比民進黨政府更好嗎？當然也不是。其他政黨由於不能站在歷史的高度上看問題，因而祇能算是隨波逐流的現實機會主義者，他們普通時候會討好的說一些主張「三通」、擴大交流的場面話，但祇要一碰到嚴肅的、涉及歷史性格的問題，那種「正統論」的「漢賊不兩立」，以及冷戰心態即告出現。有人說林毅夫是「不忠不孝」，有人則認爲林毅夫的「叛逃」應予追究，否則會影響民心士氣。這不都是當年那種反共思想的殘餘在作祟。在野黨與所謂的有些外省子弟，在這個問題上，並不見得就比民進黨政府高明到哪兒去。

由台灣爲了林毅夫問題而沸沸揚揚的鬧成一團，民進黨政府在那裡繼續搞它的兩手策略，本質上仍是省籍和冷戰意識型態掛帥；而在野黨則在反對中充分暴露出他們的意識型態深處，仍然是反共時代的那一套，台灣所有的政黨和政治人物都活在過去裡，難怪今天的台灣除了寄望於美國的武器外，完全看不到未來。

這時候，就讓人想到最近美國正在鬧的「指責遊戲」（The blame game）這個問題了。《紐約時報》最近一次的語言專欄裡說到，「指責遊戲」這個詞，乃是一九八二年十月十四日雷根所創的新名詞。當時美國經濟不佳，國會遂對白宮大力指責，當時雷根即說道：「美國經濟的惡化並非一朝一夕所致，也不會有速成的解救良方，但在最近，我卻看到很多人都在玩著 blame game。」「指責的手指，指著羅盤的每個方面，花費了大量時間，並且搞得火熱，用來尋找替罪羔羊。」

「指責遊戲」這個詞以及其現象，乃是一個非常值得注意的現象。每當一個重大問題發生了，各方即開始一陣放話或叫罵，它當然無助於解決問題，但在「指責遊戲」中，人們卻眞正無所遮掩的顯露出那種「自我錯亂」或「自我迷惑」（self-deluding），人在語言中顯露白己，在

「指責遊戲」中最爲明顯，由林毅夫奔喪後所引發的這一輪語言攻防，我們看到了台灣的錯亂。

二十三年前，林正義游泳到大陸。由最近公布的信件以及他的談話，我們已知道，他的前往大陸是有著歷史視野的選擇。他認爲自己是台灣人，但更是中國人。他不希望兩岸因敵對與仇恨的持續而發生悲劇，他希望參與大陸的建設，貢獻所能，進而讓兩岸和平統一。他活在過去，但眼睛看著未來，並冒著生命的危險，逃離開了過去，並眞的走出了一條通往未來的路。像他這樣的台灣本省人，其實還有很多，他們是台灣人裡有志氣的先行者。如果我們知道這種台灣人多一點，就會發現台灣人並不都是像今天這些政客一樣的心態閉鎖之人。

可是，今天的台灣，我們卻整個深陷在省籍統獨的泥淖中，那是種種歷史因素所造成的爛泥溏，任何人衹要一進去，就陷溺其中，不得超生，而台灣的一切聰明才智也都虛耗殆盡。它拖著台灣的步伐，讓我們不但無法前進，甚至還一堆人在這個歷史的爛泥淖裡扭打纏鬥。這時候，當我們看到像林毅夫這樣的人，不但不能去重新思考，反而是讓自己的歷史殘餘部分發酵。由林毅夫案，我們聽到一大堆時空脫落的古代語言，看到一堆錯亂的邏輯。長此以往，台灣眞不知將伊於胡底。

因此，在這個林毅夫決定不回來，而由妻子代爲奔喪的時刻，或許，我們已有必要從歷史的高度，以及每個語言概念，來重新去思考兩岸關係了，而林毅夫其人其事，以及它所顯示的意義，倒不妨做個參考點！

# ◎公投：尊重人民的決定

在古代羅馬帝國，非常講究人的出身，凡屬非世襲的貴族、參議員和騎士階層，都被稱爲「平民」（plebian），他們沒有參政權，祇能在有限的程度內，選出自己的「軍事保民官」。用今天的標準而言，差不多相當於具有軍事保安性質的保甲長。

然而，隨著「平民」勢力的上升及世襲貴族的漸漸衰落，「平民」們開始形成「平民會議」，它的權力由社區性而逐步擴張爲全面性，到了西元前二八七年左右，「平民會議」所做的決定即已全面有效。它就是後來所謂「公民投票」（Plebiscite）的前身，被認爲是平民表達意見及做出直接民主決定的最理想形式。

不過，研究政治的一談到「民意」就多少有點傷腦筋。因此，法國哲學家沙特（J. P. Sartre）遂說「民意」乃是一種「黏答答的東西」（Viscous），「你永遠抓不住」。而英美大文豪艾略特（T. S. Eliot）在一九三九年三月抨擊法西斯治下的義大利動輒以「民意」爲工具，他說法西斯在宣稱「某甲有權相信某某事情」時，更應該先問「某甲是否有判斷相信某某之能力」，他說「義大利乃是個農業社會，並相信天主教大公主義的古老社會」，因而它的民意至爲可疑。英美知識分子之所以對「民意」保有較大的懷疑，最關鍵的原因乃是法國在大革命後，民意政治當道，「公民投票」成了一種例行手段，它使得法國平民的政治亢奮得以一直持續，最後在野心家如羅伯斯比爾等的操弄下，被扭變爲暴民政治。法國於一七八九年大革命後所形成的「公民投票」，最後被拿破崙做了總收割，他在一八〇四年以「公民投票」爲手段，重新變成了法國的皇帝。這也是「公民投票」這個字在西方新教國家比較不被採用的基本原因。新教國家如美英，用的是另一個觀念「複決與創制」（Referendum and Inifiate）。它指的是一種直接民主的形式，某些重大問題必須經過人民的直接同意，或者即是在「社區民主」的條件下，人民有權主動提出議案，交由投票表決而執行。

因此，「公民投票」和「複決與創制」，乃是有異但也有同的兩組概念。

就一般而言，一個社會就重大歷史性課題進行直接民主投票，會被稱爲「公民投票」，如一九〇五年挪威與瑞典分離；一九三五年在「國聯」監督下，薩爾河谷區選擇脫離法國而加入德國；一九九二年南非宣布結束種族隔離政策等，均被用「公民投票」來稱呼，但值得注意的，乃是稍早前歐盟國家簽署馬斯垂克條約，決定做進一步的貨幣整合，這項條約必須經過各成員國由人民投票之認可，對於這項重大的歷史行爲，各國及各媒體的說法即「公民投票」和「複決」頗爲參差不一。這也就是說「公民投票」和「複決」，由於它的程序相同，縱使混合使用亦不得謂之有錯。同樣的道理，乃是一九九九年東帝汶的獨立投票，亦被混合稱呼，有的說「公民投票」，有的則說是「複決投票」。

至於「複決與創制」，前已述及，它乃是西方新教國家如英美為主所使用的名稱。這些國家已沒有，或者不容許有重大的歷史問題，因而它們已不再有高度政治性的「公民投票」，於是，「複決與創制」遂成了一種合憲的民主參與過程，許多州的州憲法為了讓多元民主能夠落實，甚至讓這種權利被放任得相當寬鬆，美國許多選舉各個地方經常都附帶有特定的複決投票，有的有強制性，有的則非強制性。

因此，「公民投票」和「複決與創制」就程序而言，它有著酷似性。而真正不同的，則在於「公民投票」由於政治性較多，它的問題遂遠較「複決與創制」複雜，加上它有著過去的劣跡，如何防止它成為法西斯性格的政治操作工具，也就格外值得注意。

因此，如果把「複決與創制」視為一種直接民權的手段，對台灣應當是有利的選擇。台灣幅員甚小，加以組成複雜，各類新興議題也紛然出現，設若能有一個直接民權的機制，讓台灣的民主跳過代議政治，則當能彌補間接民主的不足。祇是我們也應知道，「複決與創制」既然是一種重要的制度性權力，它當然必須有合憲性與合法性，議題的設定在中央自需立法，並由國會通過，在市則應由市立法並經市議會通過議題，依法行政，依法行使複決創制權，這才是正途，像台灣卻要把複決投票視為行政權的一部分，行政機關要設定什麼議題就設定什麼議題，當「複決與創制」變成行政權的附庸，那就已不再是這個權力的本義，而是把「複決與創制」當做是民意操弄的工具了。

此外，像美國這樣的國家，儘管它的全國性政治的結構和功能已甚爲健全，但涉及州郡市的事務，由於幅員較大，民意反映機制不完整，因而在許多地方遂將「複決與創制」當做是一種正式性的民意徵詢手段，例如加州曾就多語教育做出複決投票即屬之。但這種非強制性的複決投票，對地方較小、人口稠密、民調工作也高度發達的台灣，卻顯然是一種浪費，意思就是說，既然已能做民調，爲何還要搞「諮詢性」的投票？這也就是說，要搞「複決與創制」，就要規規矩矩地搞，使其制度化並具有功能。否則行政機關片面基於隨時的利益而決定議題，人民花了許多經費與時間所投的票卻又沒有約束力，這種半吊子的「複決與創制」，不是另一場玩笑嗎？民主政治乃是權責分明，而又不排斥人民直接參與的體制。有些事，執政者必須做出判斷與選擇，而後直接負起責任；有些事涉重大的難題，做不出決定而讓人民表決，那麼就請尊重人民的決定，讓人民的決定有約束力。否則人民的投票只是另外一種勞師動眾的民意調查，那又何必多此一舉？

不過，由台灣最近在玩的「公民投票」及「複決與創制」的茶壺風暴，相信大家也都心知肚明，這其實是與所謂的「直接民權」完全沒有關係的一次政治操弄遊戲。

台灣必須複決投票的議題已多得不勝枚舉，例如老百姓是否同意以無限擴大的赤字和債務來搞經濟？是否應就三通議題、教改問題也來一次投票？但這些眞正攸關人民及子孫萬代的事，那些人卻都毫無興趣，他們也不想把直接民權制度化。

現在祇是爲了「拚選舉」，於是一聲令下，就搞出了「核四公投」及「WHO公投」這兩招，意圖將它與大選投票「綁樁」在一起，更奇怪的，乃是要「綁樁」就綁得牢一點，但他們卻又不要爲此負責，而祇是「諮詢性公投」，這也就是說，他們祇想賺到「公投」這個動作在符號上的便宜，他們大張旗鼓，講得天花亂墜的「公投」，其實祇不過是個「假公投」。台灣的所謂「公投」，不過是場「公投的符號語言遊戲」而已。

因此，台灣的「公投」有意義嗎？當然是無意義的。

「核四公投」當然沒有意義。縱使反核四，它也不會因此停止不建，但人民的「反核四」心情卻會因此而被消費一次，他可以藉此事安撫「反核促進會」的人，使那些人對他滿意，因爲至少他有了「交代」。大家勞師動眾搞「諮詢性」的公投，不過是爲了「安撫」幾個人的心情。「安撫」的成本之大，由此可見。

而「WHO公投」有意義嗎？當然也沒有意義。WHO問題不是人民可以決定的內政問題，因此，縱使投了贊成票，它對外部沒有效果，何況它也是「諮詢性公投」，祇有「參考」價值，沒有強制性。如果公投改成「要求加入WHO，無法加入，主政者即應下台負責」，相信他們就會對WHO公投一點興趣也沒有了。

因此，台灣的公投儘管鬧成一片，但它祇是一種「參考」，是一種對人民熱情的消費。但說它完全沒有意義嗎？卻也未必。台灣沒有政治學，但卻有全球最「聰明」的政治語言學，因爲單單透過語言操作，就已能收割到極大的利益，政治的其他要件如能力、操守、智慧等，已變得完全不重要。「核四公投」可以安撫某些人，使它內部團結；「WHO公投」雖然沒用，但WHO是個主權國家始能加入的國際外圍組織，對他們而言，「WHO公投」就等於是個「微型加入聯合國公投」，儘管WHO不是UN，但至少已有極大的「自我高興空間」。他們很聰明地不去玩大型的「UN公投」，而是衹揀小的玩，因爲玩大的會輸不起，玩小的衹賺不賠，原因即在於他們其實是在玩著「語言的聯想性」。而這種玩法，不正是他們的再一次老技重施嗎？衹揀小的玩，而且還是衹有「諮詢性」的參考價值而已，不是玩眞的，衹是玩語言、玩符號，他們連退路都想好了，其聰明程度可想而知。衹是，現在美國人已比以前聰明多了，若大老闆說不准玩，他們還玩得下去嗎？另外，則是台灣的其他政黨也比以前聰明了，因而懂得要玩大家一起玩的道理，甚至還可以玩得更激烈。說不定就會演變出「假戲眞玩」的結果！

語言和概念都有著極大的可延伸性與聯想性，這乃是由古而今，語言遊戲和語言操作從未停止的原因，聰明的人因而總是能在操作語言概念中收割到它聯想性與符號性的一面之利益。台灣的公投輟轕，在似眞但卻實假的格局裡，它所透露的，就是它的符號操作及利益，如此而已！

# 罵：不要在國際舞台上

不久前，民進黨高官才說過「不抱美國大腿行嗎」的話，到了現在，終於證明「抱大腿」的邊際效果其實很有限。副總統呂秀蓮過境西雅圖，要到波音公司參訪被拒，因而大罵「波音不要臉！」（Shame on Boeing!）

其實，波音拒絕呂秀蓮的參訪，自有其本身的政商利益考慮。近年來全球民航市場已嚴重飽和，波音和它的強大對手空中巴士間的競爭遂日趨激烈，由於中國大陸民航業正在起飛，已成了相對而言最大的市場，這時候，波音的籌碼往哪邊移動，也就不言自明。過去三年裡，台灣買波音十七架，當然是個「大金主」，但就在呂秀蓮自以爲以「大金主」身分往訪時，卻疏忽了中國大陸三年裡已購買五十七架的事實，那是更大的金主。這已顯示出，往後台灣企圖藉著國際採購來政治綁樁，其效果已注定將更加地遞減。「抱大腿」不必然有用。上次，江澤民訪問波音公司時的那種場面，呂秀蓮已注定不可能複製。

呂秀蓮訪問波音公司遭拒，在一般慣例上，當然可以宣洩不滿和抗議，但開口大罵對方「不要臉」，罵的人當然很過癮，但這種罵街式的搞法，以及在訂單問題上放話，這究竟是否得體，卻大可商榷。呂秀蓮迷信於國際採購和政治綁樁的遊戲，但上次已在印尼栽了跟頭，最後雙方鬧得彼此放話指責；而今又在波音公司上再度碰到釘子，這已顯示她那種自以爲是金主、可以藉採購而綁樁的伎倆，已到了必須改弦易轍的時候，否則往後她要罵的對象還會更多，除了「不要臉」之外，誰知道她下次還會罵出多難聽的字眼！

這次呂秀蓮在遭拒後大罵「波音不要臉」，這其實是非常島內政治風格的罵，但把它搬到國際舞台，則顯然已超出了分寸。我們可以指責波音公司「怯懦」、「缺乏擔當」、「沒有道德勇氣」，但用「不要臉」或文雅一點譯爲「可恥」的 Shame on xxx 來說整件事情，則無疑地已太過分。用 Shame 這個字，必須對方做了道德上有重大瑕疵，足以毀損其名譽之事，波音拒絕呂秀蓮，何 Shame 之有？把島內政治動輒發飆開罵的那一套搬到國際社會上，或許反倒是呂秀蓮自己要蒙上 Shame 之名吧！由此也顯示了民進黨的大官們，在「開罵」這個問題上，要自省改進的事仍多著啦。

由普遍的人類歷史，我們已知道「罵」是人的本質活動之一，因而如何約束那種口不擇言的罵，遂成了人類文明化過程裡極重要的一種文化工程。

由古代中國歷史的記載，以及西方諸如《舊約》、英國史詩《貝奧武夫》，我們已知道，古代的戰事通常都是兩軍對壘，主將出場，先由彼此喊話對罵開始，然後才正式開打。這就是古代的「罵陣」，幾乎每一個文明，它都以不同的名稱出現。

在古希臘，它被稱爲「罵戰」（Logomachy），意思是「罵人語言比賽」，它最先開始於戰爭場合，一般的罵街也用這樣的稱呼。而在古代北歐，它則被稱爲 flyta，指的也是同樣的事，而古德文則由北歐借用過來，稱爲 flitan，演變爲後來英文裡的 flyting。這種起源於戰爭場面的「罵陣」，後來隨著戰爭的擴大而逐漸消失，除了市井活動仍可看到「罵街」外，這類對罵現象開始轉化成一種「儀式性的對罵攻擊」（The ritual results of flyting），在北歐的古代史詩、英國早期的史詩，甚至後來莎士比亞戲劇裡的《羅密歐與茱麗葉》、《理查三世》等仍可找到這種對罵的痕跡。北歐和蘇格蘭，甚至還留下很多押韻的對罵文學證據。研究英國古典文學的，有許多人都讀過十六世紀蘇格蘭國王詹姆士五世被他的國師林賽爵士（Sir David Lindsay）痛罵的三十二節長詩，那首長詩裡，各種罵人的形容詞和名詞交相出現，最能讓人體會出罵人的極深造詣。而這種情況在前伊斯蘭的阿拉伯世界亦然。至今仍留有許多當年罵陣以及儀式性對罵和鬥嘴的記載。厲害的罵人專家，他們的技藝與表演式的擊劍比賽，可謂完全相當。

古代的「罵陣」、「罵街」，乃是文明初期人性與獸性本分，除了殺人的刀劍外，語言也被當做刀劍來使用的一種生存方式。中古時代由於文明的發展，那種罵人的話裡特別骯髒的字，或者詛咒的字，遂在後來被儀式化的過程中逐漸消除，而祇剩下精采但並不太髒的話。當代語言人類學家薩路士（Peter H. Salus）及泰勒（Paul B. Taylor）因而這樣認爲：

> 「愛爾蘭及威爾斯的咒術（指特別骯髒的罵人話），後來在基督教傳入後，演變爲古代愛爾蘭英雄史詩裡比較不是那麼骯髒的罵人話，以前兩方對壘交手的那種氣氛也因而改變，成爲一般的

罵人話。」

西方有從戰爭罵陣開始而形成的罵人傳統，以及後來這種傳統的逐漸改變，在其他文明中亦然。

例如，包括北美及澳大利亞的早期殖民者，在他們的紀錄裡都將原住民社會那種以咒語罵人罵陣的活動方式做了詳細的記載，根據這些記載可以看出，這些原住民社會，他們罵人罵陣的這種行爲方式和西方等並無兩樣。

例如，在美國的黑人社會裡，他們由非洲帶過去了一種稱爲 Tuareg and Galla 的對罵語這遊戲。它在美國被稱爲「罵街」或「鬥嘴」（dozens、dirty dozens），它和「一打」（dozen）這個字沒有關係，而是讓兩個敵對的人相互對罵，罵到最後有一個人罵不過對方而眞正動手，則動手的那個人就等於輸了。

綜上所述，我們可以說，罵是人類各類活動裡的一種本質。在遠古時代，人們相信藉著禁忌和咒術等嚴重的髒話來罵人及詛咒人，這種罵人的話就會達到傷害對方之目的，戰爭必以罵陣開場，街巷鬥毆也以罵街開始，即是這種本能活動的延長；而後隨著文明的發展，嚴重的惡罵逐漸淡出，讓位給了儀式性的罵，甚至變成了民俗性格的罵人文學。以中國爲例，許多地方的山歌民謠裡，就有這種罵人文學的遺緒；有些民間說部故事如〈快嘴李翠蓮〉以及「鬥嘴」表演術裡，也可找到民俗性格罵人文學的痕跡。而在西方文學裡，這些罵人的痕跡最爲明顯。曾有學者研究過莎士比亞戲劇裡的髒話，即發現我們今天所用的用器官罵人，或者如罵人「婊子養的」（s. o. b）等，都可在他的戲劇裡找來源。而莎士比亞戲劇裡的罵人話已經是很文雅的了，由此也可想像出來更早以前的罵人話，是如何地不堪了。

古代的罵人話，在中古之後曾因時代的改變，而改變成一種儀式性的行爲，而後到了近代，各國爲了教化人民，而透過教育及法令，對髒話加以處罰，因而使得十九世紀的罵人髒話大幅減少。在中國，我們都知道「北京人罵人不帶髒字眼」，這就是教育和文化所發揮的作用。英國近代詩人格里費斯（Robert Graves）也說過，「英語在二十世紀初已很少髒的罵人話了」，這也是教育和文化的功勞。衹是隨著大眾媒體的發達，罵人的髒話，到了二十世紀後期又有了再趨活躍的跡象。

而這種情況在台灣亦然，近年來台灣的政治文化環境已有了改變。

媒體的發達，使得青少年罵人用語漸趨氾濫，此外，台灣的政治活動裡，由於敵對性增強，罵人的話從政客口中跑出來的頻率也開始增加。這兩大因素使得台灣島內政治的罵人話日增。當口水變多，隨著口水而浮現出來的罵人話也自然會趨於增加。當島內盛行諸如「無恥」、「不見笑」、「不要臉」等口頭語，呂秀蓮一到國外，稍微不爽，就立即發飆罵人Shame on xxx，也就不值得訝異了。衹是她可能不知道，台灣罵人的話已太多了，「無恥」或「不要臉」大家都聽得麻木了，罵罵或者無妨，但在國際社會上，Shame on xxx卻是相當嚴重的罵人話，這種話奪口而出，下次要再「抱大腿」，可能就難了！

# ◎◎◎◎ 言行合一：政客請注意

最近老是狀況不斷的余政憲又出了狀況，在一片批評聲浪裡，他的家人在電視上說，他不會下台，「幾天以後就沒事了」。這實在是絕妙的時代金句，讓人想到三、四年前某位財經首長捅出大紕漏後的相同名言：「沒什麼大不了的，鬧七天就過去了！」

台灣的政治要人，不管相信「幾天以後就沒事了」或「鬧七天就過去了」，都顯示出他或她們的確非常聰明。以前的人相信政治人物必須言行合一，必須今昔如一，因此，英國遂出了一個著名而尖銳的頂級評論家伯納．列文，他把政治人物所說的話建檔，專門抓他們欺騙、說謊、硬拗的辮子，據說由於他實在威名太盛，因而許多內閣大員的公開場合，只要有他在座，他們講起話來都會變得結結巴巴。

然而這種政治人物必須言行合一、必須今昔合一的時代，現在卻早已成了過去。不但這部分成了過去，甚至當政治人物說謊、穿幫，以及違規犯紀、政策錯誤，只要臉皮夠厚，只要拖過六、七天的鋒頭期，一切就會像船過水無痕的天下太平。再大的紕漏，媒體「大做」兩、三天，就已覺得疲倦，而後改變爲「中做」；而「中做」幾天後，又會被其他更新的新聞所擠壓，淪爲

「小做」，而「小做」幾天後就再也「做」不下去。於是問題遂告消失，天下又歸太平。因此，當代媒體的後現代理論家布希亞（J. Baudrillard）遂指出：一切問題都只存在於媒體中，當不存在於媒體裡時，它就是不存在！「幾天以後就沒事了」，所反映的，不就是這樣的道理嗎？

也正因此，在這個後現代的媒體時代，人物以前所相信的一切準則都已告逐漸散裂，不但言與行可以分開，昨天的我和今天的我也同樣可以被切割；已無所謂的「責任」這種事，只要夠狠夠敢和夠不要臉，政客就可以操縱人們的記得和忘記。也正因此，後現代的媒體時代裡，語言當然還是語言，但已和過去的語言有了極大的不同，以前的政治語言嚴格，語言裡的所指明確，因果也比較清晰，政治人物的「自我」會被語言所框限，因而政治不會脫離語言，也無法在語言的縫隙裡狡猾的捉迷藏、推責任，那至少是個必須說實話、做實事的時代，但到了現在這個後現代的媒體時代，由於政治人物面臨必須占據媒體版面和時段的壓力，因而政治語言日趨冗贅、瑣碎、濫情、虛假；形容詞和指涉不清楚的名詞，以及論述的曖昧化增加，因此，前述的布希亞因而說道：

「語言看起來好像信息愈來愈多，而其實則是意義愈來愈少。」「所謂的信息，直接地摧毀了意義和語言的有效性，或使得整個語言被中和掉了。」

在這樣的文化環境下，媒體上充斥著的政治語言，已如同政客們的獨白，用來和徒眾間進行一種祕密的符號交換，它早已失去了溝通的功能。由於聰明的政客瞭解到這種本質，遂更加懂得在滿足媒體需求的前提下去發表語言。製作出各式各樣「被營造了的關心」（The managed care），它是一種被經營過的虛情假意，而人們在被操弄中被收買，當然又會在過了一段時日後即被拋棄和遺忘。這也就是說，當語言太多，多到氾濫的程度，語言就形同剛剛才說出來，就已經變得太陳舊，而等著被後來的語言所取代。

因此，當代的政治語言，包括了台灣的政治語言，已具有了下述特點：

其一，乃是語言的冗贅過多，它在摧毀傳統語言功能的同時，也等於自我摧毀和加速自我折舊。這是個惡性的封閉循環圈，廉價的話語被遺忘的空間必須用更廉價的話語來塡滿，語言的貶值也當然被加速。因而普茨茅斯大學教授凱茲・戴斯特（Keith Tester）遂指出：「當今的政治在語言陷阱下，已不再能提振人們的道德心，反而是使它被麻痺的誘發劑。」

其二，由於政治語言不斷的被製造，政治口號也不斷被唱唸，這種語言及口號的被消費也趨於加速，這也就是說，遺忘已成了當今這個時代的特性。當人們很容易就忘掉政客的語言時，當然也很快的就忘掉他們所做的壞事。這也印證了一件事情，那就是在是非難分，一切都變得無意義的時代，它其實也等於進入了一個反淘汰的時代，一個好人所做的好事不會被記得，壞人所做的壞事也同樣很快被忘記，最後當然是壞人愈來愈肆無忌憚。

其三，在一切皆被媒體化的時代，媒體已藉著它的特性，而使得言與行分開，語言因而獨立存在，成了一個「超現實」，甚至取代了政策和行爲，這也意味著政治的務虛不務實已逐漸成爲新的主流，一種新的反智政治因而被不斷強化。當今台灣的政治，語言動作層出不窮，如同過眼雲煙般的朝生暮死，而實質的公共議題則因難度較高而不被重視。這種務虛不務實的倒退，不正是台灣眼前政治的沉疴嗎？

其四，早年的德國法蘭克福學派，即對媒體及大眾文化時代的政治極爲憂慮。認爲這種型態的社會，將在摧毀及拉平一切價值後，使得善惡優劣的差距被抹除，而一旦它完成了這種去道德化之目的性後，它其實已被政治極端主義的發展準備好了土壤，使得人們更容易被政客所操弄，進而走向法西斯主義的方向，這種論點早已被某些例子所驗證，而今天所發生在台灣的煽情政治，極有可能是另一個例證。

也正因此，目前的台灣政治語言，已值得台灣的媒體、知識分子，以及一般公民來共同關切。政治乃是公眾之事，它理應是一個溝通的平台，讓政治行爲裡所需要的公共利益、政治領導、責任政治，以及政治進化、公民參與等元素並置在這個平台上，俾對各類問題折衷出最合適的答案。問題卻在於，這種古典的民主模型，近年來已從最根本的語言上即開始被浸潤、瓦解。因而政治語言的溝通性已告失去，政治語言的語彙和語法也開始被狹窄化，語言甚至淪爲一種排他邏輯的競技場。而這種語言本身的構造改變，當然還有相對應的外部原因在推波助瀾，例如媒體在探討及報導問題時，早已把是非判斷的標準拋棄，而只論誰輸誰贏、誰人多誰人少等「勢力」問題。祇管形式上的平衡，而畏懼在品質善惡等價值判斷上做出仲裁，使得台灣政治上再怎麼荒唐離譜及歪纏胡賴的聲音，都可以出現。而對是非不堅持，不能嚴格要求責任政治，一切由新聞的舊與新來判斷，遂給了像余政憲這樣的人，碰到出了狀況，就夾纏胡賴，而且信心滿滿的清楚知道，只要有本領拉扯，幾天下來，一切的過錯就會被厭倦和被忘記。當政治人物已把政治降級到依靠人們的厭倦和忘記而存在，它會是種什麼樣的政治豈不早已不言而喻了？

面對後現代式的媒體時代，以及政治語言的貶值，連帶的也造成政治人物加速失去信用，當代另一主要思想家鮑曼（Z. Bauman）遂提出一種主張，那就是要用對社會及政治的尖銳批評，來拯救政治及政治語言的瑣碎、拉扯與墮落。他在《以社會學的角度來思考》一書裡，有這樣一段話：

「社會學或許可以加速並鼓舞出我們對經驗的重估，……讓我們對經驗做出更多可能的解釋，而在最後，使我們更具批判反省性，更不至於讓事情以現在這種方式呈現被妥協接受，也不會讓自己的期望被妥協掉。」

鮑曼教授的上述警言，它之所以值得重視，乃是他提醒了我們一件事，那就是政治有其價值上及演化上之目的性，它不容被含糊籠統的犧牲掉。在後現代的媒體時代，人們更應發揮媒體的開放特性，而不能任由惡質政客以他們的惡質性占用了媒體的特性。這也就是說，媒體時代我們所看到的惡劣情況，包括責任政治的凋蔽、政治語言的墮落，以及一切壞事在遺忘中反而成長，都不是必然，但要拯救這些壞現象，卻必須要人們恢復價值與道德上的固有堅持。否則，墮落的厄運，就是不可原諒的自我選擇！

## 智慧田系列── 強烈的生命凝視，靜默的生命書寫，深深感動你的心！

**020剎那之眼** ◎張　讓　定價200元
高濃度的散文，痛切的抒情，戲謔的諷刺，從城鎮、建築、小路、公路、沙漠等我們存在的世界一一描摹，持續張讓微觀與天問的風格作品。本書榮獲2000年中國時報開卷十大好書獎

**022鯨少年** ◎蔡逸君　定價200元
新詩得獎常勝軍蔡逸君，以詩般的語言創造出大海鯨群的寓言小說，細細密密鋪排出鯨群的想望與呼息。

**023想念** ◎愛　亞　定價190元
寫少年懵懂，白衣黑裙的歲月往事；寫「跑台北」的時髦娛樂，乘坐兩元五毛錢的公路局，怎樣穿梭重慶南路的書海、中華路的戲鞋、萬華龍山寺、延平北路……

**024秋涼出走** ◎愛　亞　定價200元
原刊登於中國時報人間副刊「三少四壯集」專欄，內容環繞旅行情事種種，人與人因有所出走移動，繼而產生情感，不論物件輕重與行旅遠近。愛亞散文寫出你的曾經。

**025疾病的隱喻** ◎蘇珊・桑塔格　刁筱華/譯　定價220元
美國第一思想才女的巔峰之作，讓我們脫離對疾病的幻想，展開另一種深層思考。本書獲聯合報讀書人每周新書金榜，中國時報開卷一周好書榜

**026閉上眼睛數到10** ◎張惠菁　定價200元
張惠菁在時間與空間的境域裡，敏銳觸摸各種生活細節，摸索人我邊界。本書獲聯合報讀書人每周新書金榜，中國時報開卷一周好書榜

**027昨日重現──物件和影像的家族史** ◎鍾文音　定價250元
鍾文音以物件和影像紀錄家族之原的生命凝結。本書獲聯合報讀書人每周新書金榜，中國時報開卷一周好書榜、誠品選書

**028最美麗的時候** ◎劉克襄　定價220元
《最美麗的時候》爲劉克襄十年來之精心結集。隨著詩和畫我們彷彿也翻越了山巔、渡過河川，一同和詩人飛翔在天空，泅泳在溫暖的海域，生命裡的豐饒與眷戀。

**029無愛紀** ◎黃碧雲　定價250元
本書收錄黃碧雲最新兩個中篇小說〈無愛紀〉與〈七月流火〉以及榮獲花蹤文學獎作品〈桃花紅〉，難得一見的炫麗文字，書寫感情生命的定靜狂暴。

**031活得像一句廢話** ◎張惠菁　定價160元
如果你想要當上五分鐘的主角；如果你貪婪得想要雙份的陽光；你想知道超級方便的孝順方法；你想要大聲說這個遜那個炫；你想和時間耍賴……請看這本書。

**032空間流** ◎張　讓　定價180元
在理性的洞察之中，滲透著漸離漸遠的時光之味，在冷靜的書寫，深刻反思我們身居所在的記憶與情感。

**033過去──關於時間流逝的故事** ◎鍾文音　定價250元
《過去》短篇小說集收錄鍾文音1998至2001兩年半之間的創作。作者輕吐靈魂眠夢的細絲，織就了荒蕪、孤獨、寂寞與死亡，解放我們內心深處的風風雨雨。

**035西張東望** ◎雷　驤　定價200元
雷驤深具風格的圖文作品，集結近年創作之精華，一時發生的瞬間，在他溫柔張望的紀錄裡，有了非同凡響的感動演出。

**036共生虫** ◎村上龍　定價220元
《共生虫》獲得谷崎潤一郎文學賞，這本描繪黑暗自閉的生命世界，作者再一次預言社會現象，可是這一回不同的是我們看見對抗僞劣環境的同時，也產生了面對未來的勇氣。

**037血卡門** ◎黃碧雲　定價250元
黃碧雲2002年代表作《血卡門》，是所有生與毀滅，溫柔與眼淚，疼痛與失去的步步存在。本書獲聯合報讀書人好書金榜

國家圖書館出版品預行編目資料

語言之鑰／南方朔著.－－初版.－－臺北市：大田出版；臺北市：知己總經銷，民93
面；　公分.－－(智慧田；054)

ISBN 957-455-635-2(平裝)

539.6　93003586

智慧田 054

語言之鑰

作者：南方朔
發行人：吳怡芬
出版者：大田出版有限公司
台北市106羅斯福路二段79號4樓之9
E-mail:titan3@ms22.hinet.net
http://www.titan3.com.tw
編輯部專線（02）23696315
傳真（02）23691275
【如果您對本書或本出版公司有任何意見，歡迎來電】
行政院新聞局版台業字第397號
法律顧問：甘龍強律師

總編輯：莊培園
主編：蔡鳳儀
企劃統籌：胡弘一
美術設計：純美術設計
校對：陳佩伶／耿立予／余素維／南方朔
印製：知文企業（股）公司．(04)23581803
初版：2004年（民93）4月30日
定價：新台幣 380 元

總經銷：知己圖書股份有限公司
（台北公司）台北市106羅斯福路二段79號4樓之9
電話：(02)23672044．23672047．傳真：(02)23635741
郵政劃撥：15060393
（台中公司）台中市407工業30路1號
電話：(04)23595819．傳真：(04)23595493

國際書碼：ISBN 957-455-635-2 /CIP:539.6/93003586
Printed in Taiwan

| | | | |
|---|---|---|---|
| 廣 | 告 | 回 | 郵 |
| 北區郵政管理局登 | | | |
| 記證北台字11049號 | | | |
| 免 | 貼 | 郵 | 票 |


**大田出版有限公司　編輯部收**

地址：台北市106羅斯福路二段79號4樓之9

電話：（02）23696315-6　傳真：（02）23691275

E-mail：titan3@ms22.hinet.net


地址：........................................

姓名：........................................

請沿虛線剪下，對摺裝訂寄回，謝謝！

TITAN
大田出版

智　慧　與　美　麗　的　許　諾　之　地

＊請沿虛線剪下，對摺裝訂寄回，謝謝！

閱讀是享樂的原貌，閱讀是隨時隨地可以展開的精神冒險。

因為你發現了這本書，所以你閱讀了。我們相信你，肯定有許多想法、感受！

## 讀 者 回 函

你可能是各種年齡、各種職業、各種學校、各種收入的代表，

這些社會身分雖然不重要，但是，我們希望在下一本書中也能找到你。

名字／＿＿＿＿＿＿＿＿ 性別／□女 □男　出生／＿＿＿＿年＿＿＿＿月＿＿＿＿日

教育程度／＿＿＿＿＿＿＿＿＿＿＿＿

職業：□ 學生　□ 教師　□ 內勤職員　□ 家庭主婦

□ SOHO族　□ 企業主管　□ 服務業　□ 製造業

□ 醫藥護理　□ 軍警　□ 資訊業　□ 銷售業務

□ 其他＿＿＿＿＿＿＿＿＿＿

E-mail/＿＿＿＿＿＿＿＿＿＿＿＿＿＿＿＿＿電話/＿＿＿＿＿＿＿＿

聯絡地址：＿＿＿＿＿＿＿＿＿＿＿＿＿＿＿＿＿＿＿＿＿＿＿＿＿＿

你如何發現這本書的？　　書名：語言之鑰

□書店閒逛時＿＿＿＿＿書店 □不小心翻到報紙廣告（哪一份報？）＿＿＿＿＿＿

□朋友的男朋友（女朋友）灑狗血推薦 □聽到DJ在介紹＿＿＿＿＿＿＿＿＿

□其他各種可能性，是編輯沒想到的＿＿＿＿＿＿＿＿＿＿＿＿＿

你或許常常愛上新的咖啡廣告、新的偶像明星、新的衣服、新的香水……

但是，你怎麼愛上一本新書的？

□我覺得還滿便宜的啦！ □我被內容感動 □我對本書作者的作品有蒐集癖

□我最喜歡有贈品的書 □老實講「貴出版社」的整體包裝還滿 High 的 □以上皆非 □可能還有其他說法，請告訴我們你的說法

＿＿＿＿＿＿＿＿＿＿＿＿＿＿＿＿＿＿＿＿＿＿＿＿＿＿＿＿＿＿＿＿

你一定有不同凡響的閱讀嗜好，請告訴我們：

□ 哲學　□ 心理學　□ 宗教　□ 自然生態　□ 流行趨勢　□ 醫療保健

□ 財經企管　□ 史地　□ 傳記　□ 文學　□ 散文　□ 原住民

□ 小說　□ 親子叢書　□ 休閒旅遊 □ 其他＿＿＿＿＿＿＿＿＿＿

一切的對談，都希望能夠彼此了解，否則溝通便無意義。

當然，如果你不把意見寄回來，我們也沒「轍」！

但是，都已經這樣掏心掏肺了，你還在猶豫什麼呢？

請說出對本書的其他意見：

大田出版有限公司編輯部 感謝您！